光文社古典新訳文庫

幻想の未来／文化への不満

フロイト

中山元訳

kobunsha classics

光文社

DIE ZUKUNFT EINER ILLUSION

1927

DAS UNBEHAGEN IN DER KULTUR

1930

DER MANN MOSES UND DIE MONOTHEISTISCHE RELIGION

1939

Author : Sigmund Freud

凡例

(1)本書の底本は、Sigmund Freud, *Gesammelte Werke, chronologisch geordnet*, Imago Publishing Co., Ltd., 1948, 1950 である。

(2)本文の小見出しは基本的に訳者によるものであり、原文にある見出しと区別するために、◆をつけて示した。なお訳文は読みやすいように適宜改行している。

(3)［ ］で囲んだ部分は、訳者による補足である。

(4)解説などで引用した文章は、原文のテクストを参照して、訳者が手を加えていることが多い。

(5)本書の年譜や解説の作成にあたっては、ピーター・ゲイ『フロイト』（鈴木晶訳、みすず書房）とラプランシュ／ポンタリス『精神分析用語辞典』（村上仁監訳、みすず書房）を参考にしている。精神分析用語の訳語は基本的に『精神分析用語辞典』に準拠している。

(6)フロイトの原注は、＊1のように示して、ブロックごとに掲載した。訳注は（1）のように示して、それぞれの論文の最後にまとめて掲載した。

目次

幻想の未来／文化への不満

幻想の未来（一九二七年）

1

◆未来の予測の困難

ある文化圏でしばらく暮らしていると、その文化が過去においてどのようにして誕生してきたか、そしてどのような発展の道をたどってきたのかと自問することが多くなるものだ。一方では目を未来に向けて、遠い将来に、この文化にはどのような運命が待ち構えているのか、どのような変遷をとげるようになるのかと問いたくなることもある。しかしすぐに、こうした未来への問いはさまざまな観点からして、価値のないものであることに気づかされることになる。

その第一の理由は、人間の営みをそのすべての広がりにおいて展望することのできる人はごくわずかだということにある。多くの人にとっては、一つあるいはごく少数の分野だけに考察を限らざるをえないのである。さらに過去と現在についての知識が限られていると、未来についての判断も不確実なものとならざるをえない。

第二に、そうした未来についての判断において、個人の主観的な期待がはたす役割を評価するのは困難である。このような個人的な期待は、その人に固有な経験の純粋に個人的な側面や、人生にたいする多かれ少なかれ希望的な見方によって決まるものである。気質とか、人生における成功や失敗などによって、それぞれの人ごとに決まっているものなのだ。

最後に、人間は一般に現在という時間をただ素朴に生きているだけであって、その内容を正しく評価することができないという注目すべき事実がある。未来について判断するためには、現在と距離をとり、現在を過去にしなければならないのである。だから西洋文明の未来がどのようなものになりうるかを考えようとするときには、こうした問題点について十分に配慮し、一般に未来の予測につきものの不確実性を忘れないことが肝心だ。そこでわたしは壮大な課題にとりくむのは避けて、これまで注目してきた小さな部分的な領域だけについて、将来を予測してみたい。そしてこの領域が、文化の大きな全体のうちで占める位置についての考えだけを述べることにしよう。

◆文化の二つの側面

ここでまず、人間の文化について定義してみよう。文化とは、人間の生を動物的な条件から抜けださせるすべてのものであり、動物の生との違いを作りだすもののことである。だからわたしは文化を文明とは区別しないつもりである。ところで文化を観察する者からみると、文化には二つの重要な側面がある。まず人間が自然の力を制御し、人間の欲求を充足するべく自然のさまざまな財を獲得するために手にしてきたすべての知識と能力がある。また人間どうしの関係と、獲得できた財の分配を規制するために必要な制度というものが存在する。

文化のこの二つの側面はたがいに分離したものではない。第一に、人間の相互的な関係というものは、存在する財によって充足することのできる欲動がどの程度まで満たされるかによって、大きく影響されるからである(1)。第二に、他人を労働力として利用したり、性的な対象としたりすることがあることからも明らかなように、人間は他者を〈財〉として扱う場合もあるからである。第三に、文化は一般に人間には利益を与えるはずであるのに、どんな人でも文化の〈敵〉となることがあるからである。

人間はただ一人で生存することはほとんど不可能である。それなのに共同生活を可能とするために文化から要求される犠牲を、大きな制約と感じるのは何とも奇妙なことである。そこで文化を個人から防衛することが必要となる。文化の機構、組織、規制などは、このために存在するのである。これらのものは、財を分配するためだけではなく、文化を維持するためにも必要なのである。文化に敵対する個人の営みを制御し、自然の支配と財の生産に有益なすべてのものを保護する必要があるのだ。人間が作りだしたものはすぐに破壊されてしまうし、人間が創造してきた科学と技術は、それ自体を破壊するために利用することもできるからだ。

◆文化の不完全さ

だから文化とは、権力と強制手段を利用することのできる少数者が、それに抵抗しようとする多数者に強制するものであるかのような印象を作りだしてしまう。ところでこうした困難な問題が生まれるのは、文化の本質そのものによるのではなく、これまで発展してきたような形の文化に、ある不完全さがあるためだということは、すぐに理解できる。

こうした文化の欠陥がどこにあるかは、簡単に指摘できる。人間はこれまで、自然の制御においては一貫して進歩を実現してきたし、将来はさらに大きな進歩が期待できる。しかし人間にかかわる問題を規制するという側面では、こうした進歩は実現されていない。そしてあらゆる時代に多くの人々が、いささかでも獲得された文化のこの側面すら、そもそも守るべき価値のあるものかどうかを疑問としてきたのであり、現代もその例外ではない。

人間関係を規制する新しい方法をみつけだすことができれば、こうした文化にたいする不満の原因を根絶することができるのではないだろうか。人間を強制し、人間の欲動を抑圧するというこれまでの方法は放棄して、人間が内的な葛藤に妨げられずに財を獲得し、それを享受できるようにすることもできるのではないだろうか。

そうなればもちろん、人間にとって黄金時代が訪れることになる。しかしこのような状態は実現できるものなのだろうか。そもそも文化というものは、強制のもとで、欲動を放棄しながら構築されねばならないものではないのだろうか。もしも強制がなくなったら、多くの人々は生存のために新しい財を獲得すべく、必要な労働を提供することをやめてしまうのではないだろうか。わたしには、どんな人にも破壊的で、反社会的で、文化に抗する傾向がそなわっていると思われる。多くの人にこうした傾向がきわめて強いために、それが人間の社会におけるふるまいを決定するほどになっているという事実を念頭におくべきではないだろうか。

◆大衆と指導者

人類の文化を判断するにあたっては、この心理学的な事実が決定的な意味をもつのである。たしかに人類の文化にとって何よりも重要なのは、生存のための財を獲得するために自然を制御することかもしれない。そして文化を危険にさらす要因は、この財を人々のあいだで目的に適《かな》った形で分配することによって、とり除くことができるかもしれない。

しかし問題の要点は、物質的なものではなく、心理学的なものなのである。問題の核心は、自分の欲動を犠牲として放棄しなければならないという人間の負担をどこまで軽減することができるか、それを人間に必要なものとして残された負担とどこまで和解させ、どうやってその償いをするかということにある。

人間に文化的な仕事を強制しなければならないのと同じように、大衆を少数者の支配にしたがわせるようにしなければならない。大衆は怠慢で、洞察力に欠けた生き物だからだ。そして大衆は欲動を放棄したがらず、欲動を放棄する必要性を議論で説得することはできない。誰もがたがいに放埒《ほうらつ》にしたい放題をするばかりである。大衆が指導者として手本とする個人の影響なしでは、大衆を労働に従事させることも、欲動を放棄させることもできない。文化は大衆の労働と、欲動の放棄によって初めて成立するのである。

こうした指導者は、優れた見識を発揮して生活の必要性を洞察し、みずからの欲動願望を制御することを決意している人物であればよい。しかし指導者が影響力を維持しようとして、大衆を指導するのではなく、かえって大衆に迎合してしまう危険もある。だから指導者は何らかの権力的な手段によって、大衆から独立している必要がある。

要するに、文化的な機構を維持するには、ある程度の強制を維持しなければならない。それは人間に広くみられる二つの特性のためなのだ。すなわち、人間は自発的に労働することを望まないし、説得することでは人間の情熱を抑えることはできないからなのだ。

◆反論と駁論

このような主張にはもちろん反論がだされるだろう。文化のために大衆を労働に従事させるには強制が必要であることを指摘したが、こうした大衆の特性は、文化的な機構の欠陥のために生じたものであり、こうした欠陥こそが人間を怒りっぽく、執念深く、気難しくしたのだという意見もあるだろう。

こうした意見を主張する人々によると、もしも新しい世代に愛情をもって接し、思考を尊重するように育て、早い段階から文化の恩恵に浴させるならば、大衆と文化との関係が変わってくるはずだというのである。新しい世代は、文化をみずからの財産と感じ、文化を維持するために必要な労働に従事し、自分の欲動の充足を控えるという犠牲を捧げるようになるだろう。このような新しい世代には、強制は不要になるだろうし、大衆と指導者の区別もほとんどなくなるだろう。たしかにこうした特質をそなえた世代はまだ、いかなる文化圏においても登場していないが、それはどの文化圏でもこれまでは人々を幼児期から、このような方法で感化する制度を確立してこなかったからにすぎないというわけである。

しかし人間による自然の支配の状況を考えると、そもそも、あるいは少なくとも現在において、このような文化的な機構を確立することができるものかどうか、はなはだ疑問である。未来の世代を教育するためには、惑わされることがなく、利己的でない多数の卓越した指導者が必要とされる。しかしそもそもこうした指導者たちをどこから調達することができるのだろうか。またこの計画を実現するためには、かえって巨大な強制が必要となるのだが、その強制の大きさはすさまじいものになるだろう。ただしこの計画の偉大さと、人間の将来の文化にたいする重要性は、疑問の余地のないところである。さらに人間には生まれつき多様な欲動が素質としてそなわっていて、幼児期の早い段階における経験が、こうした素質の最終的な方向を決定するものであるという心理学的な洞察も、これを裏づけている。だからこうした文化的な変革がどこまで実現できるかは、人間をどこまで〈調教〉できるかによって決まるのである。

何よりも疑問なのは、文化的な環境が変われば、人間の問題をこれほど解決しにくくしている大衆の二つの特性をそもそも解消できるのか、解消できるとすればどこまで解消できるのかということである。これについては、まだ実験は行われていないのである。人類のごく少数の人々は、病的な素質のために、または欲動が強すぎるために、あくまでも反社会的な存在でありつづけるだろう。しかし現在は文化に敵対的な多数派の人々を少数派にすることさえできれば、きわめて大きな成果、おそらく期待しうる最大の成果が実現されることになるだろう。

わたしの考察について最初に示した道筋からあまりに遠く離れてしまったという印象を与えるのは避けたいので、ここではっきりさせておきたいことがある。現在ヨーロッパとアジアの広大な土地で始められている巨大な文化的な実験［社会主義］について判断するつもりは毛頭ないのである。わたしの知識と能力では、この実験が実現できるものかどうか、そのために採用されている方法が目的に適ったものかどうかを吟味することも、意図されたものと実現されたもののあいだに生まれる避けがたいギャップの大きさを測定することもできない。かの地で試みられているものはまだあまりに未完成なので、はるか以前から固定したものとなっている西洋の文化とは違って、まだ観察の対象にはなりえないのである。

2

議論ははからずも経済的な領域から心理学の領域へと移行してしまった。まずわれわれは文化の所産を、財の獲得と分配の機構のうちにみいだそうとしたのだった。ところが文化は労働を強制し、人々に欲動の放棄を求めるものであり、この二つを強制された人々が反抗するのは避けられないことである。だから財そのもの、財を獲得するための手段、財を分配するための方式は、文化にとって本質的なものでも、文化だけに固有なものでもないのである。文化の恩恵にあずかっている人々の拒否と破壊の欲望によって、これらは脅威にさらされているのである。

そこで問題になるのは、財だけではなく、文化をどのような手段で保護できるかということになる。文化を保護するためには、人々を強制する手段とならんで、人間を文化と和解させ、文化のために捧げられた犠牲を償うための手段が必要になってくる。この犠牲を償うための手段は、文化の精神的な側面とみなすことができる。

◆原初的な欲望の〈根〉

用語の統一のために、欲動を満足させることができない事態を〈放棄〉と呼び、この放棄を実行させる機構を〈禁止〉と呼び、この禁止がもたらす状態を〈欠如〉と呼びたいと思う。するとすべての人を対象とする欠如と、すべての人ではなく、特定の集団、階級、個人を対象とする欠如を区別するのは、ごく自然なことである。すべての人を対象とする欠如は、もっとも古い時代からあるものである。そもそも文化は禁止と、禁止がもたらす欠如を作りだすことによって、いつとも知れぬ遠い太古の時代に、人間を動物的な原始状態から訣別させたのである。

意外なのは、この最初の欠如の影響がまだ残っていて、文化を敵視する姿勢の核心になっていることだ。この欠如に苦しめられた欲動願望は、いまなお誕生してくる幼児とともに新たに生まれてくるのである。そしてある種の人々、すなわち神経症の患者は、この放棄にたいしてただちに反社会的な反応を示すのである。近親姦《インセスト》、食人《カニバリズム》、殺人という三つの欲望は、このような欲動願望なのである。

この三つの欲望は、だれもが否定するものだ。だからわれわれの文化のうちで許容するかどうかについて激しく議論されている別の欲動とともに、こうした欲望について論じるのは、奇妙だと思われるかもしれない。しかしこれは心理学的には根拠のあることなのである。実際にこうしたもっとも原初的な欲動願望にたいして、さまざまな文化圏は異なる姿勢を示している。

たとえば食人の欲望は、どの文化圏でも拒絶されているようにみえる。この欲望が完全に克服されたわけではないことは、精神分析によらなければ明らかにならないほどである。しかし近親姦の欲望は、いまだに法律で禁止されているのであり、この欲望はまだ生きているのである。そして殺人は西洋の文化においては特定の条件のもとでまだ実行されているだけでなく、命じられてもいるのである。だから文化の発展の道筋が異なれば、いまではまったく正常なものとみなされている願望を充足することさえ、あたかも食人のように、まったく赦しがたいこととして禁じられることだって考えられるのだ。

◆超自我の役割

このようなきわめて原初的な欲動の放棄にも、心理学的な要因がかかわっているのである。その他のすべての欲動の放棄においても、心理学的な要因は重要な役割をはたしている。人間の魂が、太古の時代からまったく発展していないと主張するのは間違いだ。科学や技術の進歩とは対照的に、現在でも魂の状態は原初の頃とまったく変わらないというのも間違いだ。人間の魂が実際に進歩してきたことは、証明できることなのだ。人間の魂の発展の歴史は、外的な強制が次第に内面化されてきた歴史である。魂の特別な審級である超自我は、外的な強制をみずからの命令に転換し、これをひきうけるようになったのである(2)。

すべての子供で、このような転換のプロセスを観察することができる。子供たちはこうして、道徳的で社会的な存在になるのである。超自我が強められることは、きわめて貴重な心理学的な文化の所産なのである。人間のうちでこのような転換が行われることで、人は文化に敵対する存在から、文化を担う存在に変わるのだ。ある文化圏においてこの転換が行われる人の数が多いほど、その文化は確固としたものとなり、外的な強制手段を行使しなくてもすむようになる。

ところで禁止されるそれぞれの欲動ごとに、内面化の程度は異なる。すでに指摘したもっとも原初的な三つの欲望の禁止は、神経症患者という残念な例外を除くと、ほぼ完全に文化的に内面化されている。しかしその他の欲動の禁止についてみると、状況は異なる。多くの人は、外的な強制の圧力のもとでなければ、こうした欲動にたいする文化的な禁止にしたがおうとしない。こうした強制が有効なもので、これに違反した場合の処罰に恐怖をいだく場合にしか、したがおうとしないのであり、これは意外でもあり、懸念の種となるものでもある。

そして文化によってすべての人に要請される道徳的な要求についても、同じことが言える。人間が道徳的に信頼できないものだということが明らかになるのは多くの場合、強制が有効でなければ道徳的な要求が守られないときなのだ。殺人や近親姦には怖気をふるう文化的な人間でも、所有欲や攻撃的な欲望、そして性的な欲望を満足させることには遠慮しないものだ。罰せられない場合には、遠慮もなしに他者を嘘や欺《ぎ》瞞《まん》や中傷によって傷つけたりするのだ。これは過去の文化のさまざまな時代においても、同じことだったろう。

◆階級的な不満

社会の特定の階級だけに要求がつきつけられる場合には、その状況は誰の目にも明らかなものだろう。冷遇された階級は、優位にある階級の特権をねたむものだし、自分たちのこうむっている〈欠如〉をできるだけ少なくするために、あらゆることをするのは、十分に予想されていたことだ。これができないと、この文化の内部において長いあいだ、階級的な不満が蓄積されることになり、危険な暴発につながる可能性もある。一部の人々の満足が、その他の、おそらく多数の人々の抑圧の上に成立することを前提とする文化にあっては（現在のすべての文化の現状はこうしたものなのだ）、抑圧された人々が文化に対して激しい敵意を抱くようになるのはよく理解できる。この文化は抑圧された人々の労働によって可能になっているのに、抑圧された人々にはわずかな財しか与えられないからである。

そのような場合には、抑圧された階級の人々が文化的な禁止の命令を内面化することは期待できない。抑圧された人々は、この禁止を承認しないどころか、文化を破壊すること、場合によっては文化の前提そのものをなくすことを目指すようになる。抑圧された階級が文化にたいして示す敵意があまりにあらわなので、社会的に優遇されている層においても、文化への潜在的な敵意がひそんでいることがみのがされてきた。だから多数の人々を不満な状態のままにしておき、暴動を起こさせるような文化は、永続する見込みもないし、永続する価値もないことは、自明のことなのである。

◆文化の理想と愛国心

文化的な命令がどの程度まで内面化されているかをはかる尺度を、心理学的な用語を避けてふつうの言葉で語れば〈文化の参加者の道徳的な水準〉と表現できるだろう。ただしある文化の価値を評価する場合に基準となる精神的な財は、これだけではない。そのほかにも理想と芸術的な創造とによる財産があり、これらのものによって獲得することのできる満足があるのである。

文化の理想とは、その文化が何をもって最高の価値のあるもの、できるかぎりの努力を尽くして獲得する価値のあるものと考えているかを示すものであり、これが文化の精神的な財産であると考えがちである。一見するところこうした理想によって、その文化において価値のあるものが築きあげられるようにみえる。しかし実際には、まず価値のあるものが構築されてから理想が作りだされるのであり、これがある文化の内的な素質と外的な状況の相互的な関係を可能にする。そして理想が、価値のあるものの構築をさらに強固に持続させるのである。

理想が文化の参加者に与える満足は、ナルシシズム的な性格のものでもあり、すでに成功した営みにたいする誇りに支えられている。こうした誇りをさらに完璧なものとするには、自分の文化とは異なる営みを実行し、異なる理想を作りだしているほかの文化と比較してみることが必要である。

そしてこの比較によって違いが確認されると、それぞれの文化は他の文化をみずからよりも劣ったものと評価する権利があると考えるようになるのである。このように文化の理想は、さまざまな文化圏のあいだに対立と敵対を生むきっかけとなるのである。そしてとくにさまざまな国のあいだで、こうした文化的な理想の違いはもっともはっきりとしたものとなるのである。

文化の理想から生まれるナルシシズム的な満足は、文化圏の内部で、文化への敵対的な姿勢を効果的に抑える力ともなりうる。この文化から大きな恩恵をうけている特権的な階級だけでなく、抑圧された階級も、こうしたナルシシズム的な満足を享受することができるのである。それによって抑圧された階級は、文化圏の外部にある人々を軽蔑する権利があると考えるのであり、みずからの文化圏において抑圧されていることの代償とするからである。

人間はいわば、ローマ帝国において負債と兵役に苦しめられる哀れな下層民《プレブス》なのだが、他の国の人々にたいしてはローマ市民としてふるまうのであり、他の国を征服し、他の諸国にローマの法律を強制する任務に参加するのである。このようにして抑圧された階級は、みずからを支配し、搾取《さくしゅ》する階級と自己を同一視するのであるが、これはもっと大きな状況の一つの例にすぎない。

抑圧された階級が情緒の面で搾取する階級と結びつけられ、敵対関係にあるにもかかわらず、支配する階級のうちにみずからの理想をみいだしたりすることもあるのである。このような関係が満足をもたらすものでなかったならば、これほどに多くの文化が、多数の人々の敵愾《てきがい》心にもかかわらず（その敵愾心には十分な根拠があるのである）、これほど長いあいだ維持されてきたことを理解することができないのである。

◆芸術作品

文化圏に参加する者たちに芸術作品が与える満足は、これとは違った種類のものである。ただし労働によって消耗しており、高い教養をそなえていない大衆たちには、原則としてこの芸術作品による満足を享受することはできない。以前に考察したように芸術とは、ごく原初的で、いまなお人間のもっとも深いところで感じられる文化による放棄の命令の代償としてもたらされる満足であり、文化のために捧げられた犠牲との和解をもたらすものにほかならない。

さらに芸術作品を創造する営みは、すべての文化圏できわめて必要とされる同一化の感情をもたらすものである。すべての人々が共通に経験し、高く評価される感情をひき起こすきっかけとなるからだ。さらに芸術作品は、文化の特別な営みをえがきだし、印象的な形で文化の理想を思い起こさせるときには、ナルシシズム的な満足をもたらすものである。

文化のもたらす精神的な財のうちで、おそらくもっとも重要な財についてまだ述べていない。それは広い意味での宗教的なイメージであり、言い換えれば宗教の幻想であるが、これについては以下で詳しくその理由を説明しよう。

3

◆文化の役割

それでは宗教的なイメージの特別な価値はどこにあるのだろうか。

すでに述べたように、文化は欲動の放棄を要求するものであり、その要求の圧力のために敵意を呼び起こすものである。それではこの文化の命令が廃止されたらどうなるだろうか。たとえば、自分の気にいったどんな女性でも性的な対象として選ぶことができるとしよう。女性選びでライヴァルとなる人物や、その他の意味で邪魔になる人物は、気ままに殺してもよいとしよう。さらに他人の許しを求めずに、その持ち物を勝手に奪うことができるようになったとしよう。そうしたら何とすばらしいことだろうか。人生とは何とすばらしい満足の連鎖ではないだろうか。

ところがすぐに困難な問題に直面することになる。ほかの誰もがわたしと同じ欲望を持ち、わたしが他人を手荒く扱うのと同じように、他人もわたしを手荒く扱うことになるだろう。だから文化が求める制約が廃止された場合には、無制限の幸福を享受することができるのは原則的にはただ一人、すなわち暴君であり、独裁者である。だがすべての権力手段を独占しているこの独裁者すら、ほかのすべての人々に少なくとも一つの文化の禁止命令、すなわち「汝《なんじ》殺すなかれ」という掟を守らせたいと望まざるをえないのである。

だから文化の禁止命令の廃止を望むのは、思慮のないことであり、近視眼的なことなのだ。その後に残されるのは自然状態であり、これは文化の禁止命令よりもはるかに耐えがたいものなのだ。自然は人間に欲動の制限などは求めないし、人間を放任しておくのは事実だ。しかし特別に効果的な方法をもって、人間に制約を加える。つまり自然は人間を冷酷に、残酷に、容赦なく殺すのだ。ときには、わたしたちがみずからの欲望を満たすその瞬間に殺すのではないかと思うこともあるほどだ。自然が人間を脅かすこの危険性に対抗するために、わたしたちは力をあわせて文化を創造し、とくに人間がともに生活することができるようにしたのである。自然から人間を防衛するというのが、文化のおもな役割であり、文化はそもそものために存在するのだ。

◆自然の猛威

文化が多くの側面で、すでにまずまずの成果をもたらしていること、さらに将来はますます改善されるとみられることはよく知られている。しかしいかなる人も、自然が完全に支配されていると盲信することはないだろうし、将来にわたって自然を人間の完全な支配下におけると楽観する人もいないだろう。

自然には、人間のいかなる強制もあざ笑うようなさまざまな要素が存在する。大地は揺れて口を開き、すべての人間と、人間のすべての営みを埋葬してしまう。河の水は氾濫してあふれ、すべてを呑みこんでしまう。嵐はすべてのものを吹き飛ばしてしまう。さらに疾病というものが、［ウィルスなどの］他の生物からの攻撃であることは、ごく最近になってから認識された事実である。そして死という悲痛な謎にたいしては、これまではいかなる薬も発明されていないし、おそらく今後も発明されることはないだろう。

自然はこのような暴力をもって人間に立ち向かう。猛々《たけだけ》しく、残酷で、過酷であり、文化的な営みで除去しようとした人間の弱さと寄る辺なさを、あらわにみせつけるのである。自然の破滅的な力に直面した人間は、文化の無秩序も、その内的な弱点も、文化にたいする敵意も忘れ去って、自然の優位から文化を保護するという共同の偉大な営みを思いだす。この人間の姿を眺めるのは、喜ばしく、高揚した気持ちを感じることのできる数少ない光景である。

人生とは、人類の全体にとっても、個々の人間にとっても困難にみちたものである。人間はみずから参加する文化のためにある種の欠如を強いられるし、他人は苦しみをもたらす存在である。その苦しみは、文化の定めた掟に反して科されるか、文化の不完全さによってもたらされるものである。さらに人間が支配することのできない自然が（これを運命と呼ぶ）、人間に害を加える。

要するに、人間はたえず不安におびえながら、将来を予期して暮らすのであり、そのために人間にとってはごく自然なものであるナルシシズムは深刻に傷つけられるのである。文化から加えられる害と、他人から加えられる害にたいして、個人がどのように反応するかは、すでに述べてきた。人間は文化の機構に抵抗し、文化に敵意を抱くのだ。しかし人間はすべての人を脅かす自然の優位にたいして、そして運命にたいしては、どのように防衛するのだろうか。

◆自然の擬人化

文化とはこの営みを手助けしてくれるものである。文化はすべての人間に同じような配慮を加えるのであり、ほとんどすべての文化がこれについて同じようなことをしてきたのは、注目すべきことである。文化は人間を自然から守るという課題を担いつづけるが、そのための方法を変えることはある。文化のこの任務は多岐にわたるものである。はなはだしく自信を傷つけられた人間に慰めを与え、世界と人生からもたらされる恐怖をとりのぞき、人間の好奇心にも答えを与えてやる必要があるのである。人間の好奇心は、きわめて切実な実際的な利害から生まれたものだからだ。

最初の第一歩は、自然を擬人化して考えることだ。これだけでもきわめて大きな恩恵が生まれるのだ。人間は非人格的な力や運命には近づくことができない。これらは永遠に他なるものとしてとどまる。しかし自然の力もまた、人間の魂と同じように情熱に燃えているのだと考えると、ほっとするのだ。死というものは自然に発生する出来事ではなく、悪しき意志の暴力的な行為だと考え、自分をとり囲む自然のいたるところに、人間たちが作りあげている社会と同じものが存在するのだと考えることで安心するのだ。それは無気味なもののうちにあって、なじみのものに出会ったように感じることであり、意味のない不安に心を悩ませなくてもすむようになるのである。

人間が無防備な存在であることに変わりはないかもしれないが、もはや無援なままで力を失っているのではなく、少なくとも反応することはできるのである。おそらく人間はもはや無防備な状態ではなくなり、外部からおしよせるこの超人間的な暴力にたいして、いつも社会で利用しているのと同じ手段を講じて対処することができるのである。つまり自然の力に哀願したり、なだめすかしたり、抱きこんだりすることができるのである。こうした方法で自然に働きかけることで、その力の一部を奪えるのだ。これはいわば自然科学を心理学の力で補う方法だ。すぐに悩みが軽くなるだけではなく、状況を改善するための一歩を進めることでもある。

◆自然の擬人化のための範例

というのも、こうした状況は〈新しいもの〉ではなく、人間は幼児期にすでに経験したことがあるのである。幼い時期に経験したものがまだつづいているのである。人間の〈寄る辺なさ〉は、幼児が両親とのあいだで経験したものなのだ。幼児は両親、とくに父親を恐れるものだが、この父親から庇護されて、幼児は直面する危険から守られるのである。

だからこそ、この二つの状況が同じようなものとして感じられるのである。夢の中と同じように、願望がその根のところで働いているのである。眠っている人が、死への恐れのために、墓穴に埋められる夢をみたとしよう。しかし夢の〈仕事〉は、この恐ろしい出来事すら、願望の充足に変える方法を知っている。夢みる人は、その墓穴をエトルリア人の古い墓と思い込み、そこで考古学的な興味を満たし、高揚した気分になることもできるのだ。

同じように人間は自然の力を擬人化する際にも、自然をたんにつきあいのよい仲間とみなすだけではない（これは自然が人間にたいして圧倒的な優位にあるという印象にそぐわないのだ）。そこで人間は自然に父親としての性格を与え、自然を神々と考える。こうして人間は「個人の」幼児期の経験によって自然と向き合うだけでなく、「人類の歴史における」系統発生的な範例によって向き合おうとするのである（これについてはわたしは別のところで証明を試みている）。

◆神々の役割

しかし時代が経つとともに、自然現象の規則性と合法則性が観察され始めると、自然の力は人間らしい性格を失うことになる。しかし人間の〈寄る辺なさ〉は残っているし、人間の父親への憧憬と神々としての自然の性格もまだ残っている。ここで神々は三つの役割を担うことになる。自然の恐怖をしずめること、運命の残酷さ、とくに死の宿命の残酷さと和解させること、そして文化のうちで人間が共同して生活することによって生まれる苦痛と欠如の償いをすることである。

神々にはこうした三つの役割があるが、そのうちでもとくに重要な地位を占める役割は、次第に変わっていく。［まず自然の恐怖については］人間は自然現象というものが、内的な必然性にしたがって、おのずから展開されるものであることに気づくようになる。たしかに神々は自然の主人であるが、神々は自然をこのようなものとして創造したのであり、自然がおのずから展開するままにまかせておくしかないのである。神々はいわゆる奇蹟によって、ときには自然の推移に干渉する。しかしそれは、神々がほんらいの権力圏を手放したわけではないことを人間に認識させるためにすぎないのである。

次に個々の人間に定められた運命の残酷さについてだが、人類の孤立無援と寄る辺なさは、救いようのないものであるという不愉快な予感がどうしても消えない。これに関しては神々の無力はすぐに明らかになってしまう。もしも運命が神々の仕業だとすると、神意というものはうかがいしれないものだと言わざるをえなくなる。古代のもっとも賢明な民［ギリシア人］は、神々の上にモイラ［運命の女神］が立っていて、神々にも独自の運命があるのだという洞察を抱いていた。

こうして自然はますます自立した存在になり、神々はますます背景に退くようになる。やがてすべての期待は、神々にゆだねた第三の役割にかかってくることになる。道徳性こそが、神々のほんらいの活動分野だと考えるようになるわけである。この分野で神々がはたす役割は、文化の欠陥と文化がもたらす損害を補償することにある。人間が共同生活をすることでたがいにもたらす苦悩に配慮し、人間が苦痛に感じる文化的な規範が遵守されるように監視することが、神々の役割となるのである。こうして文化的な規範は神々が作りだしたものとされ、人間社会を超越したものとして自然界と宇宙の諸現象にまで拡張して適用されるようになるのである。

◆神の摂理

このように人間の〈寄る辺なさ〉を、どうにか耐えられるものとするという必要性から、さまざまな［宗教的な］イメージが生まれることになる。これらは人間存在そのものの寄る辺なさと、人類の幼年期の寄る辺なさの記憶を素材として生まれたものなのである。このようなイメージを所有することは、明らかに人間を次の二つの側面から保護してくれると言うことができる。すなわち自然と運命がもたらす危険性から保護するとともに、人間の社会そのものから生まれる害からも保護するのである。

これについて次のようにまとめることができるだろう。人間は、この世界における生活はある高次の目的に適ったものだと考えるようになる。この目的はすぐには理解しにくいとしても、人間存在そのものの完全性を目指したものであるのはたしかだとみなすのである。そしてこの高次の完全性を目指す任務を負っているのが、人間の精神的な部分である魂だとされるのである。この魂という概念は、長い時間をかけて、さまざまな抵抗のはてに、人間の身体から分離して考えられるようになったものなのである。

やがてこの世で発生するすべてのことは、人間よりも卓越した知性の意図にしたがって実現される過程であると考えるようになる。たとえ進むのが困難な道や、ときには迂回路をたどることがあったとしても、最終的にはすべてが善に向かって、人間にとって喜ばしいものに向かって進んでいるというわけである。

われわれのすべてを、外見は厳しいものの、善なる摂理が見守っていて、人間が仮借のない凶暴な自然の力の〈玩具〉になることを許さないと信じるのである。そして死とは無に帰することでも、無機的で生命のない存在に帰還することでもなく、新しい存在へと移行する端緒であり、高次の存在に発展する道の始まりとされるのである。

別の面からみると、同じく人間の文化を基礎づけている道徳的な法というものも、世界の出来事のすべてを支配しているのだが、それらもやはり、この類《たぐ》いまれな力と徹底性をそなえた最高の裁きを行う存在によって守られていると考えるのである。この世においてではなく、死後に始まる後の生においてだとしても、すべての善人は最終的には善行の報酬をうけとり、すべての悪人はその悪行の報いをうけるのである。こうして人間の生のすべての恐怖や苦悩や辛さがとり除かれる定めになっている。光のスペクトルの可視の部分の後で、不可視の部分が始まるように、人間の現世の生の後には、別の死後の生が始まるのである。この生においては、人間がこの世では実現することのできなかったことも、すべて完成されるのである。

このなりゆきを導いている人間よりも卓越した叡智、そのうちに現れる至高の善なるもの、それを貫く正義、それこそが神的な本質の特性であり、これこそが人間と世界の全体を創造したものなのである。あるいは西洋の文化のうちで、この神的な本質において、これまでの古代のすべての神々の精髄が凝縮されている唯一の神というべきなのかもしれない。このような神的な特性を凝縮させることに成功した民は、その進歩に大きな誇りを抱いたのである。そしてさまざまな神の姿の背後に隠されていた

〈核〉である父親としてのイメージを、見えるように示したのである。これは基本的に、神の理念の歴史的な端緒に立ち戻ることを意味していた。

ところがこの神は唯一神であるから、神にたいする人間の関係は、父にたいする幼児の関係を内面化し、さらに強めたものであるという性格を獲得した。父のために力の限りを尽くした者は、その報酬を望んだのではなかっただろうか。少なくとも、神の愛するただ一人の子に、神から選ばれた民になろうと願うのではないだろうか。ずっと後になって、敬虔《けいけん》なるアメリカは「神のものなる国《ゴッズ・オウン・カントリー》」であることを自称したが、これは、ある意味では人間の神性への尊敬の念を示すものだったのである。

◆宗教的なイメージの位置

これまでまとめてきた宗教的なイメージは、長い発展の後に形成されたものであり、さまざまな文化圏の異なる段階で保持されてきたものである。そしてわたしはこれまで、現在の白人のキリスト教的な文化の最終的な段階にいたるまでの発展段階を描いてきたのである。これらの全体像のすべての要素がたがいに整合するわけではなく、すべての緊急な課題が解決されているわけではないし、日常的な経験のうちで直面する矛盾は、努力しなければとり除けないのは、すぐに分かるところである。しかしそうだとしても、こうした宗教的なイメージは広い意味では、文化のもっとも貴重な財産として、宗教を信じる者の貴重な財産として評価されているのである。これらは、大地に蔵されている貴重なものを掘り出す技術や、人間に食料を与える技術や、人間の病を予防する技術など、ほかのあらゆる技術よりも高く評価されているのである。

人間は、こうしたイメージにふさわしい価値を認めないと、人生が生きがたくなると主張するのである。そこで次に問題となるのは、心理学という観点からすると、これらのイメージはどのようなものなのか、なぜこのような高い評価をうけるようになったのだろうかということである。さらにそっと問いをつづけるならば、こうした宗教的なイメージにはほんとうに価値があるのだろうか。

4

◆宗教的なイメージについての根本的な疑問

他人に邪魔されずに独言のようにして進められた研究には、ある危険がつきものである。自分の研究の邪魔になりそうな考えは、無視したくなるものだし、自信がなくても、きっぱりとした断言でこの感情を覆い隠したくなるものだからだ。だからわたしの主張に不信の念をもった反対者に登場してもらって、ところどころで反論してもらうことにしよう。

この反対者は次のように言うのである。

「あなたは、文化がこうした宗教的なイメージを作りだし、文化の参加者にこうしたイメージを利用させていると、繰り返し述べておられますが、これは少し奇妙に聞こえます。文化が労働の成果の分配や、女性や子供の権利などについての規定を定めたのはたしかだとしても、こうした宗教的なイメージについてはそれほど自明なことではないように感じるのですが」

しかしわたしは、このように表現する権利はあるのだと主張したい。わたしはこれまで、宗教的なイメージというものは、その他の文化的な成果と同じ源泉から、すなわち自然の圧倒的な優位からみずからを保護する必要性によって生まれたものであることを示そうと試みてきた。さらに別の理由もある。わたしたちに痛感される文化の不完全性をなんとか改善したいと考えていたのだ。

また、文化は各人にこうした宗教的なイメージを与えると言われるが、それはきわめて正しいであろう。ただ、こうしたイメージはすでにできあがったものとして発見されたものであり、これを単独では見つけることはできなかったはずなのである。これは多数の世代の遺産であり、各人はこの世代の一員として、九九の計算方法や幾何学などと同じように、宗教的なイメージをひきつぐのである。もちろんここには違いはあるが、その違いは別のところで検討すべきものであり、ここでは説明できない。たしかにここには「奇妙に聞こえる」ものがあるかもしれないが、それはわたしたちが宗教的なイメージを所有しているのは、神から啓示されたからだと考えるのに慣れているからではないだろうか。しかしこれを神の啓示と考えることそのものが、宗教的な体系の一部である。啓示という理念そのものが、わたしたちに知られている歴史的な発展の成果であり、こうした理念は時代と文化において異なるものであることを無視するものである。

◆自然の擬人化についての疑問

「それではもっと重要と思われる別の点をお尋ねしたいと思います。あなたは自然の擬人化が行われたのは、自然の恐ろしい力に直面した人間の孤立無援と寄る辺なさをなくす必要があったからであり、自然のこうした力と関係を結び、それにいずれは影響を及ぼそうとしたためだと言われました。しかしこうした動機は余分なものではないでしょうか。原始的な社会の人々にはほかに選択の余地がなかったのですし、ほかに考える方法もなかったのです。

こうした人々にとっては、自分の本質を外部の世界に投影すること、観察できるすべての現象は、こうした本質が現れでたものであり、基本的に自分と同じようなものだと考えることは、生まれつきのごく自然なことだったのではないでしょうか。原始的な人々がものを認識するには、この方法によるしかなかったのです。しかし原始的な人々が自分の自然な素質をしっかりと維持しているうちに、自分の大きな欲求の一つを満たすことができたのは、それほど自明なことではなく、むしろ驚くべき偶然性だったと言うべきではないでしょうか」

これはそれほど奇妙なこととは思えない。人間の思考には実践的な動機などなく、みずからの利益にこだわらない知識欲の表現にすぎないというのだとしたら、それはまったくありえないことなのだ。それよりもむしろ人間は、自然の力を擬人化する際にも、幼児期の経験を利用するのではないだろうか。幼児は初めて出会った人々とのあいだである関係を構築することが、相手に影響を及ぼす〈道〉となることを学ぶのである。そのために幼児はその後に出会うすべての人々にたいして、同じような考え方でふるまうのである。

わたしは反対者とそれほど違うことを言っているわけではない。人間にとっては、理解したいと思うすべてのものを擬人化して、後の段階で相手を支配したいと考えるのは、ごく自然なことである。物理的に支配するための準備として、まず心理的に支配しておこうとするのである。だからわたしが示したのは、人間の思考におけるこの奇妙なやりかたの動機と起源にすぎない。

◆『トーテムとタブー』との説明の違い

「それでは第三の質問です。以前、ご著書の『トーテムとタブー』では宗教の起源についてもっと別の説明をしておられました。あのご著書ではすべてを父親と息子の関係から説明され、神は父が高められた存在であり、父にたいする憧憬が、宗教的な要求の根源にあるのだとしておられました。どうもその後になって、あなたは人間の無力と寄る辺なさという要因を発見されたようですね。そしていまでは宗教の形成において この要因を何よりも重視しておられるようです。以前は父親コンプレックスで説明しておられたことを、いまではすべて寄る辺なさで説明しておられます。この変化が発生した理由についてお尋ねしたいのですが」

この質問は予期していたものであり、喜んでお答えしたい――実際に変化があるとしてのことだが。『トーテムとタブー』で試みたのは、宗教の発生について説明することではなく、トーテミズムの発生について考察することだった。人間を保護する神がまず動物として姿を現したこと、この動物を殺して食べることが禁止されていたこと、年に一度の祝祭で、この動物を共同で殺害し、食べる儀式が行われたことを、うまく説明できる方法をほかにご存じだろうか。トーテミズムではまさにこのようなことを行うのだ。

そしてトーテミズムを宗教と呼ぶべきかどうかを争っても、何の意味もない。トーテミズムは後世になって登場する神を信仰する宗教と内的な関係があり、トーテム動物が神々の神聖な動物になったのだ。そして人間の倫理のもっとも深いところにひそむ第一の禁止命令である殺人の禁止と、近親姦の禁止《インセスト・タブー》は、このトーテミズムの土台の上で形成されたのだ。反対者が『トーテムとタブー』の結論をうけいれるかどうかは別としよう。ただこの書物によって、きわめて注目に値するが、関係のないように思われたいくつかの事実が、初めて一貫性のある統一的な視点から考察できるようになったことは認めてほしいのである。

やがて動物神では満足できなくなり、人間の神が登場するようになった理由については、『トーテムとタブー』ではほとんど触れていない。宗教の形成におけるその他の問題についても、まったく触れられていないのである。このように考察の対象は制限されているが、これらを無視したわけではない。わたしのこの著書は、宗教的な問題を解決するために、精神分析的な考察が役立つ部分だけを、厳密な形で分離して提示した実例なのである。

本稿では、前者よりもやや上層にひそんでいる問題について別の説明をつけ加えようとしているのであるから、矛盾していると非難しないでほしい（以前の著書については一面的だと非難されたわけだが）。以前に主張したことと、ここで提示することの結びつきを説明し、父親コンプレックスと人間の寄る辺なさおよび庇護の必要性の結びつきの背後のごく深い場所にある多様な動機を説明するのは、わたしの当然な課題だろう。

しかしこの結びつきを説明するのは難しいことではない。子供の寄る辺なさは、成人になってもまだつづいているからだ。だから宗教の形成の動機を精神分析によって解明することは、宗教の形成に顕在的にみられる動機に、幼児期の経験がどのように寄与しているかを考察することになる。これはごく当然なことなのだ。幼児の精神的な生の場に身をおいてみてほしい。

精神分析では、依託型の対象選択という概念を提示していたのを覚えておられるだろうか(3)。リビドーがナルシシズム的な要求の経路をたどって、対象に固着するのであり、対象がその満足を保証するのである(4)。だから空腹を満たしてくれる母親が、愛の最初の対象となる。そしてすべての不確かなもの、外部の世界において幼児を脅かしているあらゆる危険から最初に守ってくれるものは、そして何よりも不安から保護してくれるのは、母親なのである。

この母親の役割はやがて、もっと強い父親がひきうけるようになる。そして幼児期の全体を通じて、父親がこの機能をはたすのである。しかし父親との関係は、ほんらい両義性《アンビヴァレンツ》に満ちている。以前に母親が庇護者であったときには、父親は危険なものだったのである。だから子供が父親を慕い、敬うようになったとしても、父親を恐れる気持ちはなくならない。父親との関係におけるこの両義性の兆しが、すべての宗教に深く刻印されていることは、『トーテムとタブー』でも示しておいた。

さて子供は思春期に達しても、自分がいつまでも子供のような存在であり、外部からの強大な威力からの保護が不可欠であることに気づくようになる。するとこの保護を与えてくれるものに、父親の像を与えるだろう。こうして神々が作りだされたのだ。人々は神々を恐れると同時にこれから利益をえようとして、みずからを守ってくれる役割をゆだねるのである。このように父親に憧れるのは、人間は無力であり、その無力さのために生まれるものから保護される必要があるからなのである。子供が自分の寄る辺なさにたいして示す防衛の姿勢は、成人が同じ寄る辺なさへの反応として宗教を形成する姿勢のうちに、宗教を求める衝動のうちに、示されているのである。

しかしわたしたちはここで、神という理念の発展について考察しようとしているわけではない。ここでは宗教的なイメージというすでにできあがった遺産について、文化がその成員にこのイメージをどのようにして伝達するかについて、考察しているにすぎないのである。

5

◆宗教的な知と科学的な知の違い

さて反論はこのくらいにして、考察にもどろう。わたしたちが宗教的なものと分類できるイメージには、どのような心理学的な意味があるのだろうか。この問いにはすぐには答えることができない。さまざまな定式化を試みた後に落ち着くのは、次のようなものだろう。宗教的なイメージとは、わたしたちがみずから発見したものではなく、外部から伝達されたものである。外部の（あるいは内部の）事実や状況についての言明や教義が、外から伝えられて、わたしたちはこれを信じることを求められるのである。

こうしたイメージは、わたしたちの人生でもっとも重要で、関心のある事柄について情報を伝達してくれるので、とくに高く評価されるのである。これを知らない者は、きわめて重要な知識を欠いていることになる。そしてみずからの知のうちにこうした知識をうけいれた者は、精神的にきわめて豊かになったと考えることができるのである。

この世界の多様な事柄について多数の教えが存在するのは当然のことである。学校の授業では、こうしたことが教えられるのだ。たとえば地理の授業を例にとろう。わたしたちは、「コンスタンツはボーデンゼーの湖畔にある」と教えられる。学生の歌が後をつづける——「信じぬ者は、行きて見よ」と。わたしはたまたまコンスタンツに行ったことがある。だからこの美しい町が大きな湖の岸辺にあり、この湖は周囲の住民によってボーデンゼーと呼ばれていることは、請け合うことができる。この地理学の教えが正しいことは、いまだに疑っていないのである。

ほかにもきわめて注目すべき体験を思い起こすことがある。すでに大人になってから、初めてアテネのアクロポリスの丘の上に立ったときのことだ。神殿の廃墟のあいだに、紺碧の海がみえたのだ。わたしは至福の思いにつつまれたが、それにはある種の驚きの感情がふくまれていた。この驚きの念がわたしにこう語りかけた。「学校で学んだことは、ほんとうのことだったのだ。今日こんなに驚いたということは、耳で聞いたときには、これほどの真実のことでも、うすっぺらで弱々しい信頼しか寄せていなかったからなのだ」と。ただしわたしはこの経験の意味をそれほど強調したいとは思っていない。わたしの驚きはもっと別の形でも説明できるからだ。そのときには気づかなかったが、はるかに主観的な性格で、この場所の特異性に結びついた説明も可能だからだ(5)。

こうした教えはどれも、その内容を信じるようにわたしたちに求めるものだが、それに根拠がないわけではない。きわめて長期間にわたる観察と推論に基づいた思考プロセスの結果を、ごく手短にまとめて示したものだからだ。そしてこの思考プロセスの結果だけをうけいれるのではなく、そのプロセスを実際にたどってみようとする者には、理解の道が開けるのである。地理の授業の教えの場合には、伝える知識は自明なものであるが、そうでない場合には、その知識の根拠がかならず示されるものだからだ。

たとえば大地が球の形をしているという知識について考えてみよう。その証拠としては、フーコーの振り子や、水平線の状態や、地球を船で一周できる可能性などが示される。しかしすべての生徒たちに、実際に地球を一周する旅にでかけさせることができないことは、教育に携わる者なら誰でも承知していることだ。だから学校で教えることは、「ほんとうで信じるべきこと」と思い込ませているのである。しかし自分でその教えが正しいかどうかを調べる道が残されているのは、周知のことなのだ。

◆宗教的な教えを信ずべき根拠

宗教的な教えについて、同じ尺度で検討してみよう。宗教的な教えを信じるべき根拠はどこにあるかと問うと、三つの答えが示されるが、どれも驚くほどに一貫性に欠けた答えなのだ。第一の答えは、わたしたちの祖先が信じてきたのだから、信じる価値があるというものだ。第二の答えは、先祖代々、それを信じるべき証明が与えられてきたというものだ。第三の答えは、こうした教えを信じる根拠を問うことは、そもそも禁じられているというものだ。このような大それた試みは、昔は厳しく罰せられたものだし、現代の社会も、このような問いがむしかえされると、不愉快に感じるというのである。

わたしたちにもっとも強い疑念を抱かせるのは、この第三の答えである。このような禁止が存在することそのものが、宗教的な教えには信ずべき根拠があるかどうか、社会において不安が感じられていることを示すものなのだ。そうでなければ、自分で調べてみようとする者には、喜んで調査のための材料を提供するはずであろう。だからわたしたちは、不信の念をおさえることができないのだが、宗教的な教えを信じるべきだという他の二つの根拠について検討してみよう。

まず祖先が信じたのだから、わたしたちも信じるべきだという根拠はどうだろう。わたしたちの祖先は、いまのわたしたちよりもはるかに無知だった。いまではとうてい信じることのできないことでも信じていたからだ。宗教的な教えもこうした部類の知識なのかもしれないのである。祖先が残した証明が、聖典に書き残されているというかもしれないが、聖典そのものが、まったく信頼できないものだという性格をおびているのだ。

聖典は矛盾に満ちているし、手を加えられ、改竄《かいざん》されている。事実についての証明を示しているところでも、証明になっていないのである。語られている言葉、あるいは少なくともその内容について、それが神の啓示によるものだと主張したとしても、何の役にも立たないのである。このような主張そのものがすでに教義の一部であり、その信頼性を調べる必要のあることだからだ。そしていかなる命題も、それだけでみずからの正しさを証明することはできないのである。

さて、奇妙な結果になってきた。わたしたちの文化に財産として伝えられている

［宗教の］教えは、世界の謎を解明し、生の苦しさを和らげる任務をはたすべきものであり、きわめて重要なものなのだが、この教えそのものがもっとも信じ難いものなのである。鯨が卵生ではなく、胎生であるというように、わたしたちにとってはどうでもよい事柄であっても、これほど証明が困難だったら、とても信じるつもりにはなれないだろう。

この状況そのものが、大いに注目に値する心理学的な問題なのである。しかしこれまで指摘してきたような宗教的な教義の証明し難さは、別に新奇なものではないことは信じてほしい。いつの時代にも同じような疑いが抱かれてきたのであり、こうした遺産を残してきた祖先すら、疑問を感じてきたのである。

おそらく祖先の多くの人々も、わたしたちと同じように疑念を抱いていたのだが、現在と比べて、疑念を表明しにくくする強い圧力がかけられていたのだろう。こうして長いあいだ、無数の人々が同じ疑念に苦しめられながらも、信じることが義務と感じられたので、この疑いを抑圧しようとしてきたのだろう。いかに多くの輝かしい叡智にめぐまれた人々が、この葛藤のために挫折したことだろう。いかに多くの人々が、妥協する方法を探し、出口を見つけようと苦しんだことだろう。

［第二の根拠によれば］宗教的な教義の正しさを示そうとする証明はどれも、過去から伝えられたものだという。そして批判的な判断が鋭くなっている現代においては、このような証明を示せないわけはないだろうと考えたくなる。もしも宗教的な体系のごく一部でも、このような疑念から免れさせることができれば、全体の体系の信憑《しんぴょう》性は著しく高まるだろう。

霊魂の不滅を信じ、宗教的な教義のうちでも、霊魂の不滅という教義を信じさせようとする心霊主義者《スピリチュアリスト》の営みは、ここにつけこんでくる。霊魂の現れとか、霊魂の言葉などというものは、自分たちの心霊活動が生みだしたものであることは、彼らにも反《はん》駁《ばく》できないことである。そこで偉大な人々や傑出した思想家の霊魂を登場させるのである。しかしこうした人々の語ったという言葉や情報は、どれもきわめて愚かしく、内容のないものである。信じてもよいと感じられるのは、心霊というものは、呼びだされた人間の世界にきわめてよく適応する能力があるということだけだ(6)。

◆二つの逃避の試み

この問題から逃避するために、痙攣《けいれん》的なあがきをしている二つの試みがある。一つは古くからある荒っぽい試みであり、もう一つは最近の繊細な試みである。最初のものはキリスト教の教父たちの〈不条理なるがゆえにわれ信ず〉というものだ(7)。これは、宗教的な教義には理性は適用されず、それは理性を超越したものだと主張するものである。宗教的な教義の真理は、心のうちで信じられるべきものであり、それを理性で把握する必要はないというのである。しかしこの〈われ信ず〉は自己告白としては興味深いものだが、たんなる断定であり、拘束力のないものである。わたしはすべての不条理なものを信じることを義務づけられているとでもいうのだろうか。そうでないとすれば、なぜこの宗教的な教義だけを信じるべきなのだろうか。理性の上にある法廷はないのである。

また宗教的な教義の真理が、わたしたちの内的な経験に依存するものであり、それがその真理性を示すのだとするならば、こうした稀《まれ》な経験をしたことのない者はどうすればよいのだろうか。わたしたちはすべての人間にたいして、与えられた理性を行使することを要求することができるが、ごく少数の人にしか存在しない動機に基づいて、すべての人に適用される義務を定めることはできないのである。わたしたちのうちでただ一人の人が、深い恍惚的な状態に入って、宗教的な教えが確実な真理であると、揺らぐことのない確信を抱いたとしても、それがほかの人々にどんな意味をもつというのだろうか。

第二の試みは、〈かのように〉という哲学である。これは、人間は思考の営みにおいては、根拠のないもの、不条理なものとわかっていても、仮説として採用しなければならないものがあると主張するものである。こうした仮説は虚構であるが、さまざまな実践的な理由から、わたしたちはこうした虚構を信じている「かのように」ふるまわざるをえないというのである。宗教的な教えも虚構の一つであり、宗教は人間の社会を維持するために比類のない重要な役割をはたしているので、あたかもこれを信じているかのようにふるまうべきだというのである。*1

この論拠は、〈不条理なるがゆえにわれ信ず〉と、それほど異なるわけではない。ただし〈かのように〉の哲学に基づいて行動することは、哲学者だけに求めることのできるものだと思う。哲学的な思考の技術の影響をうけていない人には、このような論拠はどうしても納得できないものだろう。ふつうの人にとっては、それが不条理で、理性に反したものであることが確認されたならばそれで十分で、ほかには論証はいらないのである。日常生活における行動でも、つねにそれが確実なものかどうかを確認してから行動する人に、［宗教という］きわめて大切な事柄について、それが確実なものかどうかを確認するのをやめるように求めても、納得させることはできないだろう。わたしの子供の一人はごく幼い頃から、すべてのことについてそれが事実かどうかにとてもこだわる癖があった。ほかの子供たちがおとぎ話に熱心に耳を傾けているところにやってきて、それはほんとうのお話なの、と尋ねるのだった。ほんとうにあったことではないと説明すると、ひどく軽蔑したような表情で立ち去るのだった。〈かのように〉の哲学で掩護しようとしても、人類はやがて宗教の語るおとぎ話を聞いて、この子のようにふるまうようになるはずだ。

しかしまだそのような状況は訪れていない。これまでもきわめて信憑性に欠けた宗教的なイメージが、人々に多大な影響を与えつづけてきたのである。これは一つの新しい心理学的な問題と言ってもよいほどだ。わたしは問わざるをえない──宗教的な教義のこのような内的な力はどこから生まれるのだろうか、理性の承認なしで、宗教がこれほど大きな力を獲得してきたのは、どうしてなのだろうか。

＊1 〈かのように〉の哲学の代表的な主張者として、H・ファイヒンガーをあげるのは

適切なことだろう（同じような考え方をしている思想家はほかにもいるのだが）。ファイヒンガーはたとえば『〈かのように〉の哲学』（一九二二年の七版と八版、六八ページ）では次のように語っている。「虚構には、理論的な操作で作られたどうでもよいものだけが含まれるわけではない。きわめて高貴な人々が考えだし、そして高貴な人々の心を捉えている概念イメージも虚構の一つであって、こうした人々がこれをどうしても手放したくないと考えているのである（わたしたちもこうした概念イメージを手放したくないとは考えているのだが）。これらはすべて実践的な虚構としては存続するのであるが、理論的な真理としては無効なのである」

6

◆宗教的な幻想の役割

この二つの疑問に答える準備はすでにできているのではないだろうか。宗教的なイメージの心的な起源を調べてみれば答えはおのずと出てくるのだ。〈教義〉などと称するこの宗教的なイメージは、経験から生まれたものでも、思考の最終的な結果から生まれたものでもない。これは幻想にすぎないのだ。これは人間のもっとも古く、もっとも強い緊急な願望を満たす役割をはたしているのである。宗教的なイメージの強さの秘密は、この願望の強さにあるのだ。

幼児の頃の寄る辺なさの恐ろしい記憶のために、庇護の欲求が、すなわち愛による庇護の欲求が生まれ、その求めに父親が応じたのだった。そしてこの寄る辺なさが一生を通じてつづくものであることが認識されるようになると、もう一人の父、もっと強い父なる神の存在にすがるようになったのである。

慈悲深い神の摂理が人間を見守っていると信じればこそ、人生の危険への懸念も和らげられるというものである。さらに宗教によって道徳的な世界の秩序が確立されると想定することで、人間の文化の内部ではごく稀にしか満たされない正義への要求も保証されるようになる。またこの世の生存を彼岸にまで延長することで、現世の時間的および空間的な枠組みを広げて、彼岸で人間の願望が充足できるようになったのである。

人間には、世界がどのようにして誕生したのか、身体と精神の関係はどのようなものかなど、さまざまなことを知りたがる好奇心がそなわっていて、こうした問いは謎となって残る。そしてこの宗教というシステムは、こうした謎も解くことができるのである。幼児期の父親コンプレックスによって、人間のうちでは心的な葛藤が発生し、この葛藤は完全には克服されていない。だからこれが［宗教によって］とり除かれ、すべての人にとってうけいれられる解決策がみいだされるとなれば、誰にとっても心理的には安堵できるというものである。

◆幻想と錯誤の違い

すべては幻想だと言ったが、この表現の意味を限定しておく必要があるだろう。幻想は錯誤と同じものではないし、幻想だからといって必ずしも錯誤であるわけではない。アリストテレスは、汚物から蛆《うじ》が湧くと考えていたが、これは錯誤であり、現在においてこれを信じているのは、教養のない大衆だけである。さらに前世代の医師たちは、脊髄癆《せきずいろう》は過剰な性交渉のために起こると考えていたが(8)、こうした錯誤を幻想と呼ぶのは、語の濫用というものだろう。

これにたいしてコロンブスは、インドにいたる新しい航路を発見したと信じていたが、これは幻想だった。この間違いの背景では、願望が大きな役割をはたしていた。

また一部のナショナリストたちは、文化を発達させることができる人種は、印欧語族の民族だけであると主張していた。さらに一般に子供には性欲がないと信じられていた。これはどれも幻想であり、子供に性欲がないという幻想を打破できたのは精神分析の力である。(9)

幻想の特徴は、それが人間の願望から生まれたものであるということである。その意味では幻想は精神病理学でいう妄想に近いが、妄想の構造が錯綜したものであることは別としても、幻想は妄想とは異なる。妄想は本質的に現実と矛盾する性質のものであるが、幻想はつねに虚偽であるとはかぎらないのであり、実現できないとはかぎらないし、現実と一致しないともかぎらないのである。

ごくふつうの町娘が、王子の妻に迎えられるという幻想を抱くのは珍しいことではない。しかしこの種の幻想が実現することだって、ありえないことではないし、実現した例はいくつもあるのである。ところがメシアが到来して、黄金時代が訪れるという幻想は、この娘のよりもさらにありそうもない幻想なのである。こうしたメシア信仰が幻想とみなされるか、妄想に類したものとみなされるかは、判断する人によって異なるのである。

幻想が結局は真理であることが証明された例もなくはないが、その実例を示すのはたやすいことではない。錬金術師は、すべての金属を黄金に変えることができるという幻想を抱いていたが、これは真理であることが証明された幻想の例かもしれない。できるだけ多くの黄金を所有したいという願望は、富というものの条件が変わってしまった現代人からみると、それほど強いものではなくなっているが、化学者は金属を金《きん》に変えることをもはや不可能とはみなしていない。だからある信念を幻想と呼ぶのは、その動機が願望の充足にあるからであり、それが真理であるかどうかは、問題とされていないのである。幻想がみずからの信憑性を求めないことだってあるのだ。

◆宗教という幻想

この視点から宗教的な教理を検討してみると、次のことをふたたび指摘することができる。宗教的な教義は全体として幻想であり、証明できないものである。だからいかなる人も、こうした教義を真理とみなすことを求められたり、これを信じることを強制されたりすべきではないのである。こうした教義のうちにはあまりに真理とかけ離れていて、わたしたちが現実の世界で苦労しながら経験するものときわめて矛盾するので、心理学的な差異を適切な形で考慮するならば、妄想と呼んでもよいものがある。これらの多くが幻想として、現実にどのような価値があるかは、判断できない。こうした幻想は証明できないものであると同時に、反駁することも困難である。この種の幻想を批判的な観点から詳細に検討するには、まだ十分な知識がえられていないのである。

現代の科学的な研究によって、宇宙の謎はそのヴェールを脱ぎ始めたが、解明されるまでにはまだ長い時間が必要である。科学はまだ多くの問いに、答えを示すことができないでいる。それでも外部の現実についての知識を獲得するための唯一の方法は、科学的な研究を進めることなのだ。直観や瞑想などに期待するのは、一つの幻想にすぎない。直観や瞑想は、わたしたちの精神生活を解明するためのきわめて難解な〈鍵〉を与えてくれるだけなのだ。この作業は、宗教なら簡単に答えを示すことができるさまざまな問いにたいしては、いかなる回答も示してくれないのである。

しかし問いに答えられないからといって、そこに恣意的な解釈を紛れ込ませ、宗教の体系のさまざまな部分について、個人的な憶測に基づいて説明しようとするのは、冒瀆《ぼうとく》というものだろう。そのようなことで解決するには、この問題はあまりに重要なのだ。あまりに聖なるものだと言いたいくらいである。

◆宗教性の本質

ここで次のような異議に直面するかもしれない。どんな頑固な懐疑論者でも、理性によってはそもそもそれを信じてはならないのだとしたら、そもそもそれを信じてはならないという理由があるのだろうか。伝統とか、人々のあいだの調和とか、慰めになる内容とか、じつに豊かなものが、宗教には含まれているではないか。これを信じておけばよいではないかというわけだ。

たしかに誰も宗教を信じることを強制されるべきでないのと同じように、誰も宗教を信じないように強制されるべきではない。しかしこのような理屈をつけて、自分が正しい思考の道を歩んでいると思い込むのは、自己欺瞞というものである。この理屈にはまさに「怠惰な理由」という批判があてはまるのだ[10]。

無知は無知にすぎない。無知から、何かを信じる権利が生じることはない。理性的な人間であれば、他の事柄においてこれほど軽々しく行動したり、これほど貧しい根拠づけによって、自分の判断を、自分の態度を決定したりすることがあるだろうか。

しかも最高に重要で聖なる事柄において、そのようにふるまうことがあるだろうか。実際にこうした態度は、宗教とはすでに縁を切っておいて、まだ宗教を信じているかのようにみずからを欺き、他人を欺こうとしているにすぎないのだ。宗教という問題においては、人間は考えられるかぎりの不正と知的な無作法を犯すものなのだ。たとえば哲学者たちは言葉の意味を、原意が残らないほどに拡張してしまうことがある。そして抽象的な概念を好き勝手にふくらませて、それを「神」と呼んだりするのである。あるいは理神論者たち[11]は、すべての人々の前で神を信じる者としての仮面をかぶりながら、高次の純粋な神の概念を認識したと自称するのである。しかしこの神というものは、実体のない影のようなものにすぎず、宗教的な教義における力強い人格的な神とは、かけはなれたものとなってしまっている。

批評家たちはときに、宇宙と比較すると人間がいかに小さく、無力な存在であるかを実感した感情をあらわにする人々を「深く宗教的な人[12]」と呼ぶことがある。しかし実はこうした無力さの感情は、宗教性の本質ではない。宗教性の本質となるのはこの感情の次の段階、すなわちこの感情に反応し、これに抗《あらが》って救いを求める気持ちなのである。だからその一歩を進まない人、広大な世界において人間がはたすごくわずかな役割を甘受する人は、語の本来の意味では、むしろ非宗教的な人なのである。

この論文は、宗教的な教義の真理としての価値について見解を表明しようとするものではない。心理学的な性格からみて、これが幻想であることが確認できれば十分である。しかし宗教が幻想であることが確認されることによって、多くの人々がきわめて重要とみなす宗教的な事柄にたいして、わたしたちがそれまでと同じような態度をとれなくなるのは認めるべきだろう。

わたしたちは、宗教的な教義がどのような時代に、どのような人々によって作られたかについて、ほぼ知識をもっている。さらにどのような動機から作られたかも分かっている。だから宗教的な問題についてのわたしたちの立場は、はっきりと異なったものとなるのである。

わたしたちは、世界の創造者としての神が存在し、神の摂理が存在し、道徳的な世界秩序と彼岸の生が存在するのであれば、それはすばらしいことだろうと考える。しかしこれらのどれも、存在することを確信できるものではなく、存在していたらと願わざるをえないものであるのは奇妙なことである。そしてわたしたちの祖先が、貧しく、知識に乏しく、不自由だった祖先が、世界の困難な謎をすべて解くことに成功したということも、さらに奇怪なことなのである。

7

◆新しい問い

このように、宗教的な教義は幻想であることを確認してみると、新しい問いが生まれる――わたしたちが高く評価し、わたしたちの生を支配している文化の別の財産もまた、同じような性格のものではないのだろうかという問いである。たとえばわたしたちの国家的な機構を規制しているさまざまな前提も、幻想と呼ばなければならないのではないだろうか。西洋の文化においては男女の性的な関係は、一つの（または一連の）エロス的な幻想によって混濁したものとなってはいないだろうか。こうしてひとたび不信の念がかきたてられると、科学的な研究活動における観察と思考によって、外的な現実を認識することができるという確信もまた、幻想よりも確実な根拠のあるものだろうかという問いにも、尻込みするわけにはゆかなくなるのである。わたしたちは、人間の本質について考察する姿勢を、そして思考活動そのものを批判的に思考する姿勢を歓迎すべきなのである。このようにして始まった研究の成果は、「世界観」を構築する上では決定的な意味をもつものだろう。このような試みは決して無駄にはならないし、わたしたちの疑念が少なくとも部分的には根拠のあるものであることを示してくれるだろうと、予感するのである。しかしわたしにはこのような広範な領域について考察する能力はない。だからここでは幻想のうちの一つ、すなわち宗教という幻想だけを検討することにしたいのだ。

ところでここで、いつもの反対者が声をあらげて、考察を停止せよと命じてくる。わたしたちがこうした禁じられた営みを実行するのは適切なのか、吟味せよというのである。

◆異議

「考古学的な興味はとても賞賛すべきものです。しかし発掘作業で、そこで暮らしている人の住居の下を掘ってしまい、住居が崩壊するようなときや、崩壊した住居の残骸で住民が埋まってしまうようなときには、発掘することは許されないのです。宗教的な教義はほかのどうでもよいものとは違って、勝手に詮索してはならないものなのです。わたしたちの文化は宗教に依拠しているのですし、人間の社会を維持するには、大多数の人が宗教的な教義の真理を信じていることが前提となるのです。

もしも、全能なる正義の神など存在せず、神的な世界秩序も存在せず、彼岸も存在しないことを知ったならば、人々は文化の定めた規範にしたがう義務はないと考え始めるでしょう。誰もが妨げられることなく、不安に悩まされることもなく、反社会的で利己的な欲動にしたがって行動し、自分の力をほしいままに発揮するようになれば、わたしたちが数千年もの文化的な営みによって追いはらってきた混沌《カオス》が、ふたたび支配するようになるでしょう。宗教には真理が存在しないことを知っていて、それを証明できるとしても、沈黙しているべきであり、〈かのように〉の哲学の求めにしたがってふるまうべきなのです。秩序を維持するためにです。

この営みは危険であるだけでなく、目的のない残酷さをもたらすものです。無数の人々が、宗教的な教義のうちにみずからの慰めをみいだしているのです。そして宗教の教えの助けだけで、どうにか人生に耐えているのです。あなたがなさることは、こうした人々の支えを奪い、その代わりによりよいものは何も与えないということなのです。現代の科学はそれほど役に立ちませんし、科学がさらに進歩しても、それは人間を満足させないものであることは、誰もが認めていることです。人間には絶対的なものを求める欲求があり、この欲求は冷徹な科学の力では満たすことができないのです。あなたは心理学者として、欲動の生の力と比較すると知性の力が弱いものであることをつねづね強調してこられました。それなのに、人間から貴重な願望の充足を奪っておいて、その代わりに知的な代償で満足させようとするのは、奇怪なことだし、自家撞着の極みと言わざるをえませんね」

◆個人的な被害

なんとも多数の非難を一挙に語られたものだ。しかしわたしはこれらのすべてに反駁する用意がある。そして宗教との関係を解消せずに、いまのままで維持しておくことが、文化にとってはさらに大きな危険をもたらすものであるという主張の根拠を示すつもりである。ただどこから反論を始めればよいか、迷ってしまうだけなのだ。

まずわたしは自分の試みがまったく無害なもの、危険のないものだと考えていることを保証しておこう。今回は、知的なものを過大に評価しているのはわたしではなく、反対者のほうである。もしも人間がここで指摘されたような存在であるならば（わたしはそれに反駁するものではない)、信心深い人々がわたしの議論に説得されて信仰を奪われる危険性はまったくないのである。

さらにわたしは、これまでにさまざまな人が、わたしよりもはるかに完全に、力強く、印象深い形で語ってきたことを繰り返しているにすぎないのだ。どれも著名な人ばかりだが、わたしもこうした有名人の仲間入りをしたがっているようにみえてもいけないので、ここではこれらの人々の名前を列挙することは避けておこう。わたしの説明で新しいところがあるとすれば、それはこうした偉大な先輩たちの批判に、心理学的な根拠をつけ加えたことだけだろう。わたしの説明は、そのことだけを目指しているのである。もちろんこうした心理学的な根拠をつけくわえたからといって、これまでの説明とは違う効果をもたらすことは期待できない。そして新たな効果が期待できないのが確かだとしたら、なぜこのようなことを書きつらねるのかと、質問されるかもしれない。しかしこれについては後に説明したい。

このような考えを公表して被害をこうむる人がいるとすれば、それはわたしだけだ。わたしの議論は、中身のないおしゃべりだとか、偏狭だとか、理想に欠けているとか、人類がもっとも強い関心を抱いている事柄に理解が欠けているとか、何とも辛辣《しんらつ》な非難を浴びせかけられることになるだろう。ただこうした非難は昔から浴びせられてきたのだし、若い頃から同時代の人々の不評など気にもかけなかったのに、老年になってから、やがてどんな好評や不評とも無縁になるのが確実だというこの年齢になってから、こうした非難に傷つく理由などないだろう。たしかにこのような意見を発表したら、命が危険にさらされ、彼岸に赴く時期が確実に早まるような時代も、かつてはあったものだ。しかしここで確認しておきたいのは、もはやそのような時代は過ぎ去ったということだ。いまではこのような文章を発表しても、著者に危険が迫ることはない。予測すべき危険性はせいぜい、ほかの国で著書が翻訳できないとか、出版できないというぐらいのことだ。そして文化の高さに自信をもっている国でこそ、こうした事態になるだろう。しかし願望を放棄して運命に服従すべきだと唱える人は、そのくらいの不利益は覚悟しておくべきだろう。

◆精神分析への非難

ここで次の問いが心に浮かんでくる。わたしがこのような文章を発表すると、不利益をこうむる人々が別にいるのではないかということだ。人々というよりも、精神分析という学問そのものが不利益をこうむるのではないかということだ。精神分析を始めたのがわたしであるのは否定できない事実であり、精神分析にはこれまで多数の不信と悪意が向けられてきた。そこでいまわたしがこのように評判の悪い見解を発表すると、すぐにでもわたしという人格に対する非難を、精神分析に向けるに違いない。

そして精神分析が何を目指しているかが、やっと明らかになったと言うだろう。精神分析の仮面がはがされたというわけだ。かねてから疑っていたように、精神分析は神を否定し、道徳的な理想を否定するものだったのだというわけだ。そして精神分析はいかなる世界観ももたないし、作りだすこともできないと言っていたのは、人々に精神分析の目的を隠蔽《いんぺい》するための仮面にすぎなかったのだと主張するだろう。

このような騒ぎが起きたら、わたしには実に不愉快なことになるだろう。わたしの協力者たちには、宗教問題についてはわたしとまったく見解を異にする人々も多いのだから、こうした人々のためにも、困ったことになるだろう。しかし精神分析はすでにさまざまな嵐に耐えてきたのだから、この新しい嵐にも耐え抜くことができるだろう。実際のところ精神分析とは、微積分計算のような一つの研究方法であり、偏頗《へんぱ》な傾向のない一つの道具なのだ。もしも物理学者が微積分計算を使って、地球が一定の期間の後に崩壊することを確認したとしても、こうした計算に破壊的な傾向があるとして、微積分計算には警戒せよと言う人はいないだろう。

わたしがここで宗教には真理としての価値がないと語ってきたことはすべて、精神分析が誕生するはるか以前から、ほかの人々によって語られてきたことであり、このことを主張するのに精神分析は不要なのである。精神分析的な方法を利用することで、宗教に真理としての内容がないことを示す新たな論拠が生まれたとしたら、それは宗教家にはお気の毒と言わざるをえない。しかし宗教の擁護者も同じように精神分析を利用して、宗教的な教義が人間の情動に重要な意味をもつことを示すことだってできるのである。(13)

◆宗教の功罪

さてわたしの弁論をつづけることにしよう。宗教は人間の文化に大きな貢献をしてきたし、社会的な欲動を抑制するのにとても役立ってきたのはたしかだが、それには欠けるところもあったのだ。宗教は数千年ものあいだ、人類を支配してきたのであり、なしうることをするための時間は十分にあったはずだ。もしも宗教に大多数の人々を幸福にする力があり、人々を慰め、人生と和解させ、文化の担い手にすることができていたならば、現状を変革しようなどとは、誰も考えもしないだろう。

しかしわたしたちが目撃しているのはどのような状況だろうか。おどろくほど多数の人々が文化に不満をいだき、みずからの文化のうちにあって不幸だと感じている。そして文化を、投げ捨てるべき枷《かせ》と感じているのである。そして文化を変革するために全力をふりしぼっている人々がいる一方で、文化にたいする敵意を強めて、文化についても、欲動の抑制についても、まったく耳を傾けようともしない人々もいるのだ。これについては反論もあるだろう。このような状態になったのは、大衆にたいする宗教の影響力が衰えたためであり、これは科学の進歩がもたらした嘆かわしい効果なのだと言えるかもしれない。ただわたしはこの反論に示された状況認識と根拠づけをしっかりと記憶しておいて、これを後にみずからの議論の論拠として使うつもりである。しかしこの反論はまったく無効である。

宗教的な教えが圧倒的な支配力を行使していた頃に、人々がいまよりも幸福だったかどうかは疑わしいものだが、いまよりも道徳的でなかったのはたしかである。その頃、人々は宗教的な掟を外面的なものにすることで、無力なものにしてしまう方法をつねに心得ていたのである。そして人々が宗教を心から信仰しているかどうかを監視する役割にあったはずの聖職者たちが、それに手を貸したのだった。いわば神の慈悲が、正義を実行する手をとめたのであり、人は罪を犯した後でも、犠牲を捧げたり、贖罪をしたりすることで、ふたたび新たな罪を自由に犯せるようになったのだった。内面性を重んじるロシアでは、神の恩寵のすべての至福を味わい尽くすためには、罪を犯さねばならないという結論にまで到達した。基本的に罪は神が嘉《よみ》する業だという極論が語られたのである。だから大衆が宗教にひれ伏すようになったのも、聖職者たちがこれほどまでに人間の欲動に譲歩していたからにすぎないのは明らかである。ただ問題なのは、強くて善良なのは神だけであり、人間は弱く、罪深い存在だということである。

あらゆる時代を通じて宗教は、道徳を維持するのと同じように、不道徳にも手を貸してきたのだった。人間を幸福にし、文化にふさわしい存在にし、道徳的に抑制するために、宗教がこの程度のことしかできなかったとすれば、宗教が人間に不可欠なものだというのは過大評価ではないかと問わざるをえない。そもそも宗教の力で文化を促進するのは賢明な方法なのかどうかが、疑問となるのである。

◆大衆の危険性

ここで現在、誰にも明白な状況について考察してみよう。すでに指摘したように、宗教にはもはやかつてのような影響力のないことは、あまねく認められている（ここで問題にしているのは、キリスト教的なヨーロッパの文化である）。それも、宗教のもたらす約束が内容のないものになったからというわけではない。宗教が人々にとって以前ほど信じるに値しなくなったからである。

この変化の原因が、社会の上層階級の人々において科学的な精神が強まったことにあるのはたしかだろう（おそらく唯一の原因ではないだろうが）。批判的な精神が広まったために宗教的な文書を証拠として使いにくくなったし、自然科学がこうした文書に書かれていた誤謬《ごびゅう》を明らかにしたのだった。またさまざまな文化の比較研究によって、われわれが大切にしていた宗教的なイメージは、原始的な民族や古代の精神的な所産と類似したものであることが確認されたのも、決定的なことだった。

外界の事物にたいする姿勢は、科学的な精神によって定められるようになった。宗教的な事物の前では、科学的な精神はしばらく足をとどめ、戸惑うものだが、やがてその〈閾《しきい》〉もまたぐことになる。このプロセスはとどまるところを知らない。そして人間の知識が豊かになればなるほど、宗教的な信仰を捨てる人の数も多くなる。最初は宗教のもつ古臭く、うんざりするような外面だけを否定していただけの人々も、やがて宗教の基本的な前提まで捨て去るようになるのである。デイトンの猿裁判を行ったアメリカ人だけが、このプロセスの帰結を示したのだ(14)。この過渡期は不可避なものであるが、ふつうは中途半端な形で、ごまかしながら推移するものである。

文化の観点からは、教養のある人々や知的な活動に従事する人々をそれほど恐れる必要はない。こうした人々なら、宗教的な動機に代えて、もっと別の世俗的な動機で、文化にふさわしい行動をとるようになるのもごく自然なことだろうし、そもそもこうした人々の多くは文化の担い手なのだ。しかし教養がなく、抑圧されている大衆においては事情が異なる。こうした人々は文化の〈敵〉になる十分な理由があるからだ。もはや神を信じる必要はないことを、大衆が知らないあいだは問題はないだろう。しかしわたしがこの文章を発表しなくても、大衆がこのことを認識するようになるのは避けられないことだ。

大衆は科学的な思考の産物はうけいれるだろうが、科学的な思考が人間の精神にもたらすはずの変革は、大衆の心の中では起こらないのである。それでは大衆の文化にたいする敵意が、この文化における弱点に集中するようになる危険性はないだろうか。大衆はここにこそ、自分たちを抑圧する支配者をみいだすからである。愛する神が隣人を殺すことを禁じているから、そして隣人を殺せば現世でも来世でも厳しく罰せられると信じているからこそ、大衆は隣人を殺さないのである。

その大衆が、愛する神は存在しないことを知ったならば、そして神の下す罰を恐れる必要がないことを知ったならば、懸念も抱かずに隣人を殺すようになるだろう。これを抑制しうるのは、この世の権力だけである。だから道は二つしかない。この危険な大衆を厳しく抑制して、精神的に覚醒させるあらゆる機会を慎重に断ち切るか、文化と宗教の関係を根本的に変革するかのどちらかなのだ。

8

◆自然状態

文化と宗教の関係を根本的に変革すべきだというわたしの提案には、とくに重要な障害はないと考えるべきだろう。それによって失われるものがあるのはたしかだが、失われるものよりも手にいれられるものの方が多いはずだし、それに大きな危険を回避することができるのだ。それでもわたしたちはこの提案に直面すると、萎縮《いしゅく》してしまう。それによって文化にさらに大きな危険が訪れると考えてしまうのだ。聖ボニファティウスは、ザクセン人たちが聖なる樹木と崇めていた木を切り倒した。これを見守っていた人々は、この冒瀆のために、恐るべき出来事が起こるだろうと固唾《かたず》を呑んでいた。しかし何事も起こらず、こうしてザクセン人たちはキリスト教に改宗したのだった。⑮

隣人が憎いからといって、邪魔になるからといって、欲しいものをもっているからといって、殺してはならないと文化が命じたのは、人間の共同生活を維持するためである。こうした命令なしでは、人々は共同生活を送ることができないだろう。殺人を犯すと、殺された人の家族が復讐を望むだろうし、心のうちで殺人という暴力をひそかに企《たくら》んでいた人々の隠微な嫉妬心をかきたてるだろう。だから殺人を犯した者は、復讐できたとか、何かを奪えたとか、長いあいだは喜んではいられなくなる。そしてやがて自分も殺されるに違いないと考えるようになるだろう。

殺人者が人並み優れた力と配慮をもって、個々の敵から自分の身を守ることができたとしても、弱い者が集まって力を合わせれば、太刀打ちできないだろう。もしも弱い者たちが力を合わせないならば、殺人がかぎりなくつづき、人類はたがいに殺しあって滅びてしまうだろう。かぎりなく復讐がつづく状態は、いまではコルシカ島の住民の家族と、諸国家の間にしか残っていない。しかしこのような状態が個人の間で生まれたとしたら、すべての人が同じように生命の危機に直面することになる。これを防ぐためにこそ、人類は社会を形成したのである。そして社会は個人に殺人を禁止した。そしてこの掟に反する者を殺害する権利は、社会が全体として確保したのである。こうして正義と刑罰が誕生したのである。

◆宗教的な根拠づけのリスク

ところが、殺人を禁止するこの掟にどのような理性的な根拠があるのかは、明らかにされていない。わたしたちはたんに神がこの禁止を定めたのだと主張してきたわけである。そして神の意図を勝手に推測して、人間がたがいに殺しあって絶滅することは、神も望んでいないのだと考えているわけである。そうすることで、文化が禁じているものを神の特別な荘厳さで包んだわけである。

しかしこのやりかたにはリスクもあった。この文化の禁令が守られるためには、人々が神を信じている必要があるのである。だからこの方式を撤回して、わたしたちの意志を神に押しつけるのをやめて、社会的な土台としてこの禁令が必要であると主張すれば、文化の禁じるものを神聖化するのは諦《あきら》めることになるが、同時にそのリスクを回避できることになる。

しかしこれには別の問題もある。これまではわたしたちは、神の神聖さ、その不可侵性、彼岸の存在などを、いくつかの重要な禁令の根拠づけにしてきたのだが、これらがある種の拡散と感染の作用によって、法律や命令などその他の文化的な制度にまでも浸透してしまうのである。こうしたものは、神の神聖な後光にはそぐわないものであることが多いのだ。

これらのさまざまな法律や命令などは、時と所によっては正反対の決定を下し、そのことでたがいに他の法律や命令などを無効なものとしてしまうことがある。それだけではなく、人間の不十分さを露呈することもあるのである。そこには、近視眼的な不安の産物や、狭量な利害関係の表現や、不十分な想定の結果などをたやすくみいだすことができる。こうしたものは批判せざるをえないのであり、そのために正当な文化的な要請にたいする尊敬の念が、望ましくないほど失われてしまうことになるのである。

神みずからが求めておられたものは何か、法律や命令を定めるために全権を与えられた議会や当局の権威に由来するものは何かを判別するのは、厄介な仕事である。だから神の力を借りるのはやめにして、すべての文化的な機構と規定は、純粋に人間が作ったものであると認める方が望ましいのは明らかなのだ。こうした命令や法律が神聖なものだと主張しないようにすれば、あまり硬直したものではなくなり、適切な修正を加えることもできるようになるだろう。そしてこうした命令や法律が、人間を支配するためではなく、人間に役立てるために作られたものであることを誰もが理解するようになれば、人々は命令や法律と親しい関係を結べるようになる。そしてたんに廃止してしまおうとするのではなく、より適切なものに改善することを目指せるようになるだろう。これは、文化の圧力と和解するための大切な一歩となるはずである。

◆原父の殺害

これまで主張してきたことは、文化的な規範を神ではなく、純粋に合理的な土台によって基礎づける必要があるということだった——こうした規範は社会的な必要性のために生まれたものだからだ。しかしここで急に、ある懸念が生まれることを認めざるをえない。わたしたちは殺人の禁止の発生を実例として選択したのだが、こうした説明が歴史的な真理と言えるものだろうかという疑問が生じるのである。どうも真理ではないのではないかと思わざるをえない。これは合理的な形で作りあげたもののようにみえるのである。わたしたちはまさに精神分析の力を借りて、人間の文化史のこの部分を考察したのであるが、この精神分析的な考察によると、実際の状況はもっと違うものだったと言わざるをえないのである。

現代の人間においても、純粋に理性的な動機は、情熱的な衝動の力にたいしては無力である。だから太古の時代の人間という動物においては、こうした理性的な動機の力は、はるかに小さかったに違いないのである。太古の人間の子孫であるわたしたちも、もしもある殺人が行われていなければ、遠慮なしにたがいに殺しあっていたかもしれないのだ。この太古の殺人とは、原父の殺害である。これが抵抗できない感情的な反応を引き起こしたのであり、それがやがて重大な帰結をもたらしたのである。〈汝殺すなかれ〉という掟が生まれたのは、この感情的な反応からだったのだ。トーテミズムにおいては、この掟は父親の地位を占める者だけを対象としていたのだが、次第に適用範囲が広まったのだ。ただし、いまでも完全に守られているというわけではない。

◆幼児の神経症との符合

ここで繰り返す必要はないだろうが、この原父とは神の原型であり、のちの世代の人々にとって、神の姿を思い浮かべるための手本となったものである。宗教の語る物語が正しいとすれば、〈汝殺すなかれ〉という掟を定めたのは神である。するとこの掟は社会的な洞察によってではなく、神の及ぼした力によって生まれたということになる。

その場合には、人間の意志をあたかも神のものであるかのように語るのはまったく正しかったことになる。人間は、自分たちが父を暴力的な手段で排除したのだということを知っているのであり、この冒瀆的な行為への反動として、将来は父の意志を尊重することにしたのである。そうだとすると宗教的な教義は、わたしたちに歴史的な真理を物語っていたのだということになる——もちろんある程度の歪《ゆが》みと仮装は避けられないとしてもである。ところがわたしたちの合理的な説明は、これを否定していたのだった。

このように宗教の豊かなイメージは、願望の充足を含むだけではなく、重要な歴史的な記憶を残すものであることが分かる。過去と未来がともに力を合わせるのであれば、宗教がきわめて大きな力をふるっているのも理解できることだ。しかしアナロジーの力を借りると、もっと別の洞察に導かれることになる。

概念というものは、それが育ってきた大地からあまりに引き離して解釈するのは避けるべきではあるが、次のような符合があることは指摘しておくべきだろう。幼児が成長して文化的な人間になるにあたっては、多かれ少なかれはっきりとした神経症的な段階を通過しなければならないのである。

なぜかというと、子供にはほんらい満たすことのできない多数の欲動の要求があるからである。子供はこれを合理的な精神の営みによって抑制することができず、抑圧という行為によって抑えるしかない。この抑圧の背後には原則として不安の動きがあり、これが神経症的な状態をもたらすのである。この小児神経症の多くは成長のプロセスにおいて自然に克服されるものであり、とくに幼児期の強迫的な神経症は克服される運命にある。克服されなかった神経症も、成長してから精神分析の治療で対処する必要がある。

これとまったく同じように人類も全体として、長い成長のプロセスにおいて、神経症に類似した状態に陥っているのである。その理由は小児の場合と同じである。人類は無知で、知的な能力の弱い時期にも、共同で生活するためにはその欲動を放棄しなければならなかったが、そのためには純粋に情緒的な力を利用するしかなかったのである。こうして文化には、過去において実行された抑圧に類似したプロセスの名残が、沈殿してつきまとっているのである。

だから宗教とは、人類に一般にみられる強迫神経症のようなものなのだ。幼児の強迫神経症と同じように、エディプス・コンプレックス、すなわち父親との関係から生まれたのだ。このアナロジーから考えてみると、宗教からの離脱は、人類の成長プロセスにおいて宿命的な厳しさをもって実行しなければならないのであり、現代はこの成長段階のさなかにあることになる。

◆文化との和解の道

だからわたしたちは理解のある教育者のようにふるまうべきなのだ。そして人間が進もうとしている新たな段階に抵抗するのではなく、これを促進し、そのもたらす破壊的な力の強さを緩和するように努めるべきなのである。ただし宗教の本質はこのアナロジーで完全に説明できるわけではない。個人の強迫神経症と同じように、宗教は強迫的な強制を加えるものであるが、同時に現実を否定する願望幻想の体系もそなえているのである。こうした願望幻想の体系は、個人においてはアメンティアとして、すなわち歓喜に満ちた幻覚的な精神錯乱としてみられるだけである。ただしこれは、社会的な現象を理解するための一つの比較にすぎず、個人の病理と社会現象が完全に対応するわけではない。

この宗教と強迫神経症のアナロジーが、どれほど細部にいたるまで適用できるものか、さらに宗教の成立の特性と運命がこのアナロジーでどこまで理解できるものかについては、わたしやとくにテオドール・ライクが繰り返し考察してきた(16)。また宗教の信者は、ある種の神経症的な疾患にかかる危険性が非常に低いということも、このアナロジーの正しさを裏づけている。信者はいわば集団的な神経症にかかることで、個人的な神経症を発病する負担からまぬがれているのである。

特定の宗教的な教義のもつ歴史的な価値を認識することは、こうした宗教にたいするわたしたちの尊敬の念を高めるものである。だからといって、文化的な規範を遵守させるための動機づけに宗教的な教義を使うのをやめようというわたしたちの提案の意味がなくなるものではない。まったくその反対なのである。宗教のもつ歴史的な痕跡を認識することによって、わたしたちは宗教的な教義をいわば、神経症的な遺物として理解することができるようになるのである。神経症の患者を精神分析によって治療するのと同じように、抑圧のもたらした結果を、理性的な精神の働きによって克服すべき時期が到来しているのだと言えるのである。

この作業のプロセスにおいては、文化的な規範を儀礼によって神聖なものとすることをやめねばならない。それだけではなく文化的な規範が全般的に手直しされるとともに、多くの規範を廃止しなければならなくなるだろう。これは十分に予測されることであるが、悲しむべきことではないのである。

わたしたちに求められているのは、人間と文化を和解させるという課題であるが、この方法でこの課題の実現に向けて大きく前進することができるのである。文化的な規範を理性的に動機づける際に、宗教の教義に含まれた歴史的な真理を利用するのをやめる必要があるが、これも嘆くに値することではない。宗教的な教義に含まれる真理というものは、著しく歪められ、いつも仮装されているので、一般の人々には真理として認識できないものとなっているのである。

いわば、赤ちゃんはどこから来るのと尋ねる子供に、コウノトリが赤ちゃんを運んできたのよ、と説明するのと同じである。真理を象徴的に覆い隠して語っているのであり、わたしたちは〈コウノトリ〉が何を意味しているのかは知っているのである。しかし子供たちはそのことを知らず、歪曲されたものの一部だけを聞かされるために、後になってだまされたと思うのである。子供たちが大人にたいしてもつ不信感と反抗心が、こうしただまされたという気持ちと結びついていることが多いのは、よく知られている。もはや真理をこのように象徴の衣で仮装させて語るのはやめるべきであり、子供の知的な成長に合わせて、実際の状況について知識を与えるべきなのである。

9

◆予想される反論

「あなたはとても乗り越えることのできないような矛盾を犯しています。まずあなたは、自分のお書きになるものは、まったく危険のないものだと主張しておられました。あなたの説明によって宗教的な信仰を奪われるような人はいないだろうと言われました。ところがやがて、あなたは宗教的な信仰を破壊することを意図しておられることがわかったのです。そこで質問です。なぜこのような文章を発表されたのですか。別の文章であなたは、人々がもはや神は信仰の対象ではないと知ることは危険であること、きわめて大きな危険をもたらすであろうことを指摘しておられます。これまで人々は神を信じていたために従順だったのですが、神を信じなくなると文化的な規範への服従も放り捨ててしまうと言われるのです。あなたは文化的な規範を宗教で動機づけるのは、文化にとって危険であると主張されますが、それは信者を不信心者に変えることができることを前提としているわけです。それは矛盾ではないでしょうか」

「ほかにも矛盾があります。一方ではあなたは、人間を知性によって導くことはできないし、人間は情熱と欲動の要求によって支配されているものであることを認めておられます。ところで他方では、人間が情緒に基づいて文化的な規範にしたがっている状態を変えて、理性に基づいて文化的な規範にしたがうようにすることを提案されるわけです。それは理解しがたいことではないでしょうか。わたしはその両方ではなく、片方だけを選択すべきだと思います」

「ところであなたは歴史から学ばれないのでしょうか。宗教を理性によって解消しようとする試みは、すでに実行されたことがあります。公に、しかも大規模に行われたことがあるのです。フランス革命とロベスピエールのことを覚えておられますか。ご存じのように、あの実験は短命で、しかも悲惨な結果となったのでした。同じ試みが現在、ロシアで実行されていますが、その結果がどうなるかは、言うまでもありません。人間は宗教なしでは生きられないのだと考えるべきではないでしょうか」

「宗教はたんなる強迫神経症ではないことは、あなたも認めておられるとおりです。しかしそれがどう違うのかは、説明されませんでした。宗教と強迫神経症のアナロジーを利用するだけで、満足されたのです。たしかに人間は神経症から解放される必要があります。しかしその際に失われるものについては、関心をもたれないのですか」

◆人間の本性の歪み

もしもわたしの議論に矛盾があるとみえたとするならば、それは複雑な事柄をあまりに急いで説明したからだろう。いくつかの点について、補足しておくべきだろう。わたしの書いたものがある意味でまったく危険のないものであることは、繰り返し指摘してきたことである。いかなる信者も、わたしの主張やこれに類する議論によって信仰を揺るがされることはないだろう。信者は宗教の内容には、ある種の愛情に満ちた結びつきを感じているのである。

ただしこのような愛情で宗教に結ばれた真の信者でない人も多い。こうした人々が文化的な規範に服従するのは、宗教的な威嚇によって脅かされているからであり、宗教におびえを感じるのは、宗教には現実に行動を制限するものが含まれていると考えるからである。こうした人々は、信仰に現実的価値を認めなくてもよくなれば、すぐに暴発するのであり、ここで示した議論に影響されることはない。彼らは、他の人々が宗教を畏れていないことに気づくと、すぐに宗教を畏れることをやめるのである。

わたしが文章をまったく公表しなかったとしても、こうした人々には宗教の影響力は小さくなっていくだろう。

しかしここで指摘された矛盾のうちで、とくに重視されている矛盾について考えてみよう。人間は理性的な根拠にはあまり影響をうけず、欲動の願望に完全に支配されている存在である。だとすると、人間に欲動の充足を禁じて、理性的な理由を与えようとしても、意味があるのだろうかという疑問についてである。ただしこれについては、人間はたしかにこうした存在であるが、そうでなければならないのか、人間のもっとも内的な本性からして、こうした存在であらねばならないのかは、自明なことではないことを指摘しておきたい。

頭蓋指数の例で考えてみよう。ある民族に、幼児の頃から頭を布で縛って変形させる風習があったとする。この民族のもとを訪れた人類学者は、正しい頭蓋指数を測定することができるだろうか。別の悲しむべき例で言えば、健康な子供の頃には、輝かしいまでの知性をそなえていたのに、大人になると、思考能力が弱くなる人が多いということがある。大人の知性がこのように相対的に萎縮してしまっている責任の多くは、宗教教育にあると考えることはできないだろうか。

いかなる影響もうけていない子供が、神について、この世の彼岸にある事物について考え始めるには、非常に長い時間が必要だろう。おそらくこの子供の思考は、原始時代の人間と同じような道筋をたどるだろうが、実際にはそのように子供が自然に成長するに任されることはない。子供が宗教についての関心をもたず、その意義を理解する能力もないごく早い時期から、すでに宗教的な教義が教え込まれてしまうのである。現代の教育計画で重視されているのは、性的な成長を遅らせることと、宗教的な影響を早期に与えることと言っても過言ではない。子供の思考能力が成長したときには、すでに宗教的な教義は揺るぎのないものになっているのである。

思考のためのきわめて重要な領域が、地獄での罰という脅しによって閉ざされてしまうというのに、反対論者の主張するように、思考機能を強化するためには、宗教が必要だと言えるのだろうか。宗教的な教義によって教えこまれたあらゆる不条理な事柄を、批判せずにうけいれてしまい、そこにみられる矛盾を無視するように教えられた人物の思考能力が弱くなったとしても、何ら驚くべきことではないのである。そしてわたしたちは知性によらずには、自分の欲動の力を支配することはできないのである。思考を禁止された人物が、心理学的に理想とされる知性の優位を実現することを、どうして期待できるだろうか。

また女性は一般に、いわゆる「生理学的な精神薄弱」であり、男性よりも知性が低いと悪口を言われることは周知のことである。実際にそうかどうかは疑問であり、その説明の妥当性は疑わしいものである。しかし女性が知的に萎縮しているのは〈二次的な性格〉のものであるという説明もある──女性がごく幼い時期から、そのもっとも強い関心を向けるはずの分野である性生活の問題について思考することを、厳しく禁じられるからだというのである。性的な事柄について思考することが禁止されているだけでなく、宗教の影響や、宗教的な教義への服従がもたらす思考の停止が、ごく幼年期から働いていることを考えると、人間がほんらいはどのような存在だったのかを把握することは困難になっているのである。

ところであまり議論に熱中するのはやめて、わたしも幻想を追いかけているのかもしれないことを認めることにしよう。もしかすると、宗教による思考の禁止の力は、わたしが考えているほど強いものではないかもしれない。教育で宗教の枷《かせ》を利用しなくても、人間の本性というものは変わらないのかもしれない。それはわたしにも、誰にもわからないことだろう。現在はこうした人生の重要な問題だけでなく、多数の瑣末《さまつ》な問題も未解決のままなのである。

ただ認めていただきたいのは、この問題について将来に期待を抱くべき理由があること、そこには文化を豊かなものとすることのできる〈宝〉が潜んでいるかもしれないこと、宗教的でない教育の試みを実行する価値があるということである。この試みが失敗に終わるならば、わたしは改革を断念して、以前のような純粋に記述的な判断だけに戻ることにしよう。そして人間は知性の弱い生き物であり、自分の欲動願望に支配されていることを認めることにしよう。

◆「現実への教育」

別の点についての異議にはまったく同意することができる。宗教を暴力的に一挙に廃絶しようとするのは、愚かしい試みである。この試みは何といっても見込みのないものだからだ。信者が議論や禁止によって信仰を棄《す》てることはない。わずかな数の人々でそれが成功したとしても、それは残酷というものだろう。数十年ものあいだ、睡眠薬で眠りについていた人が、薬をとりあげられたとしたら、眠れなくなるのは当然のことである。

宗教による慰めの効果が、麻酔薬の効果と類似したものであることは、アメリカでみられるある実例が巧みに示している。アメリカでは（おそらく女権拡張の動きをうけて）人間からすべての刺激剤や麻薬や嗜好品をとりあげようと試みている。[17] そして代わりに神への畏敬の思いにひたらせようというのである。この実験がどのような結末にいたるかは、言うまでもないことである。

しかしこの主張をさらに敷衍《ふえん》して、人間というものは、宗教的な幻想の慰めなしでは生きられないのであり、宗教なしでは人生の苦悩と残酷な効果に耐えることができないと主張されることには反論したい。たしかに幼児の頃から、甘い（あるいはほろ苦い）毒を注ぎ込まれた人間には、それは耐えられないことかもしれない。しかしこうした毒に酔わずに育てられた人間だったらどうだろうか。そのような人は、神経症に苦しめられていなければ、酔わせるために毒を与える必要はないのではないだろうか。

たしかに人間は困難な状況に直面することになるし、いかなる援助もなしに、世界の機構のうちで、とるに足らない寄る辺なき存在であるという事実を担うことが求められる。人間はもはや被造物の中心ではないし、神の摂理の慈悲深い恩寵をうけることも期待できない。これまで心地よく生活してきた暖かい生家を離れた子供と同じような状況である。しかし幼児性というものは、克服されるべき運命にあるのではないだろうか。人間は永遠に子供のままでいることはできないし、「敵だらけの人生」へと船出しなければならないものである。これは「現実への教育」というものである。わたしがこの文章を発表した唯一の目的は、この船出の必要性に注意を向けさせるものであったことを、あえて語る必要があるだろうか。

人間はこの試練には耐えられないのではないかと、懸念しておられるかもしれない。それでも希望をもつことは認めていただきたい。人間が自分の力に頼らざるをえないことを認識するのは大切なことなのだ。そうすればやがて、その力を使う方法を学ぶことができよう。それに助けになるものがまったくないわけではない。科学は太古の昔から多くのことを教えてくれたし、その力はますます強まるはずである。そして抗いがたい大きな宿命の必然性には、人間は恭順の思いをもって耐え忍ぶことを学ぶことだろう。

たとえば〈月に大きな所有地があるが、この土地からの収穫はまだ誰も、一度もうけとったことがない〉というようなまやかしを聞かされたとしても、慰めにはならない。人間は地球の小さな畑の正直な農夫として、自分の土地を耕しながら、みずからを養うことを学ぶのである。彼岸での生活に望みをかけるのをやめることで解放されたすべてのエネルギーを、この世の生活に集中すれば、誰にとっても生活は耐えやすくなり、文化が誰も圧迫することがなくなるはずである。そのときこそ、恐れることもなく、わたしたち非信仰者たちは声をそろえて、次のように唱えることができるようになろう。

天国などくれてやる
天使たちと雀たちに⑱

10

◆重ねての反論

「ご立派なお言葉ですね。人間はあらゆる幻想を投げ捨てることで、地上の生活に耐えることができるようになるというわけですか。でもわたしにはそんな希望はもてません。わたしを頑固な反動家だとお考えでしょうが、そういうわけではありません。冷静に考えたうえでの結論なのです。どうもおたがいに役割を交換したかのようですね。あなたはいまや、幻想に捉えられた夢想家の役割で語っておられるし、わたしは理性の要求と懐疑主義の権利を代表しているのです。あなたが述べられたことは、錯誤に基づいているように思われます。その錯誤は願望の影響をはっきりと示すものですから、あなたの議論に基づいて、幻想と呼ぶことができるでしょう。

その幻想は、幼年期に宗教的な教義の影響をうけていない世代の人々であれば、すぐにでも欲動に基づいた生活を捨てて、知性の優位という望ましい状態を実現できるようになるという期待に基づいたものなのです。それはおそらく幻想でしょう。欲動という決定的な点では、人間の本性はほとんど変わらないものだからです。わたしの聞いたところでは(ほかの文化については誰もよく知らないものですから)、宗教的な体系の圧力に服さずに成長している民族が、存在するそうです。しかしこの民族も、あなたの理想にはほど遠いことでは、ほかの民族と異なることはないのです。

あなたはヨーロッパの文化から宗教をとり除いてしまいたいと主張されるわけですが、そうなれば別の教義の体系が登場するだけのことです。そしてこの体系は、神聖さ、硬直性、不寛容、みずからの体系を守るための思考の禁止など、宗教と同じ心理学的な特徴を、最初からそなえているでしょう。教育のさまざまな要求を満たすためには、この種の特徴がどうしても必要となるのです。そして教育をなくすことはできないのです。というのは、赤ん坊が文化的な人間に成長するまでの道程は長いからです。指導せずに自然に成長するにまかせておいたのでは、道に迷ってしまいます。人生においてはたすべき任務をはたせなくなるのです。

子供の教育のために使われる教義は、成熟した後における思考にとってはつねに制約となるものでして、これはあなたが宗教についてまさに非難したことなのです。大人の成熟した知性でなければ正しく判断することのできないようなことを、欲動によって動かされた思考の力の弱い子供に決定させるというのは、わたしたちの文化の、そしてすべての文化の生まれつきの欠点なのであり、これを根絶することはできないことに、お気づきにはならないのでしょうか。

長年にわたる地上での人類の発達のすべての道筋を、わずか数年の幼年期にたどらせようとするのですから、これはどうしようもないことなのです。そして子供たちは、情緒的な力に頼ることで、自分に課せられた任務をどうにかはたすことができるだけなのです。あなたの〈知性の優位〉が直面するのは、こうしたものなのです」

「ですからわたしが宗教的な教義の体系を、教育の土台と人間の共同生活の土台として維持すべきだと主張しても、驚かれないことと思います。これは現実的な価値を問おうとするのではなく、実践的な問題なのです。わたしたちの文化を維持するためには、個人が文化的に成熟するまで影響を与えずに、ただ待っているというわけにはいかないのです。文化的に成熟できない人の数は多いはずです。そしてこれから成長する子供たちに、何らかの教義の体系を強制することは必要ですし、その体系は批判されることのない前提として機能すべきなのです。そしてわたしには、宗教的な体系がそのためには最適なものと思われるのです。

それはもちろん宗教には、あなたが〈幻想〉と名づけようとされた願望を充足する力と慰めを与える力がそなわっているからです。現実とは何かを認識するのは困難なことですし、わたしたちがそもそも現実を認識することができるかどうかも、疑わしいのです。それでも人間の欲求も現実の一部であり、しかも重要な現実であること、そしてわたしたちにとくに親しいものであることを見逃すべきではないでしょう」

「宗教的な教えには別の利点もあります。それはあなたがとくに反感をもっておられる宗教の特徴の一つです。宗教は原始的な思考と幼児の思考の痕跡の大部分をとり除きながら、概念的な浄化と昇華をもたらすことができるのです。宗教のこうした働きのあとに残るのは、理念の内容そのものであり、科学もこれには矛盾せず、論駁することもできないのです。宗教の教えをこのように改造することについては、あなたは不徹底であり、妥協であると批判されましたが、これによって教養のない大衆と哲学的な思索者の断絶を避けることができるのです。そして文化の維持のためにきわめて重要な意味をもつ大衆と思索者の共同性を確保することができるのです。そうなれば大衆の一部が、社会の上層の人々が〈もはや神を信じていない〉ことを知ったとしても、恐れることはなくなるのです。これで、あなたのやろうとしていることは、実証済みで情緒的に価値のある幻想の代わりに、実証されておらず情緒に訴えない幻想を採用しようとする試みにすぎないことを示せたと思います」

◆宗教と科学の対立

こうした批判で、わたしが困惑したとは考えないでいただきたい。幻想を避けることがいかに困難なことであるかは、わたしもよく承知している。わたしがさきに述べた希望は、もしかしたら幻想としての性格をそなえているかもしれない。しかしわたしははっきりと区別をしておいたつもりだ。わたしの幻想は、宗教の幻想のように是正できない性格のものではないし、妄想的な性格をそなえていない（それにこの幻想は、それを共有しなくても罰せられるようなものでもない）。経験によって、ただしわたしの経験ではなく、わたしの後で同じような希望を抱いた人の経験によって、わたしが間違っていることが明らかになったならば、この期待は放棄することにしよう。ただしわたしの試みは、そのものとして認めていただきたいのだ。

心理学者としてわたしは、この世界でうまくやっていくのが困難であることについて、甘い見通しなどもってはいない。ただ幼児から成人に成長するまでの個人の心的なプロセスについて、精神分析によってえられた洞察に基づいて、人類全体の発展について判断しようと試みているだけなのである。精神分析の研究において、宗教には幼児の神経症に類似したところがあることが確認されたのであり、多くの子供たちは小児神経症から回復して成長してきたのである。だからこそ、やがて人類もこの神経症的な段階を克服するだろうと、楽観的な予測を立てたのである。

個人心理学から生まれたこの洞察は、不十分なものかもしれないし、これを人類全体に適用するのは不適切なことかもしれない。こうした楽観的な予測は根拠のないものかもしれない。そうした不確実性があることは、十分に認めているのである。だが誰も、自分の信じていることを語らずにはいられないものだ。誇張しているわけではないのだから、咎《とが》められる筋合いはないのである。

ここでは次の二つの点を指摘しておくにとどめたい。第一に、わたしの見解の根拠の弱さが、反論する側の根拠の正しさを強めるわけではないということだ。反論する側は、すでに失われたものを弁護している。たしかにわたしたちは、人間の知性の力は、欲動の生の力と比較すると弱いものだと、繰り返し強調してきたし、それは正しい主張なのである。しかしこの知性の〈弱さ〉には、ある特別な要素があるのだ。知性の声はか細いが、聞きとどけられるまでは、黙すことはないのである。繰り返して拒否されても、やがて聞きとどけられるものなのだ。そこに人類の将来について楽観できる数少ない理由の一つがある。

これは取るに足らぬ根拠ではない。そこにはもっと別の期待を寄せることができるからだ。知性の優位が実現するのは、はるか遠い未来のことかもしれないが、無限に遠い先のことではないだろう。そしてこの知性の優位が目的とするのは、キリスト教の神に期待するものと異なるものではないのである——もちろん宗教的にではなく、人間にふさわしい形で、外的な現実が、運命《アナンケー》が許すかぎりにおいてということだが。その目的とは、隣人愛であり、苦悩の軽減である。だから反論する側と対立しているようにみえても、それは一時的なものにすぎず、調停できない対立ではないのだと言えるかもしれない。

わたしたちが望むものは、反対者が望むものと異なるものではない。ただし反対者は、わたしやわたしと同意見の人々と比較すると、性急であり、要求するものが多すぎるし、あえて言わせてもらえば利己的なのである。人間が死んだ直後から、至福が訪れることを求めているのである。しかもその至福に不可能なことを要求し、個人的な要求も放棄しようとしないのだ。ところがわたしたちの神ロゴスは、こうした願望のうちで、わたしたちの外部の自然が人間にふさわしいと認めたものだけを、ごくゆっくりと、きわめて遠い将来において、新しい人類のために実現するだろう。*2

このロゴス（理性）という神は、苦しい生を営んでいるわたしたちには、どんな代償も約束してくれない。わたしたちの試みが失敗するかどうかにかかわらず、また宗教に代わって採用されたものが長つづきするかどうかにかかわらず、遠い未来においてわたしたちの目的が実現する途上で、宗教的な教義は棄てさらねばならないのである。その理由はお分かりだろう。いかなるものも理性と経験に逆らうことはできないからであり、宗教が理性にも経験にも反することは、あまりにも自明なことだからだ。慰めとしての宗教の性格をいくらかでも維持しようとするかぎり、いかに洗練された宗教的な理念でも、この運命を避けることはできない。もちろん宗教が、特性を規定することも意図を明確にすることもできない高次の精神的な営みであると自称するにとどまるならば、科学の側から異議を申し立てられることはないだろう。ただしその場合には宗教は人間にとって、興味のあるものではなくなるのである。

＊2　オランダ人のムルタトゥーリのロゴス（理性）とアナンケー（運命）という一対の神々の概念を参照されたい(19)。

◆科学のもたらす成果

第二の点として、宗教を擁護する側の姿勢と、わたしの姿勢には、幻想にたいして大きな違いがあることを指摘しておきたい。反対論者は、宗教の幻想を全力をもって擁護しなければならない。宗教的な幻想の価値が否定されるようなことがあると（その時期は近づいているのである）、宗教の世界そのものが崩壊してしまい、文化についても、人類の未来についても、すべてのことに幻滅するしかなくなってしまうのである。ところがわたしたちはこのような隷属状態とはほど遠いのである。自分の幼児期の幻想の多くを放棄する用意があるため、わたしたちの期待のいくつかが幻想であると明らかになっても、耐えることができるのである。

教育が、宗教的な教義の圧力から解放されても、人間の心理学的な価値そのものが大きく変わることはないだろう。わたしたちの神ロゴスはそれほど全能ではないかもしれないし、以前の神々が約束していたことのごく一部しか実現できないかもしれない。そのことを認識せざるをえなくなった場合には、わたしたちはそれをうけいれよう。しかしだからといって世界と生活にたいする関心を失うことはない。反対論者にはないしっかりとした足場があるからだ。わたしたちはまだ、科学的な研究活動によって、世界の現実について認識することができるのであり、自分たちの力をさらに強め、それに基づいて人生を設計できると信じているからである。

この信念もまた一つの幻想であるとしたら、わたしたちの強みはなくなることになる。しかし科学は多数の重要な成果をもたらしており、これが幻想ではないことを証明しているのである。科学は宗教的な信念の力を奪いさり、宗教を崩壊させようとして、多くの公然とした敵を作った。そして覆面した敵の数はさらに多いだろう。

科学がわたしたちに教えてくれるのはごくわずかなことであり、なお比較にならないほど多くの分野で、わたしたちの蒙をひらいてくれないと非難されている。しかしこうした非難をする人は、科学がいかに若いものであるか、最初の頃にどれほどの困難に直面していたか、人間の知性が科学の課題に目覚めたのは、いかにごく最近のことにすぎないか、ということを忘れているのである。わたしたちはあまりに短い期間での成果に基づいて、科学を判断していないだろうか。わたしたちは地質学者のまなざしを手本とすべきなのだ。

科学は不確実なもので、現在は法則と認められたものでも、次の世代にはこれが間違いであったことが明らかになることが多いし、新しい法則もごく短期間のうちに別の法則に置き換えられてしまうという苦情を耳にすることがある。しかしこれは科学への公正な姿勢とは言えないし、部分的には間違っている。科学的な理論の変遷は発展であり進歩であって、転覆ではないのである。

最初は無条件に妥当すると考えられた法則が、さらに包括的な法則性の特別な事例であることが発見される場合もあるし、のちに発見された別の法則によって、その適用範囲が限定されることもある。真理にごく大雑把な形で接近していたものが、やがてもっと精密な考察方法が採用されるようになり、この方法はやがてもっと完全なものになることが期待できるのである。

科学の多くの分野では、まだ仮説を立てている段階にすぎないのであり、こうした仮説はすぐにでも、不十分なものとして廃棄されるようになるかもしれない。一方では、ほとんど変更する必要のない確実な核心的な知識が獲得されている分野もある。科学の営みを根本的に否定するために、次のような議論が提示されたこともある。すなわち、科学もまた人間の身体的な器官に条件づけられているのだから、科学がもたらす知識は主観的な結果にすぎず、人間は科学によって、人間の外部の物事の真の本性を認識することはできないというのである。

しかしこの議論では、科学的な研究という活動の評価に決定的な意味をもついくつかの要素を見落としている。人間の心身、すなわち人間の精神的な装置は、外界を探求する営みのうちで発達してきたのである。人間の心身の構造のうちには、ある合目的性が実現されているのであり、人間の心身そのものが、探求しようとする世界の一つの構成要素なのである。こうして、心身を科学的な研究の対象とすることは十分に可能なのである。

わたしたちの心身の固有のありかたのために、世界がどのようなものにみえるかを示すだけでも、科学の使命は十分にはたされているのである。また科学のもたらす最終的な成果は、その成果を獲得するために利用された方法のために、人間の心身の条件に規定されているだけではなく、心身そのものに影響を与えるものによっても規定されているのである。それに世界がどのような特性のものであるかという問題は、世界を知覚する心的な装置のありかたを無視するならば、空虚な抽象にすぎず、実践的な関心をもてないものなのである。

いや、われわれの科学は幻想などではない。それよりも、科学がもたらしてくれないものを、もっと別のものが与えてくれると考えることこそが、幻想というものだろう。

訳注

（1）欲動（Trieb）は、人の心を駆り立てる力動的なプロセスである。欲動については、源泉、心迫、対象、目標の四つが重要な要素である。欲動の源泉は心的な刺激であり、その源泉における緊張（心迫）を解消することが欲動の目標であり、欲動の目標は対象によって、または対象を通じて実現される。フロイトの欲動論については、解説を参照されたい。

（2）審級（Instanz）という概念は、フロイトが心的な装置のレベルを示すために好んで使った概念である。もとのドイツ語では、裁判所の管轄権を示すために使われることが多い。刑事裁判では、地方裁判所が第一審であり、その上に高等裁判所、最高裁判所が上級の審級として控えている。これに対して心的な装置に使われる場合には、意識の下部構造を指すために審級の概念が使われる。夢の解釈では、検閲する審級が考察され、道徳の問題では〈超自我〉という審級がとくに重視される。

（3）依託型の対象選択とは、幼児に世話や保護を与えてくれる人物、とくに両親のモデルに基づいて、愛情の対象を選択することである。これは性欲動がもともとは自己保存の欲動に基づいていることによるものとされている。愛する相手が最初に自分を養ってくれた母親と類似していることが多いのは、この型の対象選択によるためである。これと対照的なのが、自己愛に基づいたナルシシズム型の対象選択である。

（4）リビドー（Libido）は、性欲動が表現される場合に、その背後にあると想定されるエネルギーである。もとはラテン語で欲望を意味する語であり、フロイトはつねに量的なものとして考えていた。以下でリビドー体制またはリビドーの配分と訳したのは、［リビドー］経済という語であり、リビドーのエコノミーと訳されることもある。リビドーはその全体量が特定の対象に振り向けられるのではなく、配分されるものである。外部の対象に割り当てられた（精神分析の世界ではこれを備給と呼ぶ）リビドーは、その外部の対象から拒否された場合には自己にもどってナルシシズムとなる。後期のフロイトはリビドーは最初は自己に備給されていて、外部の対象にリビドーを向けるようになっても、その一部は自己に残されると考える。またリビドーは成長の過程にともなって質と備給の対象を変えていくとされている。口唇期、肛門期、男根期、性器期と、リビドーは発達していくのである。

（5）フロイトがここでアクロポリスについて暗示している説明は、「ロマン・ロランへの手紙――アクロポリスでのある記憶障害」（『フロイト著作集11』高橋義孝・生松敬三他訳、人文書院）、二六二～二七〇ページを参照されたい。アクロポリスが現実に存在していたという驚きを感じた背景には、父親へのアンビヴァレントな思いがあるというのである。アテネにやってくることができたことで、父親よりも出世したという思いと、ろくな教育をうけていない父親は、アテネに来たいと思うこともなかっただろうという優越感がいりまじっていたというのである。

（6）ここでフロイトは心霊主義に奇妙なわだかまりを示している。一時期フロイトはテレパシーに強い関心をもっていた。これは論文「夢とテレパシー」として記録されている（『フロイト著作集11』前掲書、五四～七七ページ）。フロイトは娘のアンナとテレパシーごっこをしたこともあるらしい。ピーター・ゲイ『フロイト 2』（鈴木晶訳、みすず書房）、五一四～五一七ページを参照されたい。

（7）これをcredo quia absurdumとして最初に定式化したのは、三世紀のキリスト教の教父のテルトゥリアヌス（一五五頃～二二〇頃）とされている。アウグスティヌスにも似た文章がある。

（8）脊髄癆は梅毒スピロヘータが原因となって脊髄の神経に障害が起こる疾患である。歩行障害、膀胱障害、性機能障害などが起こり、病が進むと、髄膜炎を起こす。

(9) フロイトの精神分析はまず成人の神経症の治療から始まったが、その神経症の原因を探るうちに、幼児期のトラウマが神経症の発病に重要な影響を及ぼしていることが明らかになった。そして精神疾患のすべての〈根〉が幼児期の性的な経験にあることが、理解されるようになったのである。それまでは西洋の社会では幼児を無垢な存在とみなすことが通例だっただけに、これは激しい非難のまとになった。フロイトがこうした非難を西洋文化の根本的な欠陥とみなしていることについては、『文化への不満』、とくに本書の二〇七ページを参照されたい。フロイト以後の精神分析の研究は、エディプス・コンプレックスが克服される以前の幼児期に重点をおくようになっていく。

(10) 「怠惰な理由」というのは、古来の詭弁の一つであり、すべてのことは必然的に決まっているのだから、自分は努力する必要はないし、いまの快楽に身を任せていればよいと主張するものである。たとえば神がすべてを予知して、決定しているのならば、未来は必然的なものであり、どうやっても避けられないと主張することは、弁神論で重要な論点となってきた。ライプニッツは『弁神論』でこの「怠惰な理由」の問題を繰り返し検討している。『ライプニッツ著作集六』(佐々木能章訳、工作舎)、一八ページなどを参照されたい。

(11) 理神論というのは、神の存在そのものを否定することはなく、世界の秩序についても、人間の道徳的な義務についても、神の啓示によらずに、人間の理性で理解することができるという考え方である。啓蒙思想はその宗教批判によって無神論に近づくが、理神論は無神論ではなく、理性によって神の啓示の基盤を明かすことができると考える。ロックに始まる近代のイギリス経験論がその代表である。フロイトは神の存在を否定せずに、理性を神の位置につけようとする試みは、まやかしだと批判するのである。

(12) この「宗教的な人」については、『文化への不満』におけるロマン・ロランの「大洋性」の感情の批判を参照していただきたい（本書一二四ページ以下）。

(13) 情動（Affekt）とは、さまざまな感情的な状態であり、欲動は情動と表象の二つの領域で表現される。欲動のエネルギーとその変化物の量が質的に表現されると、情動となって現れる。情動は転換して転換ヒステリーとなり、置き換えられて強迫神経症となり、変容して不安神経症や鬱病（メランコリー）として表現されることがある。

(14) アメリカではキリスト教原理主義が教育の現場でも強い力をもっており、進化論は聖書の教えに反するとして、二〇世紀初めにさまざまな州で進化論を公共教育で教えることを禁じる反進化法が成立した。アメリカ市民自由連合はこれに反撃するために、進化論を公共の学校で教える篤志の教員を募集していた。教員が逮捕された場合に、裁判でこれを覆そうとしたのである。これに応じたのがテネシー州デイトンで理科を教えていたジョン・スコープスである。この教員が逮捕され、一九二五年にスコープス裁判（猿裁判と呼ばれる）が開かれた。ただしこの裁判では法律の廃止は実現せず、同州の反進化法が廃止されるのは一九六七年のことになる。

(15)ボニファティウス（六七五～七五四）は、イギリス生まれの聖職者で、ベネディクト会の修道士。フリースラント（オランダとドイツ北部）にキリスト教を布教した。異教の神々は恐れられているような力をもっていないことを証明するために、現在のヘッセン州フリッツラーの近くで、ゲルマンの神トールの神木とされていたオークの巨木を切り倒して、その材木で教会を建てた。トールの怒りの稲妻にうたれて死ぬと信じていたゲルマンの民衆は、何事も起こらなかったために、キリスト教に改宗する者が多かったと伝えられる。

(16)テオドール・ライク（一八八八～一九六九）はオーストリアの精神分析学者で、フロイトから経済的な支援をうけて、精神分析を学んだ。ライクの最初の主著『告白への強迫』（一九二五年）では、赤面などの神経症的な症候は、患者の抑圧された欲動を無意識的に告白するものと分析している。ナチスの迫害から逃れてアメリカに移住した後に発表した『神話と罪』（一九五七年）では、宗教におけるマゾヒズムと罪の役割を考察している。

(17) もちろんアメリカの禁酒法のことである。ウィルソン大統領のもとでアメリカ議会は一九一七年にアメリカ合衆国憲法修正第一八条を採択し、飲料用アルコールの醸造、販売などを禁止した（一九一九年制定）。この禁酒法は一九三三年にルーズベルト大統領のもとで廃止されるまで効力を維持することになる。

(18) ハインリヒ・ハイネ『ドイツ　冬物語』第一章から。邦訳は「天国なぞは／天使や雀にまかせておこう」となっている（『ハイネ全詩集』第三巻、井上正蔵訳、角川書店、二三六ページ）。

(19) ムルタトゥーリはオランダの作家E・D・デッカー（一八二〇～八七）のペンネーム。小説『マックス・ハーフェラール』は邦訳もされている（佐藤弘幸訳、めこん）。一九〇七年にフロイトは、ある古書店のアンケートに答えて、愛読書一〇冊のうちに、ムルタトゥーリの書簡集をあげている。

文化への不満（一九三〇年）

1

◆「大洋性」の感情

人類は全体として、どうも間違った尺度で物事を計っているのではないだろうか。権力、成功、富などを追い求め、それを獲得した人を賛嘆する一方では、人生において本物の価値があるものを過小評価しているのではないかという印象をもたざるをえない。ただしこうした一般的な判断では、人間そのものの多様性と、人間の精神的な生活の多様性を忘れてしまう危険がある。

大衆の目的や理想とはまったく無縁な性質や業績によって、同時代の人々の尊敬を集めている人がいないわけではない。そんな例をみると、こうした偉大な人物を賞賛するのはごく少数の人々だけで、大衆はこうした人物については知ろうともしていないと思いがちである。しかし何ごともそのように簡単に決めつけることはできない。

人間の思考と行動は食い違うものだし、人の願望の動きはきわめて多彩なものだからだ。

ある卓越した人物の一人が最近、みずからをわたしの友人と称しながら手紙をくれたことがある。かつてわたしはこの人に、宗教とは幻想にほかならないことを指摘した小著を贈呈したのだったが、その人はその返礼の手紙で、宗教についての判断にはまったく同意すると語っていた。ただしこの人は、わたしが宗教そのものの源泉を十分に評価していないのは残念だと述懐していた。この宗教の源泉とは、ある特別な感情であり、その人はこの感情を片時も失ったことがないというのである。この感情はほかの多くの人々の心のうちでも働いているのを確かめているし、数百万人の人々の心のうちにもこうした感情があると想定できるというのである。

この人の説明によると、この感情は「永遠性」の感情とも呼べるものであり、際限のなさ、制限のなさ、いわば「大洋性」の感情とも言うべきものだという。これは純粋に主観的な事実であり、宗教的な信条のようなものではない。この感情は個人の死後の生の約束などとは結びついていないが、宗教的なエネルギーの源泉であり、さまざまな宗派と宗教的体系によって把握され、特定の水路に導かれて、消費されているのだという。この「大洋性」の感情があれば、いかなる信仰もいかなる幻想も拒む人でも、宗教的な人間と自称することができるのだというのである。

尊敬する友人からこのような言葉を聞かされて、わたしはひどく困惑してしまった。この友人はかつて、幻想のもつ魔力を、詩的な作品で高く評価したことがある。[*1] わたしは自分のうちのどこを探してみても、この「大洋的な」感情をみいだすことはできなかった。さまざまな感情を科学的に考察するのは、容易なことではない。ただ、感情の生理学的な特徴を記述する試みが可能なだけである。このような特徴の記述が不可能な場合には(大洋的な感情もまた、このような特徴づけにはそぐわないものではないだろうか)、その感情にもっとも近しいイメージの内容に注目するほかに方法はないのである。

この友人の言葉を正しく理解しているとすれば、この大洋的な感情とは、独創的でかなり風変わりな詩人が、みずから死を選んだ主人公に慰めの言葉として与えた言葉、「この世界からわれらが足を踏み外すことはない」と同じことを言おうとしていたのだと思う。[*2] つまり外部の世界の全体とともに生きているという感情、失われることのない結びつきの感情なのである。
わたしはこうした感情はむしろ知的な洞察としての性格をそなえたものではないかと思わざるをえない。たしかに感情の響きはともなっているものの、こうした壮大な観念にはつきものなのである。わたし個人としては、こうした感情が原初的な性格のものであるとは確信できない。ただし他者にこうした感情が実際に存在することも否定できない。問題なのは、この感情をわたしたちが正しく解釈しているかどうか、これがすべての宗教的な欲求の「源泉にして起源《フォンス・エト・オリーゴー》」であることを認めることができるかどうかである。

*1 この作品は『リリユリ』（一九一三年）である。ほかにも『ラーマクリシュナの生涯』および『ヴィヴェカーナンダの生涯と普遍的福音』（一九三〇年）という二作の著書が発表されたいまとなっては、この友人がロマン・ロランであることを隠しておく理由はないだろう。(1)

*2 クリスティアン・グラッベ『ハンニバル』から。「そうだ、この世界からわれらが足を踏み外すことはない。ともかくわれらはそこにいるのだから」(2)

◆自我感情の不確かさ

わたしはこの問題を決定的に解決できるようなアイデアを提示することはできない。そもそも自分が世界とともにあることは、ある直接的な感情によって認識することができるはずであり、この感情ははじめから、そうした認識のためにあったのだという考えは、きわめて奇妙に感じられる。それは心理学という学問の枠組みには、どうも収まりが悪いのだ。だからここでは精神分析の方法によって、このような感情がどのように発生したのかを考察することにしよう。すると次のような考えが思い浮かぶのである。通常であれば、わたしたちにとってもっとも確実なものは、わたしたちの自己、わたしたちに固有の自我の感情である。この自我はわたしたちには、独立したもの、統一のとれたもの、ほかのすべてのものとは明確に区別されたものと感じられる。

ところが精神分析の研究によって明かされたのは、このような外見はみせかけであること、自我はその内部において明確な境界なしに、わたしたちが〈エス〉と呼んでいる無意識的な心的な存在へとつづいていること、このエスにたいして自我は正面玄関のような役割をはたしていることであった。このエスと自我の関係について、精神分析はまだわたしたちに多くのことを教えてくれるはずである。

自我は少なくとも外部にたいしては、明確ではっきりとした境界線を引いているように思える。しかしある異常な状態においては（それはまだ病的な状態ではない）、そうとも言えなくなるのである。すなわち誰かへの愛情があまりに強くなると、自我と対象との限界が消滅しかねないのである。あらゆる感覚は、相手は自分とは異なる人であることを告げているのに、恋する人は相手と自分が一体であると主張し、それが真実であるかのようにふるまいたがるのである。［恋愛という］一時的な生理的な作用によって、［自我と他者の境界が］消滅しうるのであれば、病的なプロセスによっても、これが消滅するのはごく自然のことである。

精神病理学では、自我と外部の世界の境界が不確実なものとなったり、外部の世界との境界線が間違ったところに引かれたりする多数の病例が確認されている。自分の身体が自分のものではない異質なものだとか、自分に固有の心的な生、知覚内容、思考、感情などが、みずからのものではない他者のものだと訴える患者もいる。反対にみずからの自我の内部で発生したもので、自分のものと認識すべきものを、外部の世界のせいにしてしまう患者もいるのである。自我感情も攪乱《かくらん》されることがあるわけであり、自我と外部の世界との境界は決して一定で不変なものではないのである。

◆快感原則と現実原則

さらに考察をつづけてみよう。大人の自我感情も、最初からそのようなものとして存在していたわけではない。発展してこうした自我感情が誕生したのであり、概念的に証明することはできないものの、かなりの確実さをもってこの発展のプロセスを再構成することができる。[*3] 乳児はまだ自分の自我を、外から押し寄せる感覚の源泉である外界と区別していない。さまざまな刺激をうけながら、次第にこの区別を学んでいくのである。

そして乳児は、自分を興奮させる源泉には二つの種類のものがあることに、強い印象をうけるに違いない。一つは、いつもあって自分にさまざまな感覚を与えてくれる源泉であるが、これが自分の身体の器官であることを認識するのは、後になってからのことである。もう一つはときおり離れてしまい、叫んでねだらなければ戻ってこないものである。これには、もっとも欲しいものである母親の乳房がある。こうして、自我にたいして初めて「客体」というものが対立させられる。この「客体」なるものは、自我の「外部に」あるものであり、特定の行動をとらなければ登場しないものなのである。

自我が感覚の塊から分離し、「外部」や外界の存在が承認されるようになるための新たな一歩としてあげることができるのは、痛みや不快の感覚である。これらの感覚は多様で、頻繁に起こり、しかも避けられないものである。絶対的な支配権をもつ快感原則は、こうした感覚をなくすか、避けることを命じる。こうして自我のうちにあって不快の原因となりうるすべてのものを分離して、自我の外に放りだし、純粋な快感自我を形成しようとする傾向が生まれるのである。この快感自我は、自我を脅かす異質な外部と対立するのである。

この原始的な快感自我の境界線が、その後の経験によって修正されるのはやむをえないことである。快感を与えてくれるために手放したくない多くの感情の源泉が、自我の内部ではなく客体のものであること、反対に放りだしたい不快な感情の源泉が、自我の内部から生まれたものであり、自我から分離できないものであることが明らかになるからである。乳児は感覚活動を意識的に制御し、筋肉を適切に動かすことによって、自我のものである〈内部のもの〉と、外界に由来する〈外部のもの〉を区別できるようになる。これは現実原則を確立するための第一歩となるもので、これが乳児の今後の発達を支配することになろう。

この区別にはもちろん、感じられた実際の不快な感覚と、これから訪れる可能性のある不快な感覚から防衛するという実践的な目的がある。自我が、自分の内部から生まれる特定の不快な興奮から防衛するために利用する手段と、外部から訪れる不快から防衛するために利用する手段が同じものであるという事実は、のちの重要な病的な障害の出発点となるのである。

＊3　自我の発達と自我感情については、多数の研究が発表されている。たとえばフェレンツィの『現実感覚の発展段階』（一九一三年）や、一九二六年と一九二七年以降のP・フェダーンの論文を参照されたい。(3)

◆原初的なものの残存

自我はこのような方法で外界と自己を区別するようになる。正確に表現すれば、自我は最初はすべてのものを包み込んでいるが、のちに外界をみずからの外部に排除するのである。大人の自我感情は、初期のはるかに広大な感情、すべてのものを包み込む感情がしぼんだ名残にすぎないのであり、初期の頃には自我は環境世界ともっと親密に結びついていたのである。この原初的な自我感情は、多くの人々の心的な生に、まだ多かれ少なかれ残存しているとみなすことができる。

そうすると、明確な境界線の定められた成熟した大人の狭い自我とは別に、あるいはこれと併存する形で、こうした原初的な自我感情が存在しつづけると考えることができるだろう。この原初的な自我感情にふさわしいイメージをあげるとすれば、それは境界というものをもたず、すべてのものと結びついているというイメージだろう。わたしの友人が「大洋的な」と呼んだ感情は、これと同じものとして説明することができる。ある原初的なものから、もっと別のものが生まれたあとでも、こうした原初的なものがなお存在しつづけると想定することができるはずだ。

この想定は疑問の余地なく正しいのである。このような現象は、人間の心の分野でも、その他の分野でも珍しいものではない。たとえば動物の進化については、最高度に発達した種も、もっとも発達度の低い種から生まれたものであるのは確実とみなされている。そしてごく発達度の低い種も、いまなお生きつづけているのである。巨大な恐竜の種は死滅し、哺乳動物にその場所を譲ったものの、いまなお生きつづけている鰐《わに》は、この恐竜という種の直系の子孫である。

このアナロジーはここでの説明にふさわしくないかもしれないし、いま生きつづけている発達度の低い種は、高度に発達した種の直系の祖先ではないという事実も指摘されるかもしれない。両者を結ぶ環となる種はふつうは死滅していて、その存在は再構成という方法で推定されているだけである。

ところが人間の心の領域では、原初的なものから新たなものが誕生しても、最初の原初的なものがそのまま維持されるのは珍しいことではなく、実例をあげて説明するまでもないことである。多くの場合、こうした現象が発生するのは、発達の途中で分岐が起こる場合である。ある心理的な態勢の一部や、欲動興奮の一部はさらに発達をつづけるのに、他の部分は発達せずにそのままで維持されるのである。

ここでわたしたちは、心的な領域において存続しつづけるものという、もっと一般的な問題に直面することになる。これはまだ十分に研究されていない問題でありながら、非常に魅力的で重要な問題である。この問題を考察するのにふさわしい場所ではないが、それでもしばらく注目してみることにしよう。

以前わたしたちは、忘却という頻繁に起こる現象は、記憶の痕跡が破壊され、無化されることによって生じるものだと考えていたが、これは誤りであることが確認されたのだった。そして現在ではこれと正反対に、人間の心の生のうちでは、ひとたび形成されたものは滅びることがなく、すべてのものが何らかの形で保持されるのだと考えるようになった。その時点までの退行などの、ふさわしいきっかけがあれば、これを蘇《よみがえ》らせることができると想定しているのである。

◆ローマの実例

この仮説がどのような内容のものであるかを、別の分野における実例と比較して説明してみよう。ここでは永遠の都ローマを考えてみる。*4 歴史家の教えるところでは、最古のローマはパラーティウムの丘の上の集落を城壁で囲んだものであった（これがローマ・クアドラータと呼ばれた）。次にさまざまな丘の上の居住地が統合される段階が続く。これが七つの丘（セプティモンティウム）の段階である。さらにセルウィウスの城壁で囲まれた都市の段階がつづき、その後は共和政と帝政時代初期のさまざまな変遷の段階を経験した後に、アウレーリアヌス帝の城壁で囲まれた都市が形成され

たのである。(4)

ここでローマのその後の発展を追うのをやめて、ローマの発達について、完全な歴史的な知識と地形学的な知識をそなえた人が現在のローマを訪問したならば、これまで説明してきたローマの古い都市の名残をどの程度まで発見できるかを考えてみよう。アウレーリアヌス帝の城壁は、破壊されたわずかな場所をのぞいて、ほとんどそのまま残っているはずである。いくつかの場所では、セルウィウスの城壁も発掘されて姿をみせている。

現在の考古学者よりも詳しい知識をもっている人であれば、市街の地図にこの城壁の位置と、ローマ・クアドラータの見取り図を書き込むことができるだろう。かつての古代ローマの城壁に囲まれていた建造物は、まったく姿を消しているか、わずかな残骸を探しだせるだけだ。共和政ローマについての詳細な知識があっても、神殿や公共的な建物のあった位置を示すことができるだけだろう。

現在はこれらの建物のあった場所は廃墟になっているが、これは当時の建物そのものの廃墟というよりも、火事や破壊の後に修復された後代の建物の廃墟である。古代ローマのこれらの遺跡がどれも、ルネサンス以降の近代の数世紀に形作られた現代ローマの巨大な都市の中にちりばめられて存在していることは、とくに指摘するまでもないことだろう。ローマの地下に、そして近代の建造物の下に、まだ多くの古いものが埋蔵されているのはたしかである。ローマのような歴史的な遺跡において、過去はこのような形で維持されているのである。

ここで空想を働かせて、ローマを人間が居住する都市ではなく、同じように長く、豊かな過去をもつ人間の心のようなものと考えてみよう。この心の中でも、ひとたび生まれたものは決して姿を消すことがなく、最近の発展段階と併存するように、かつての発展段階が存在しつづけていると想定してみよう。ローマの例で言えばパラーティウムの丘の上にはまだ多くの皇帝の宮殿と、セプティミウス・セウェルス帝時代の七層の建物（セプティゾニウム）が、かつての高さのままに聳《そび》え立ち、聖天使城の屋根には、ゴート軍が包囲するまでは城を飾っていた美しい彫像群が並び立っていると想定するのである。(5)

それだけではない。パラッツォ・カファレッリも取り壊されることなく、しかもこの場所にカピトリウムの丘のユピテルの神殿が聳えているのであり、しかも帝政時代のローマ人たちが賛嘆した最後の姿だけでなく、まだエトルリア風の名残のある陶製のアンティフィクス［軒端装飾］で飾られていたごく初期の姿も残されているのである。いまコロッセウムのある場所で、皇帝ネロのかつての黄金宮殿《ドムス・アウレア》の美しさを称えることもできるだろう。

パンテオン広場には、ハドリアヌス帝が建造したいまのパンテオンだけでなく、マルクス・アグリッパが建造した本来の建物もみられるだろう。さらに同じ場所には、聖マリア・ソプラ・ミネルヴァ教会も、その基礎として使われた古い神殿も姿をみせているだろう。そしてわたしたちが視線をめぐらすか、わずかに場所を移すだけで、これらの光景をどれでも目の前に浮かびあがらせることができるだろう。

＊4『ケンブリッジ古代史』第七巻（一九二八年）のヒュー・ラスト「古代ローマの建設」を参照されたい。

◆生の痕跡

このような空想を紡ぎつづけてもそれほど意味があるわけではない。やがて想像が追いつかなくなり、不条理に陥るだけだからだ。歴史的な時間を順に空間的に表現しようとすれば、空間の中に併置するほかに方法はない。そして同じ空間に二つ以上のものを配置することはできないのだ。だからこうした試みは、たんなる時間の無駄にすぎないようにみえる。それは、心の生の独特さを、目にみえるイメージに押しこむのがいかに困難かを示してくれるのに役立つだけである。

ここで別の異議に答えておく必要があるだろう。人間の心の過去と比較するために、ローマという都市の過去をもちだすのは不適切ではないかという異議である。この異議によると、過去が保存されているという想定が人間の心の生に妥当するためには一つの条件がある——心の器官が無傷なままで保存され、外傷や炎症によって組織が破壊されていない場合に限られるのである。都市の場合にこうした外傷や炎症に比較されるのは破壊による影響であろう。そしてローマのように波瀾万丈な歴史を経験していない都市でも、外敵から侵攻された経験がほとんどないロンドンのような都市でも、歴史の中でこうした破壊による影響をこうむっていない都市はないのである。平和に発展してきた都市でも、建造物の解体や建て替えなどは必ず行われたはずであり、心の機構と比較するために都市をとりあげるのは、そもそも不適切なのだというわけである。

ここではこの異議に直接に回答するのはやめておこう。そしてわかりやすい対照的な類似によって強い印象を与える試みはひとまず放棄しておこう。むしろ動物の身体や人間の身体という、もっと内的なつながりのあるもので比較を試みることにしよう。ところがこの比較でも、都市の比較と同じ問題に直面するのである。古い発達段階がそのままで残されることはなく、そこから生まれた新しい発達段階のうちに解消されてしまうのである。

大人のうちに胎児の痕跡をみいだすことはできないし、子供の頃にあった胸腺は、思春期の後には結合組織に変わって、姿を消す。成人の男性の管状骨のうちに幼児の骨の輪郭を描くことはできるが、幼児の骨は伸びて太くなり、最終段階においては姿を消してしまう。だからあらゆる前段階が、最終的な段階とともに併存するという現象は、人間の心のうちだけで起こりうることであり、ほかの現象との比較では、これをうまく説明できないのである。

あるいはこの想定には無理があるのかもしれない。わたしたちに主張できるのは、心の生のうちに過去が保存されることも、ありうるのであり、必ずしも破壊されるとは限らないということだけなのかもしれない。心のうちにおいても多くの古いものは原則として、あるいは例外的に、抹消されたり消耗したりすることがあり、それはどのような方法でも蘇らせたり、呼び覚ましたりすることはできないのかもしれない。あるいは一般に古いものが存続するためには、ある特定の有利な条件が必要なのかもしれない。そうかもしれないが、これについてはまったくわかっていないのである。ただ確認できるのは、心の生では過去が保存されるのが原則であり、珍しい例外などではないということである。

◆「大洋的な」感情と宗教性

そのためにもわたしたちは、多くの人の心において「大洋的な」感情が存在していることを認める用意があるのであり、その感情の根拠を、自我感情の初期の段階に求めようとするのである。するとここで別の問題が発生する。この「大洋的な」感情を、宗教的な欲求の源泉とみなすべきだという主張には、どのような根拠があるのだろうか。

わたしにはこの主張は説得力がないと思える。ある感情がエネルギーの源泉となりうるのは、強い欲求の表現である場合に限られる。そして宗教的な欲求の起源として考えられるのは、幼児期の寄る辺なさと、この状態から呼び覚まされた父親にたいする憧憬だけである。そしてこの寄る辺なさの感情は、幼児の生からずっとつづいているだけではなく、運命の強大な力にたいする不安のために、絶えず維持されてきたのである。幼児には、父親の庇護を求める欲求よりも強い欲求は存在しないようである。だから「大洋的な」感情は、無制限なナルシシズムを復活させる役割をはたすのかもしれないが、それで意識の前景からは姿を消すのである。宗教的な態度の源泉としては、幼児期の寄る辺なさの感情のほかには、明確にその輪郭をたどれるものは存在しない。背後にはまだ別のものがありうるかもしれないが、まだ霞に包まれた状態なのである。

この「大洋的な」感情が、事後的な形で宗教的なものと関係をもつことは考えられることだ。この感情の内容には、すべてのものと一体化するという感情が含まれており、これは宗教的な慰めを求める最初の試みのようにも思われる。あるいは自我が外界から脅かされていると感じる危険を否認するための別の試みなのかもしれない。わたしはこのような捉え難いものをとりあつかうのはとても苦手であることを、ふたたび白状しておきたい。

わたしの別の友人に、癒すことのできない知識欲に駆られて、並みはずれた経験を重ね、ついに悟りを開いた人がいる。ヨガの修行によって意識を外界から内界に向け変えて、身体の機能に注意を集中し、独特な呼吸法を採用することで、実際に新しい感覚と普遍性の感情を呼び起こすことができたという。その友人は、こうした感情はすでに埋没してしまった心の生の古層への退行だと解釈している。そしてこの感情は、神秘思想におけるさまざまな叡智の生理学的な根拠となるものだという。これは、トランスや恍惚など、心的な活動に多くみられる暗い位相との関係に近いものだろう。しかしわたしはシラーの詩「潜水夫」の次の言葉を借りたいと思う。

この薔薇色の光のうちで息をすることができればよいのだが

2

◆ふつうの人々の宗教

わたしの論文「幻想の未来」で考察したのは、宗教的な感情のもっとも奥深い源泉というよりも、ふつうに宗教と考えられているものである。この宗教は信者に、この世界の謎をうらやましいほどの完璧さで解明してくれるだけではない。ゆきとどいた神の摂理が信者の生活を見守っていて、この摂理がうまく機能しない場合にも、彼岸でその償いをすることを保証してくれる教義と約束の体系をそなえているのである。

ごくふつうの人間にとって、このような摂理をそなえている存在として思い描けるのは、父親を巨大にしたような人格神である。父親のような人物だけが、子供たちである人間の欲求を認識し、願いに応じて心を和らげ、後悔のしるしをみて怒りをしずめることができるだろう。しかしこのような信仰はあまりにも幼児的で現実離れしているので、人類に好意を寄せる者としては、死すべき人間たちの大部分が、人生をこのようにしか解釈できないと考えると、心が痛むのである。

また現代において生きている大部分の人は、こうした宗教を信仰することはできないことを見抜くべきであるのに、惨めな後退戦を戦いながら、その一部でも救いだそうと努力しているのをみるのは、さらに恥ずかしいことである。神の代わりに非人称的で、影のような抽象的な原理を立てて、それで宗教の神を救うことができると考えている哲学者たちには、わたしも信者の仲間入りをして、「軽々しく神の名を呼ぶなかれ」と警告したいほどである。過去において、偉大な人々が同じようなことをしたからといって、言い訳にはならない。偉大な人々には、そうせざるをえなかった理由があったのだ。

さて、ごくふつうの人と、ただ一つの宗教という名に値するごくふつうの人のための宗教に、話を戻したい。するとドイツの偉大な詩人であり、賢者であるゲーテが、宗教の芸術と学問にたいする関係について語った次の有名な言葉が思い浮かぶ。

学問と芸術を所有する者は、
宗教もまた所有している。
学問も芸術ももたぬ者は、
宗教をもつがよい！[*5]

＊5 ゲーテの『おとなしいクセーニエン』のⅨ（遺稿の詩作品）。

◆三つの鎮痛剤

この言葉はまず、宗教を人間の優れた営みである学問や芸術と対立させる一方で、人生において宗教は学問や芸術と同じ価値をもつか、あるいは取り替えられるような位置を占めるものであると語っている。ごくふつうの人間も宗教をもつべきでないというわたしたちの主張にとっては、この権威ある詩人の言葉は不利なものである。ところでゲーテのこの言葉を正しく理解するために、別の特別の道をたどってみよう。

わたしたちに負わされているこの人生はつらく、あまりに多くの苦しみと、失望と、解きがたい課題をもたらすのである。人生を担うためには、鎮痛剤が必要なのだ（テオドール・フォンターネはかつて、何か補助となるものなしでは人生は歩めないと語ったことがある）(6)。こうした鎮痛剤としては次の三種類のものが考えられる。自分たちの惨めさを耐えられるものにする強力な気晴らし、惨めさを軽減してくれる代償的な満足、惨めさを感じなくさせてくれる麻薬である。この種のどれかが必ず必要となるのである。*6

ヴォルテールが『カンディード』を、自分の畑を耕せという勧めで締めくくっているのは、気晴らしのことを考えているのである(7)。学問的な活動もこうした気晴らしの一種となる。また芸術は代償的な満足を与えてくれるのであり、この満足は現実に比較すると幻想である。芸術は、空想が心の生ではたしているものに劣らない精神的な効果をもたらしてくれるのである。麻薬は身体に影響を及ぼし、身体の化学的な機構を変えてしまう。宗教がこれらの働きのうちのどこに位置するのかを判断するのはたやすいことではない。そのためにはさらに探ってみる必要がある。

＊6　ごく低俗的な表現ではあるが、ヴィルヘルム・ブッシュが『敬虔なヘレーネ』(8)で同じことを言っている。「悩みのある人にはアルコールがある」

◆人生の目的としての幸福

これまでに何度となく、人生の目的は何かという問いが問われてきたが、まだ満足できる回答を示した人はいない。おそらく満足できる回答などというものはないのだろう。この問いを提示した人の多くは、もしも人生には目的などはないことが明らかになったなら、人生にはいかなる価値もないことになるとつけ加えるのだった。しかしこんな脅しは無意味である。むしろこの問いに答えることを拒否する権利があると思えるほどだ。この問いの背景には、人間の不遜さが控えているようであり、この不遜さはこれまでさまざまな形で表現されてきたものだ。

動物の一生にはどんな目的があるのかなどと問われたことはないし、せいぜい動物の天命は、人間に奉仕することにあると言われるだけである。しかし動物の一生の目的がそんなことにあるはずはない。人間が利用することができず、せいぜい記述し、分類し、研究するしかない動物はたくさんいるからだ。そして人類が登場する以前に存在していたが、死滅してしまったために、研究の対象にすらならなかった動物の種も無数にあるのだ。だからここでも人生の目的は何かという問いに答えることができるのは、宗教だけなのである。だとすると人生の目的は何かという考え方そのものが、宗教的な体系によって生まれ、問われたのだと考えても、間違いではないだろう。

そこでもっと答えるのが難しくない問いを提示してみよう。人間の実際の行動から判断して、人間は自分の生活の目的と意図をどのようなものとして考えているだろうか。すなわち、人間は人生に何を求めているだろうか、人生において何を実現しようとしているだろうか。この問いはすぐに答えを示すことができる。人間が手に入れようとしているのは自分の幸福である。人間は幸福でありたい、幸福なままでいたいと願っているのである。

この幸福の希求には二つの側面がある――積極的な目的と消極的な目的である。消極的な意味では、苦痛と不快を避けたいと願うのであり、積極的な意味では、強い快感をえたいと願うのである。厳密な意味の「幸福」とは、積極的な意味にかぎられる。このように目的が二つの側面に分かれているために、人間は二つの方向に向かって行動する。人間の行動は、この二つの目的のどちらを主として（あるいはもっぱら）追求するかに応じて、二つの方向に発展していくのである。

◆快感原則のプログラム

人生の目的を設定するのが、快感原則のプログラムであるのは明らかだろう。人間の心的な装置の機能を支配しているのは、初めからこの快感原則なのである。この原則がその目的にふさわしいものであることは、疑問の余地がない。それでもこの原則のプログラムは全体の世界と対立している。マクロコスモスともミクロコスモスとも対立するのである。

このプログラムはそもそも実現することができない性質のものであり、万物のすべての仕組みがこれを妨げている。いわば人間を「幸福に」するという意図は、「創造」の計画には含まれていなかったかのようである。もっとも厳密な意味での幸福は、強くせきとめられていた欲求が急に満足させられるときに生まれるものであり、ほんらい挿話的な現象としてしか現れないのである。快感原則が望んでいた状況も長続きすると、気の抜けた快適さをもたらすにすぎないのである。わたしたちは、激しい対照《コントラスト》だけに快感を覚えるのであり、快を覚える状況はごくわずかのあいだしか享受できないものなのである。*7

このように人間が幸福になる可能性というものは、わたしたちの心的な構成のために制約をうけているのだ。ところが不幸を経験するのは、はるかにたやすいことなのである。こうした苦難の原因には三種類のものがある。第一の原因は自分の身体である。わたしたちはやがて死んで姿を消す運命にあり、痛みや不安は警告信号の役割をはたすものとして、不可欠なのである。第二の原因は外界であり、圧倒的で、無慈悲で、破壊的な力をもって人間を襲うのである。第三の原因は他者との関係であり、この最後の原因から生まれる苦難は、ほかの二つの原因のもたらす苦難よりもつらいものだろう。他人との関係による苦難は、ほかの原因による苦難に劣らず宿命的で避けがたいものであるのに、わたしたちはこれを何か余分な苦難でもあるかのように考える傾向があるのである。

人間がこのようなありうべき苦難の圧力のもとで、幸福への要求を緩和せざるをえなかったのは不思議ではない。そして外界からの影響によって、快感原則を控えめな現実原則に作り換えたのだった。だから不幸をまぬがれたことや、苦難を克服できたことだけで、自分は幸福であると感じるようになったのだし、やがて一般的に苦痛を避けるという課題が優先されて、快感の獲得は背景に追いやられるようになったのである。よく考えてみると、この苦痛の回避という目的を実現するためには、人間はさまざまな方法を試すことができるのである。そしてこれらの方法はどれも、さまざまな立場の人生観に応じて異なるものが推奨され、実際に試みられてきた。

すべての欲求を無制限に満足させるという立場は、もっとも魅惑的な生き方として注目を集めるが、あまりに享受を重視すると、すぐに破綻するという罰をうけるのである。不快の回避を優先するその他の立場は、どの不快の源泉を重視するかに応じて異なったものとなる。極端な方法も、温和な方法もあるし、一つの源泉だけに注目するものも、同時に多数の不快の源泉に対処しようとする方法もある。

他人との関係のために生まれる苦痛から身を守るもっとも簡略な方法は、みずから望んで孤独を守って、他人から遠ざかることである。この方法で実現できる幸福が、平安であるのは明らかである。恐ろしい外界の脅威から身を守るという課題を独力で実行しようとすれば、何らかの方法で外界から孤絶するしかない。もちろんもっと別のよりよい方法もある。人間の共同体の一員として、科学によってもたらされた技術を利用して、自然を制圧する道に進むことであり、自然を人間の意志に従属させようとすることである。その場合には万人とともに、万人の幸福のために働くことになる。

しかし苦痛を予防するためのもっとも興味深い方法は、自分の身体の器官に働きかけることである。結局のところすべての苦痛は身体的な感覚にすぎないのであり、わたしたちが感じるあいだしか存在しないのである。そして苦痛を感じるのは、人間の身体的な器官の特定の構成のためだからである。

＊7　ゲーテは「素晴らしい日々も、それがつづくと耐えがたくなる」と警告しているほどである。もっともこれは誇張ではあろうが。

◆身体の改造による苦痛の回避

このように器官に働きかける方法としてもっとも素朴で、しかも効果的なのは、薬物による中毒である。中毒のメカニズムが十分に理解されているとは言いがたいが、身体とは異質なある物質が血液と身体組織の中に入ると、直接に快感を生むのはたしかである。こうした物質は同時に、人間の感覚的な生の条件そのものを変えてしまい、不快な刺激を感じさせなくしてしまう。この二つの作用は同時に発生するだけでなく、内的に密接に結びついたもののようである。

さらに人間の身体の化学的な機構の中にも、同じような働きをする物質が含まれているはずである。たとえば躁病《マニー》と呼ばれる病的な状態においては、身体に麻薬が注入されたわけではないのに、麻薬を注入したのと同じような反応がでるからである。また人間のふつうの心的な生においても、簡単に快感を感じることができる状態と、快感を感じるのが困難な状態が、交互に現れるようである。そして快感を感じやすい状態では、不快を感じにくくなり、快感を感じるのが困難な状態では、不快に敏感になっているようである。

これまでこの心的なプロセスにおける中毒という側面が、科学的に研究されていないのは、非常に残念なことである。幸福を獲得し、苦痛を回避するための闘いにおいて、麻薬のような薬物がはたしてきた役割は、ある種の恩恵として高く評価されてきたのである。そして人類は個人としても集団としても、リビドーの配分方式においてこうした薬物に確固とした地位を認めてきたのである。こうした薬物を使うことで、快感がじかに味わえるだけでなく、外界から独立したいという強い望みもかなり実現できるのである。

また、「うさばらしの酒」の力を借りることで、いつでも現実の圧力から逃れることができ、望ましい感覚条件のもとで、自分だけの世界に閉じこもることができるのは周知のことである。薬物のこうした特性は、利点と同時に危険性と有害な作用をもたらすことは知られている。場合によってはこうした薬物のせいで、人間の宿命を改善するために投じることができたはずの多量のエネルギーが、空しく浪費されることもあるのである。

◆欲望の滅却

人間の心的な装置の構造は複雑なものであるから、これに働きかける方法にはまださまざまなものがある。欲動の満足は幸福をもたらすが、外界の状況のために飢えたり、欲求の充足が妨げられたりすると、強い苦悩が生まれることになる。そこでこの欲動の動きに手を加えることによって、苦悩の発生をかなり防げるのではないかと期待したくなる。この苦痛からの防衛方法は、人間の感覚装置そのものに働きかけるのではなく、欲求が生まれる内的な源泉を支配しようとするのである。極端になると、東洋の生活の智恵が教え、ヨガの修行が実践しているように、すべての欲動を滅却させることになる。これが成功する場合には、もちろん他のすべての活動も放棄されるわけであり、生活そのものが犠牲にされる。しかしこれが心の平安という幸福にいたる別の道であることに変わりはない。

これと同じ方法で、しかしもっとつつましい目的のもとで、欲動の制御だけを目指すこともある。この場合には、現実原則にしたがう高次の心的な審級が、人間の行動を支配することになる。ここでは欲求を充足させようとする意図は放棄されない。欲動を制御しておけば、まったく制御しない場合と比較して、欲動が充足されなかったときの苦痛がそれほど大きくなくなるのである。これで、ある程度の苦痛からの保護が確保できる。ただし同時に快感を享受できる可能性も著しく低下するのは否定できない。

自我が制御できないような荒々しい欲動の動きを満たした場合の幸福感は、飼い慣らした欲動の動きを満たした場合とは、比較にならないほどに強いものである。倒錯した刺激のもつ抵抗できない魅力と、すべての禁じられたもののもつ魅惑は、この心的なエネルギーの配分体制によって説明できるのである。

◆昇華の道

苦痛から防衛するための別の技法として、人間の心的な装置に可能な範囲でリビドーの目標をずらす方法がある。これは人間の心的な装置のもつ機能的な柔軟性を著しく高める方法である。そのために必要なのは、欲動の目標をずらして、外界から拒否されても欲動が充足できるようにすることである。この目標に役立つ方法として、欲動の昇華がある。心に働きかける仕事や知的な仕事から生まれる快感の量を高めることができれば、この目標を実現できる場合が多い。そうすれば、たとえ運命とてもこれを妨げることはできない。

芸術家が創作によって、自分の空想の所産を具体的な作品として表現することによってえられる喜びや、研究者が問題を解決し、真理を認識したことによってえられる喜びなど、この種の満足は特別な性格のものである。いつか精神分析でも、メタ心理学的な方法で、この特別な性格について解明することができるようになるだろう。ただし現在では、こうした満足は「かなり繊細で高度のもの」であると、比喩的に説明するしかないのである。しかしこうした満足の強度は、荒々しい原初的な欲動の動きを満足させた場合と比較すると、それほど強いものではないようだ。人間の肉体を揺り動かすような満足ではないのである。

この方法の弱点は、それが誰にでも利用できるものではなく、ごく少数の人間しか利用できないことにある。そのためには特別な素質と才能が必要なのだ。そして実際に有効な大きさで、こうした素質や才能がそなわっている人は稀なのである。さらにこうした少数の人々も、この方法で苦痛から完全に守られることはできない。この方法は、いかなる運命の矢も貫くことのできない鎧《よろい》を作りだすものではなく、苦悩の原因がみずからの肉体である場合には、役に立たないことが多いのである。*8

*8 生活における関心が特別な性格のものであるために、特定の仕事に就く場合をのぞいて、ヴォルテールのあの賢明な忠告「自分の畑を耕せ」にふさわしいのは、通常の誰もが就くことのできる職業上の仕事である。リビドーの配分において労働が

はたす役割について、ごく手短な概観で十分に説明することはできない。労働を重視することほど、人間の生活を現実に強く結びつける技術はない。労働によって人間はある程度は現実に、そして人間の共同体に組み込まれるのである。労働によって、ナルシシズム的なもの、攻撃的なもの、そして性愛《エロス》的なものなど、さまざまなリビドー要素のかなりの部分を職業的な活動や、それと結びついた人間関係へとずらすことができるようになる。それが労働の重要な価値である。この価値は、労働は社会において自己を主張し、存在を根拠づけるために不可欠であるという事実に劣らぬものである。職業における活動が自由に選択されたものである場合や、昇華によってすでにそなわっている傾向つまり、生まれつきそなえている欲動や素質として強められた欲動を利用できた場合には、それがもたらす満足はとくに大きなものとなる。しかし人間は、幸福にいたる道として、労働をあまり高く評価していない。欲動の充足の一つの可能性として、労働を追い求めるようなことがないのである。多くの人はただ必要に迫られて労働するだけである。人間はその本性からして自然に労働を忌避するものであるため、社会的に非常に大きな問題が発生するのである。

◆芸術、宗教、妄想

この昇華という方法においても、内的で心的なプロセスにおいて欲動の充足を求めながら、外界から独立したいという意図は明らかであるが、次の方法ではこの傾向はさらに強くなる。この方法では、現実との結びつきはさらに緩いものになり、幻想によって欲動の満足がえられるのである。そしてそれが幻想であることが認識されているものの、この幻想が現実とは異なるものであるという事実は、享受の妨げにはならないのである。幻想は、空想の中での生という領域から生まれる。「人間の成長のプロセスにおいて」現実感覚が完全に発達してきた段階にあって、現実を吟味するという要求にはっきりと背を向けて、実現の困難な願望を充足しようとするのである。

これは空想によって欲動を満足させようとするものであり、この方法の頂点にあるのが、芸術作品の享受である。芸術作品を創作できない人でも、芸術家の手助けによって、作品を享受できるのである。*9 芸術作品のもたらす影響力の強さに鈍感でない人であれば、快感の源泉として、生活における慰めとして、芸術作品の享受をきわめて高く評価するであろう。しかし芸術作品の享受によってもたらされる微温的な麻酔は、人生の苦難から束の間の逃避をもたらすだけであり、現実の悲惨を忘れさせるほどの強さはそなえていないのである。

これよりもさらに断固として徹底的なやりかたがある。この方式では、現実だけを敵視する。現実の世界はすべての苦悩の源泉であり、ともに暮らすことのできない世界だとみなすのである。そして何らかの形で幸福になろうとすれば、この現実の世界とのすべての結びつきを断つことが必要だと考える。たとえば隠者はこの世界に背を向け、世界とあらゆるかかわりをもつまいとするのである。

しかしもっと良い方法がある。この世界を改造してしまえばいいのだ。あるいはこの世界の代わりにもっと別の世界を構築するのだ。この理想的な世界から、現実の世界のさまざまな耐えがたい特徴を根絶して、自分の願望にふさわしい特徴をそなえるようにするのである。絶望に駆り立てられてこの方法で幸福へといたろうとする人は、原則として何も実現することはできない。その人には現実があまりに手強《てごわ》すぎるのだ。こうした人は狂気に陥り、自分の妄想を実現しようとするが、誰も手伝ってはくれないのである。

ただしわたしたちの誰もが、ある部分では妄想症患者《パラノイア》のようにふるまうのである。

そして現実の世界の耐えがたいところを、願望の形成によって訂正し、この狂気を現実にもち込もうとするのである。とくに重要なのは、多数の人々が力を合わせて、妄想によって現実を改造して、幸福を確保し、苦悩から保護されようと努める場合である。人類のさまざまな宗教も、このような集団妄想の一つとみなすべきである。ただしこうした妄想に駆られている人は、もちろん自分ではそれが妄想であるとは認識していない。

＊9『精神現象の二原則に関する定式』(一九一一年)と『精神分析入門』の第二三講を参照されたい。

◆愛という方法

人間が幸福を獲得し、苦悩を遠ざけるために利用する方法はこのように多様なものであり、しかもこれまであげたものですべてというわけではない。それにもっと別の視点から整理することも可能だろう。だがここでは、これまでに述べていないもう一つの方法を指摘しておこう。これまであげなかったのは、忘れていたからではなく、別の問題との関連でとりあげるためだ。処世術のうちで、この技法を忘却することなど、ありえないことなのだ。

この技法がほかの方法と異なるのは、さまざまな特徴をきわめて巧みに結びつけていることにある。この技法はもちろん、運命からの独立（とでも呼ぶしかないもの）を確保しようとする。その目的で、願望の充足を心の内的なプロセスにおいてみいだそうとする。そのためには、すでに述べたような、リビドーの目標をずらすという手法を利用する。ただし外界に背を向けるのではなく、反対に外界の対象にしがみつき、この対象との感情的な結びつきから幸福を手に入れようとするのである。そしていわば疲れからきた諦念と結ばれた不快の回避という目標では満足せず、これをあっさりと無視してしまい、積極的に幸福を実現するというほんらいの情熱的な営みに固執するのである。

この方法は、ほかのどんな方法と比較しても、積極的に幸福を手にいれることに成功する可能性が高いものだろう。この技法とはもちろん、何よりも愛を重視し、愛することと愛されることによって、すべての満足をえようとする生き方である。こうした心のあり方には、わたしたちの誰もが詳しい。愛の表現の一つである異性愛は、圧倒的な快感をわたしたちに享受させてくれる経験であり、これが幸福を求めるわたしたちの営みの手本となったのだった。わたしたちが最初に幸福を手にいれた方法に固執しつづけることほど、自然なことはないだろう。

ただしこの生の技法には明白な難点がある。それでなければ、幸福になるためにほかの方法を探そうとする人などいないだろう。わたしたちが愛するときほど、苦痛にたいして無防備なときはない。わたしたちが愛する相手を失ったときほど、あるいはその相手からの愛を失ったときほど、絶望的なまでに不幸になることはないのである。ただし幸福をもたらす愛の価値に依拠した生の技法は、これで片づけることはできない。これについてはまだ語るべき多くのことが残されているのである。

◆美の享受

ここでさらに検討しておくべき別の興味深い技法として、人生の幸福を何よりも美の享受に求める方法がある。こうした美には、わたしたちの感覚と判断が美と認めるすべてのものが含まれる。人間の美しい肉体と動作、美しい自然や風景、美しい芸術作品だけでなく、学問的な業績にすら美しいものがある。人生の目的として、美を重視するという姿勢をとることは、わたしたちを脅かす苦悩からの保護にはほとんど役立たないものの、多くの不幸を償う力がある。美を享受すると、どこかしら特別で穏やかな麻酔をかけられたような感覚を経験するのである。

美にどのような効用があるのかは、まだあまり解明されておらず、文化において必然的なものかどうかも不明であるが、それでも文化において美は不可欠なのである。美学という学問は、美が感じとられる条件を考察するものであるが、美の本質は何か、どこから美が生まれるかを解明することには成功していない。そしていつものように、その失敗をごまかすために、聞こえはよいが中身は空虚な言葉で飾っているだけなのである。

残念なことに精神分析もまた、美についてはほとんど何も語ることができない。ただし美の感覚が、性的な感情の領域から生まれることはたしかだと思われる。美とは目標の実現が妨げられたときに生まれる感覚の一つの範例なのではないだろうか。「美」と「魅力」は、そもそも性的な対象の特性なのである。ただ注目に値するのは、性器を眺めるとつねに刺激が引き起こされるが、性器そのものが美しいと評価されることはほとんどないことだ。それに対して美というものは、ある種の第二次性徴にまつわる性質をそなえているようである。

◆幸福になるための技法

このように、考察はまだ不十分なものであるが、ここで結論として、いくつかの点を指摘しておきたい。快感原則のためにわたしたちは、幸福になりたいと願うのだが、これは実現できないプログラムだった。しかしなんとかして幸福になることを求める営みを放棄してはならないし、そもそも放棄することはできないのである。そして幸福になろうとする営みには、さまざまなものがある——目的の積極的な内容である快感の獲得を重視することもできるし、消極的な内容である不快の回避を重視することもできる。

しかしこのどちらの方法でも、望むものをすべて手に入れることはできない。わたしたちは可能な範囲で幸福を獲得するという妥協的な態度をとらざるをえないのであり、これはそれぞれの個人のリビドーの配分において解決すべき問題である。ここにはすべての人にあてはまる好ましい方法というものはないのであり、わたしたちは誰もが、自分なりの特別の方法で幸福になるように試みなければならないのである。

ただ、どの方法を選択するかを決めるにあたっては、さまざまな要因を考慮にいれる必要があるだろう。その人がどこまで外界から現実的な満足をえることを望んでいるか、外界からどれだけ独立する心構えがあるか、外界を自分の願望に基づいて変えていくために、どれだけの力をふるえると思うかによって異なってくるのである。そしてここでは外界との関係だけでなく、その人の心理的な構成も決定的な意味をもつのである。

他者との性愛《エロス》を重くみる人は、他人にたいする感情的な関係を優先するだろう。自分だけで満足する傾向のあるナルシシズム的な人は、基本的に自分の内面的な心的プロセスにおいて満足を求めようとするだろう。そして行動的な人は、自分の力を試すことのできる場である外界を手放すことはないだろう。これらの三つの類型のうちで、第二のナルシシズム的な人にとっては、どのような種類の才能をそなえているか、どれほどまで欲動を昇華できるかによって、関心をどこにずらすかが決まることになろう。

いずれにしてもあまりに極端な方法を採用すると、生の技法はきわめて偏ったものとなり、その不完全さによって危険に直面するという代価を払うことになる。用心深い商人であれば、すべての資金を一か所だけにまとめて投資することは避けるものだ。だから、ただ一つの方法だけからすべての満足をえようとしないのが、処世術というものだろう。どんな方法でも満足をえられるという保証はないし、満足はさまざまな要因の組み合わせによってえられるものだ。だから何よりも重要なことは、自分の心的な機構の機能をいかに巧みに環境世界に適応させることができるか、外界をいかに快感の獲得のために活用できるかを決定する心的な能力なのだ。

もって生まれた欲動の構成が、とくに充足しにくい性質のものだったり、成長してからも、リビドーの構成要素に必要な改造と再配置をうまく実行できなかったりすると、自分の置かれた環境において幸福を手に入れるのは困難になるだろう。さらに難しい課題に直面したときには、困難は強まるばかりだろう。こうした人には、少なくとも代償的な満足を手にするための最後の手段として、神経症に逃避する道が残されている。ただ、この道はすでに若年の頃に歩んでいるはずである。そして成長してから、幸福を手に入れるためのすべての営みが失敗だったことを自覚した人は、慢性中毒によって快感を獲得することに慰めをみいだすか、精神病という絶望的な反抗の試みに向かうしか、道が残されていないのである。*10

＊10 ［一九三一年版の追加］これまでふれてこなかったことで、次の点だけは指摘したいと思う。人間が幸福を獲得する可能性について考察するのであれば、対象リビドーとナルシシズムとの相対的な関係を考察するのは不可欠であろう。リビドーの配分にとって、基本的に自立しているということがどのような意味をもつのかを、検討すべきだろう。

◆宗教の強制

ところが宗教は、人間が幸福を手にするための最善の方法をみずから選びとり、調整するというこの〈ゲーム〉に干渉してくる。そして幸福を獲得し、苦悩から保護するためと称して、すべての人に同じ道を強制するのである。宗教がもちいる技法は、人生の価値を貶《おとし》めて、現実の世界のイメージを妄想によって歪めるというものである。これは人間の知性を脅しによって怯《おび》えさせることを前提としたものである。たしかに宗教は、多くの人が個人で神経症に陥るのを防ぐ力はあるが、そのためにある代価を払わせるのである――人々を心的な幼児性のうちに強制的に固着させ、集団妄想にひきずり込むのだ。

しかしそれ以上のことはなしえないのである。すでに指摘したように、可能な範囲で人間が幸福にいたるためには、さまざまな方法が利用できるが、確実に幸福に導かれる道というものは存在しない。宗教もまた確実に幸福に導くことを約束することはできない。信者が神の「計りがたき思し召し」について語らざるをえなくなったとき、それは苦難のうちで残された最後の慰めの可能性と快感の源泉が、神の思し召しに服従することしかないことを認めるということである。そして最初から神の思し召しに服従するつもりなら、それまでに「さまざまな幸福にいたる道を探すという」迂回路をたどる必要もなかったのである。

3

◆文化と自然

幸福をめぐる考察で明らかになったことの多くは、すでに周知のことにすぎない。人間が幸福になるのは、なぜこれほどまでに難しいことなのだろうか――しかしこの問いについて探求を進めても、新たなことが明らかになるとは、それほど期待できない。人間の苦悩が発生する三つの源泉を指摘したときに、すでにその答えは明らかになっていたのだ。

自然の圧倒的な威力、人間の身体の脆さ、家族、国家、社会における他者との関係を規制するさまざまな制度の不十分さというこれらの三つの源泉のうち、最初の二つについては、わたしたちの判断が大きくゆらぐことはないだろう。これらの苦悩の源泉が存在することを認め、避けられないものは避けられないものとして、うけいれるしかないのである。わたしたちが自然を完全に征服することはないだろうし、自然の一部であるわたしたちの身体の器官が移ろいやすく、その適応能力と働きにおいて制約されたものであることから解放されることは決してないだろう。

そのことを認めたとしても、わたしたちが意気消沈するようなことはない。むしろどの方向に活動を進めるべきかが分かるのだ。すべての苦悩を消滅させることはできないとしても、多くの苦悩をなくし、さらに多くの苦悩を緩和することができるだろう。数千年の経験がそのことを教えてくれるのである。

ところが第三の社会的な苦悩の源泉については、わたしたちは違った姿勢をとる。

こうした苦悩の源泉の存在を認めようとせず、人間がみずから作りだした制度が、なぜすべての人に保護と恩恵を与えないのか、理解しがたいと感じるのである。そしてこの源泉から生まれる苦悩からの保護にどれほど失敗してきたかに思いを致すとき、ここにも征服しがたい自然の一部が潜んでいるのではないか、それは人間に固有な心的な特性なのではないかという疑念が生まれるのである。

この可能性をさらに追求していくと、驚くべき主張に遭遇することになる。あまりに意外な主張なので、しばらく検討してみたくなるのである。この主張によると、人間が悲惨になる原因の多くは、いわゆる文化にあるというのである。文化を投げ捨てて、原始的な状態に復帰すれば、はるかに幸福になれるだろうというわけだ。これが意外な主張だというのは、文化という概念をどのように定義したとしても、人間がさまざまな苦悩の源泉から生まれる脅威に直面して身を守るために利用するすべてのものが、その同じ文化に属することは自明だからだ。

◆文化への敵視が生まれるきっかけ

なぜこれほど多くの人々が、文化への敵視という奇妙な考えにたどりついたのだろうか。そのおりおりの文化状態にたいする強い不満が長期間にわたって培われ、その不満の土壌の上に、特定の歴史的な出来事をきっかけとして、こうした文化への断罪が生まれたのだと思わざるをえないのである。わたしには、人類史の奥深くまで、こうした歴史的な出来事の連鎖をたどっていくだけの知識がないが、比較的最近のいくつかの歴史的なきっかけは、はっきりと指摘できると思う。まずキリスト教がさまざまな異教に勝利を収めた際に、このような文化を敵視する要因が働いていたはずである。地上での生活を完全に貶めるキリスト教の教義は、文化を敵視する要因と非常に深い関係があったのである。

さて次の歴史的なきっかけとしては、新世界を発見していくにつれて、さまざまな原始的な民族や部族と遭遇したことがあげられる。こうした民族や部族の風習と習慣についての観察が不十分だったり、誤解したりしたために、ヨーロッパ人からみるとこれらの人々は簡素で、欲望に苦しめられることがなく、幸福な生活を送っているようにみえたのである。文化的に進んだ段階にある来訪者たちには、もはや失われた生活をすごしているかのようにみえたのである。

その後の経験によって、こうした判断の多くは修正されることになった。多くの場合、こうした原始的な人々の生活が安楽であるのは、自然の恵みが豊かであり、人々が主要な欲求をのんびりと満足させることができたためだったのだが、それを複雑な文化的な要求が存在しないためと誤解したのだった。

第三のごく最近の歴史的なきっかけは、わたしたちにはなじみのものである。これは、文化的な人間にもわずかな幸福はあるものだが、その幸福を脅かす神経症のメカニズムを研究したことで明らかになったことだ。社会がその文化的な理想を達成するためには、社会の成員に欲望を断念するように強制するのであり、人々が神経症にかかるのは、この断念に耐えきれなくなったからなのである。こうして、社会のこうした要求を放棄するか、著しく低めれば、ふたたび幸福になれるのではないかと思われてきたのである。

◆科学技術への期待と失望

文化への幻滅のきっかけはほかにもある。この数世代のうちに、自然科学とテクノロジーの応用の分野で、異例なほどの進歩が実現しており、わたしたちはかつては想像もできないほどに強力に自然を支配するようになってきた。この進歩の細部は周知のことでもあり、列挙するまでもないだろう。人類はこの成果を誇りに思っているのであり、それは当然でもある。人間はこのように時間と空間を左右する力を手に入れ、自然の力を自分の思うがままに利用できるようになった。こうして数千年もの長いあいだの願望が実現されたのである。それだというのに、人生に期待している快楽の満足度が高まったわけではないし、人間が以前よりも幸福になったと感じられるわけでもないのである。

この事実から結論を引きだすとすれば、それは、自然を支配する力をもつことは、人間が幸福になるための唯一の条件ではないし、文化の営みの唯一の目的でもないのだということだろう。だから人間の幸福を実現するための体制《エコノミー》においては、技術的な進歩は価値のないものだと結論してはならないのである。

あるいは次のような異論がでるかもしれない。数百キロメートルも離れた場所で暮らしている自分の子供たちの声を［電話で］好きなときにいつでも聞けることや、友人が長く苦しい船旅が終わって下船した直後に［電報で］無事を知らせてくれることは、積極的な快感の獲得ではないだろうか、確実な幸福感の拡大ではないだろうか。医学の進歩によって、乳児の死亡率を減らし、産褥《さんじょく》にある母親の感染の危険を著しく減らすことができたのは、そして文化的な人間の平均寿命がこれほど長くなったのは、大きな意味のあることではないだろうか。科学と技術の進歩の時代について悪評は高いが、わたしたちがその恩恵をこうむることができるようになった改良は、これに尽きるわけではないのだと。

ところがここで、悲観的な批評家がこれにまた異議を唱え、警告する――こうした満足なるものの多くは、ある逸話で語られた「安っぽい楽しみ」と同じ種類のものであると。こうした楽しみは、寒い冬の夜に布団から裸の足をつきだしてみて、また布団の中にひっこめたときに感じる喜びのようなものにすぎないというのである。そもそも長い距離を短時間で旅行できる鉄道などというものが存在しなければ、子供たちが生まれ故郷を離れることもなかっただろうし、声を聞かせてくれる電話など不要だっただろう。大洋を横切る航路が開かれていなければ、友人は船旅などにはでかけなかっただろうし、わたしに無事な到着を知らせてくれる電報などというものも不要だったろう。

乳児の死亡率は低下したかもしれないが、そのために夫婦は生殖活動を著しく抑制せざるをえなくなり、結局は子供の数は、衛生学が支配する以前の時代とまったく変わらなくなっている。しかも夫婦の性生活は重大な問題に直面するようになり、おそらく自然淘汰という望ましい選択が機能しなくなったのだとすれば、それはそもそも何の役に立ったというのだろうか。人間の寿命が延びたといっても、その人生が困難なものであり、喜びは少なく、これほど苦痛に満ちたもので、死を救いとして歓迎せざるをえないとすれば、いったいどんな意味があるのだろうか。

◆文化の考察方法

わたしたちが現在の文化に満足を感じていないのはたしかだとしても、昔の人間がいまのわたしたちよりも幸福だったのか、どれほど幸福だったのか、その当時の文化的な条件が、この幸福にどれほど貢献していたのかを判断するのは、きわめて困難である。わたしたちにはつねに、悲惨を客観的に把握したいという傾向がある。そのため、いまの要求と感受性をそなえたこの自分を、かつての人間が置かれていた条件のもとに移し換えて、その条件のもとでどのようなきっかけで、幸福あるいは不幸を感じるかを調べようとする。この観察方法は客観的なものだと思われているが、それは主観的な感受性の差異が入りこまないかのようにみえるからである。ところがこの方法は、わたしたちにとっては未知のものである他者の心の構造のうちに、自分の主観性を据えようとするものであり、当然ながらもっとも主観的なものなのである。ところが幸福とは、完全に主観的なものである。わたしたちは自分をさまざまな状況に置いて考えてみようとする。しかし古代のガレー船を漕がされた奴隷、三〇年戦争の戦禍に苦しんだ農民、異端裁判で裁かれた人々、大虐殺《ポグロム》に直面したユダヤ人など、どのような人の立場に自分を置いて身をおののかせてみても、その人の感情をそのまま感じることはできないのである。

その人に最初にどのような感覚の鈍麻した状態が訪れたのか、そして次にすべてのものをこの鈍麻が覆っていったのか、そして何か善きものが訪れることを期待することもなくなり、やがては粗雑な形で、あるいは繊細な形で、快感と不快の感受能力が麻痺していったのか、こうした変化を思い描くことはできないのである。苦痛の可能性が極端なまでに高まると、人間の心のうちではある保護装置が作動し始めるものである。だから問題をこうした側面からこれ以上考察する意味はないようである。

ここでは、人間を幸福にすることができないのではないかと疑われているこの文化の本質を問うべきだろう。ただし考察によって洞察が深まるまでは、文化の本質をわずか数語で表現するような定義を探すことは控えておこう。ここでは「文化」とは、人間の生活と、人間となる以前の動物的な祖先の生活の違いを作りだしたものであること、これは自然の脅威から人間を保護し、人間の相互的な関係を規制するという二つの目的に役立つすべての機能と制度の総称であるという、以前の確認事項を繰り返しておくだけで十分であろう。*11 文化についての洞察を深めるために、人間の共同体のうちにみられる文化の特徴を一つずつ集めてみよう。そのためには言語の慣用的な用法つまり、ごくふつうの語感を道しるべにすることにしよう。そうすることで、抽象的な言葉ではうまく表現できないものについて、内的な洞察をえられると信じておこう。

*11『幻想の未来』(一九二七年)を参照のこと。

◆火の支配と道具の利用

最初のところはごく単純なことだ。〈文化的〉と呼ばれるものは、人間が大地を自分に役立てたり、自然の暴力から人間を保護したりするために役立つすべての行為と価値である。文化的なもののこの側面については、ほとんど疑問をもつ余地はない。歴史を遠くさかのぼってみれば明らかなように、最初の文化的な行為は、道具を利用し、火を手なずけ、住居を建設することだったのである。この文化的な行為のうちで、火を手なずけたことほど、前例のない偉業はなかった。[*12] あとの二つの営みは、人間がその後進むようになった道を切り開いたもので、その動機についてはすぐに想像ができるものである。

道具とは、人間のさまざまな器官、運動器官や感覚器官などの機能を補足するか、その機能の制約を解消するものである。人間はモーターが提供する巨大な力を、あたかも自分の筋肉と同じように、好きなように利用することができる。船と飛行機によって、水にも大気にも妨げられずに、望む場所に赴くことができる。眼鏡は眼のレンズの欠陥を補正してくれるし、望遠鏡では遠い彼方を眺めることができる。顕微鏡によって、人間の網膜の構造で定められた視力の限界を超えることができる。カメラの発明によって、うつろいゆく一瞬の視覚的な印象を固定できるようになり、レコードによって、同じく一瞬の音響的な印象を固定できるようになった。このどちらの道具も基本的に、人間にそなわっている記憶と想起の能力を物質化したものにほかならない。電話を使えば、童話の世界でも考えられないほど、遠い場所から声を聞くことができる。文字はもともとは、そこにいない人間の語った言葉を記録したものだったし、住居は人間がもっとも安全で快適に感じることのできた母胎の代用品であり、わたしたちはいまなおこの最初の住居に戻ることを願っているのである。

人間は「人類としては」ごくか弱い動物として地上に誕生したのであり、個人としては誰もが寄る辺なき乳児として（ああ、このわずか一インチの自然よ）[9]、その生活を始めなければならないのである。その人間がこのように、童話めいて語られるすべての（いや、少なくとも大部分の）願望を、科学と技術の力で地上に作りだしたのである。これらの成果はすべて文化の所産と語ることができよう。

人間は、はるか昔から全知全能の存在という理想のイメージを育《はぐく》んできたのであり、こうした存在は神々として思い描かれてきたのである。そして人間は自分の力では実現できないか、実現することが禁じられてきたすべての願望を、これらの神々に委ねたのである。だからこれらの神々はいわば文化の理想というべきものだったのである。ところがいまやこの理想はほとんど実現できるようになり、人間はみずから神にならんとしているのである。もちろんそれはふつうの人間として理想を実現できるかぎりでのことである。まだ完全にではなく、半ばまでしか実現できない領域も、まったく理想が実現できない領域もあるのである。

こうして人間はある種の人造の神となったわけである。補助的な器官のすべてを利用すれば、人間は素晴らしい存在となるが、こうした補助的な器官は人間の身体の一部となっているわけではなく、場合によっては煩わしいものとなりかねない。もちろんこうした発展は西暦一九三〇年という現在の時点で完了したわけではない。遠い将来においては、文化のこうした領域においても新たな、おそらく予測することもできないような偉大な進歩が実現されて、人間はますます神に近い存在となることだろう。しかしわたしたちの考察との関連においては、人間が神に近い存在になりながらも、それでも幸福だとは感じていないことを、忘れてはなるまい。

*12 まだ不完全で解釈の余地の残っている精神分析的な素材が、この人類の偉業の起源について推測する材料を提供してくれている（空想のように聞こえるかもしれないのだが）。原始社会の人々は、火をみると、それに向かって放尿して火を消したいという幼児的な快感を満足させる習慣があったのではないだろうか。いまに伝え

られる伝説からも、原始社会の人々が、めらめらと燃え上がる炎をファルスの象徴とみなしていたことは明らかなのである。

だから放尿によって炎を消すという営みは、後世になってもリリパット国でのガリヴァーや、ラブレーのガルガンチュアなど、〈大きな子供〉とでもいうべき人物が反復して実行する行為である。これは男性同士の性的な行為を象徴し、同性愛的な競争において男性的な能力の誇示を象徴するものとしてうけとめられていたのである。初めてこの快感を断念して、火を消さずに持ち帰った人間は、その火を役立てることができたのだった。自分の性的な興奮の〈火〉を鎮めることで、自然の力である火を手なずけたのである。

だから火の征服というこの偉大な文化的な征服行為は、欲動の放棄の対価だったのかもしれない。さらに推測をたくましくすれば、女性は家庭のかまどで火を守る役割を与えられたのであるが、それは女性には解剖学的な構造からして、このような快感の充足を試そうとすることはないとみなされたからではないだろうか。精神分析の経験からも、名誉欲と火と排尿のエロスのあいだにいつも関係があることが示されているのも注目に値する。

◆国の文化度の高さ

ところで、ある国の文化的な水準の高さを判断する基準は、人間が大地を利用し、自然の威力から人間を保護するために必要なもの、すなわち人間にとって有用なすべてのものが手配され、目的にふさわしい形で配置されているか──要するに、それらが有益なものとなっているかどうかである。文化の高い国では、氾濫のおそれのある河川の流路は管理され、水が不足する地域には運河によって水が供給されているだろう。土壌は注意深く耕され、その土地に成育するのに適した作物が栽培されているだろう。地下深くに埋蔵された鉱物資源は熱心に発掘され、加工して必要な道具や装置が製造されているだろう。交通機関は整備され、迅速で、信頼できるものだろう。危険な野生動物は駆除され、飼い慣らした家畜の飼育もさかんに行われているだろう。ところが文化に求められるのはこれだけではない。わたしたちはもっと別のことも求めざるをえないのである。しかも文化の目標が実現された国で、もっと別の要求が生まれていることは興味深い。これまで述べてきたような人間にとって有益な要求を否定するかのように、人間にまったく無益であるか、ときには無用であると思われる事柄にまで慎重な配慮が行われていると、それを文化的と呼んで歓迎するのである。たとえば都市には遊び場や空閑地として公園が必要であるが、こうした公園に花壇が設けられていたり、住宅の窓辺が鉢植えの花で飾られていたりすると、文化的に思えるのだ。

だから無用なものを保護するのが文化的な行為であり、こうした無用なものこそが〈美〉であることに気づくことになる。文化的な人間は、自然において出会う美を尊重すべきであり、しかも自分の手のとどく範囲で、さまざまな美しいものを作りだすべきだと考えているのだ。

文化にたいする要求はこれだけではなく、まださまざまなものが求められる。清潔さと秩序正しさも文化に必要だと考えるのである。イギリスのストラットフォードのシェイクスピアの生家の玄関先に、うずたかく汚物が積まれていたと聞くと、わたしたちはこの時代のイギリスの田園の文化度が高かったとは考えないのである。ウィーンの森の道に、投げ捨てられた紙屑が散乱しているのをみると、不快になって「野蛮」だと罵《ののし》るのである（野蛮とは文化の反対を意味する概念である）。

あらゆる種類の不潔さは、文化にはそぐわないものだと思える。人間の身体も清潔であるべきだと考えるので、太陽王と呼ばれたルイ一四世の身体がひどい悪臭を放っていたと聞くと驚いてしまう。そしてナポレオンが滞在したベッラ島で朝の洗面に使っていたという小さな洗面器をみせられると、首を振るのである[10]。石鹸を使うかどうかを文化の尺度に使う人がいたとしても、意外なことではない。

秩序についても同じことが言える。秩序は清潔さと同じように、人間が作りだしたものなのだ。自然のうちに清潔さを期待することはできないが、秩序はむしろ自然から学びとったものなのだ。壮大な天体の運動の規則正しさを観察したことで、人間は秩序の手本を学んだだけではない。これを生活を秩序立てるためのよりどころにしたのである。秩序はある種の反復強迫である。何をいつ、どこで、どのようにして実行するかをひとたび制度として決定しておけば、後に同じような出来事が発生したときにも、躊躇したり、動揺したりしなくてもすむのである。

このように秩序の恩恵は否定できないものである。秩序によって人間は、心的な能力を節約しながら、空間と時間を最適な形で活用することができるようになる。だから人間の行動が最初から、強制されずに秩序立ったものとなっていることを期待してもよいはずなのであるが、そうなっていないことに、むしろ驚かされるのである。人間はうまれつき仕事において怠惰であり、規則正しさに欠け、不確実である傾向が強いのであり、天体を手本として秩序正しく行動するように、躾《しつ》けられなければならないのである。

このように文化的な要求のうちで、美と清潔さと秩序が特別な地位を占めることは明らかだ。これらの要求は、自然の威力の征服や、これから検討するさまざまな要因のように、生存のために不可欠なものでないことは明らかだろう。だからといって、これを大切でないものと軽視しようとする人もいないだろう。文化を有用性だけで判断すべきでないことは、美にたいする要求によっても示されたことである。わたしたちは文化のためにも美を放棄したくないのである。

秩序の有用性は明白である。清潔さについては、それが衛生上の理由からも必要とされたことを考えるべきだろう。そして科学的な病気の予防が行われていなかった時代にも、清潔と衛生の関係は理解されていたと推測しうるのである。しかし有用性だけではこうした営みのすべてを説明することはできない。もっと別の要因が働いているに違いない。

しかし文化の特徴としてあげるのがもっとふさわしいのは、高度な精神的な活動である。知的な、科学的な、そして芸術的な業績がどのように評価され、尊重されるかが大切なのである。すなわち人間の生活において、理念がどのように中心的な役割をはたしているかで、わたしたちはその文化を判断しようとするのである。こうした理念のうちで最上位にあるのが宗教の体系であり、その錯綜した構造については、別の論文［『幻想の未来』］で考察してきた。

宗教のほかにも、哲学的な思弁という理念があるし、人間の理想像と呼ぶことのできるものとして、個人、民族、人類全体がもちうる完全性についてのイメージと、こうしたイメージに基づいて定めることのできる文化的な要請もある。人間が作りだしたこうした営みはたがいに独立したものではなく、相互に内的な関係があるために、これについて説明することも、その心理学的な起源を説明することも困難である。

一般的に人間のすべての活動の原動力となるのは、有用性と快感の獲得という二つの目標だと考えることができるとすれば、ここであげた文化的な表現にも、この二つの目標が原動力として働いているとみなすべきだろう（ただしこれがすぐに理解できるのは、科学的な活動と芸術的な活動の場合にかぎられる）。ほかにも人間にはまだ強い欲求があるのは確かだが、これが働くのは少数の人々だけだと考えられる。

また個々の宗教的な体系、哲学の体系、こうした理想について示される個々の価値判断に惑わされてはならないことを指摘しておこう。こうした体系や理想が人類の精神の最高の業績として称えられるか、虚偽として非難されるかにかかわらず、こうしたものが存在すること、そしてそれが優位におかれていることが、文化水準の高さを証すものであることは否定できないのである。

◆正義

文化の特性のうちで最後にあげる必要があるのは人間相互の関係、すなわち社会的な関係がどのような方法で規制されているかであり、これは瑣末な問題ではない。この社会関係とは、隣人と、援助してくれる人と、性的な対象と、家族と、ほかの国民と、どのような関係を結ぶかということである。この社会関係においては、特定の理想についての要求から独立した形で、そもそも文化的なものとは何であるかを認識するのは、とりわけ困難になってくる。

文化的な要素は、この社会的な関係を規制する最初の試みとして誕生するのだと言うこともできるだろう。こうした試みがなされなければ、社会的な関係は個人の恣意にまかせられることになり、腕力の強い人が、自分の利益と欲動の動きによって、社会的な関係を決定してしまうようになるだろう。この腕力の強い人が、もっと腕力の強い人と出会った場合にも、結局は同じ事態が起こるだろう。

人類が共同で生きることができるためには、多数の人々がまとまり、多数者がどの個人よりも強くなり、しかもどの個人にたいしても団結する必要がある。「むきだしの暴力」と非難される個人の力にたいして、この多数の人々で構成された共同体は「法」として対立するのである。このように個人の力を共同体の力に置き換えることが、文化の決定的な一歩なのである。この一歩とは本質的に、個人は自分の満足を抑制することを知らなかったが、共同体の一員としては、みずからの満足を実現する可能性を抑制するようになることにある。

だから文化の次の一歩は、正義が要求されることである。正義とは、ひとたび確立された法の秩序が、いかなる個人の利益のためにも破壊されないことを保証することである（ただしこの法の倫理的な価値については、ここで判断することはできない）。文化的な発展における正義の次の段階は、腕力の強い個人が他の個人にたいして恣意的な暴力をふるったように、この小さな共同体（カースト、階層、民族など）が、別のおそらくもっと多数の人々で構成される集団にたいして、恣意的な意志を強要しないようになることだろう。正義の最終的な段階は、共同体の成員になる資格のあるすべての人が、自分の衝動を抑制して正義に貢献するとともに、共同体のすべての人が、むきだしの暴力の犠牲にならないように、正義によって保証される状態であろう。

個人の自由は文化の所産ではない。最大の自由が確保できたのは、文化が誕生する前の段階においてである。しかしこの状態では個人はみずからの自由を守ることができなかったので、この自由はほとんど価値がなかったのである。文化が発達すると、個人の自由は制約されるようになる。そして正義は、いかなる人もこの制約から免れないことを求めるのである。人間の共同体において既存の体制の不正にたいする反抗として自由を求める衝動が働くことがあるが、これは将来の文化の発展にとっては望ましいものであり、むしろ文化と調和するものである。

ところが文化に飼いならされていない原初的な人格の残滓《ざんし》からも、自由への憧れが生まれることがあり、これが文化敵視の土台となることがある。だから自由への憧れは、ある形式の文化および文化要求と対立することも、文化そのものと対立することもある。教育によって人間の本性を、アリの本性と同じようなものに変えることができるとは思えない。人間はつねに、集団の意志に反してでも、個人としての自由を求める要求を防衛しつづけるだろう。

人類の争いの多くは、この個人的な要求と文化的な集団の要求の対立によって生まれたものであり、明確な目的をもって、幸福をもたらすような和解を求めるものである。特定の形の文化を作りだすことでこの和解がもたらされるのか、それともこの対立は調停できないものなのか——ここに人間の宿命的な問題の一つがある。

◆文化とリビドーの発達プロセス

これまで人間の生活において、どのような性質のものが文化的と呼ばれているかを、一般的な人々の感じ方に基づいて調べてきた。そして文化というものの全体像については、明確な印象をえることができたのだが、確認されたのは周知の事柄だけだった。ただしこの考察においては、文化とは人間を完全なものに近づけることだとか、人間に定められた完全にいたる道であるという偏見には惑わされないようにしてきた。

ところがここで、もっと別の方向に考察を導く可能性のある考えが、ふと思い浮かぶのである。文化の発達は人間に起こる固有のプロセスであって、このプロセスにわたしたちはある親しみを感じるのである。というのも文化の発達は、「個人の生涯において」人間のさまざまな欲動の傾向が変化していくプロセスによって特徴づけることができるからだ。そもそも人間のリビドーの配分《エコノミー》の課題は、この欲動を満足させることにあるのだ。

これらの欲動のいくつかは消滅し、その代わりに個人において性格特徴と呼ばれるものが出現する。このプロセスのもっとも顕著な実例は、幼年期における肛門愛（アナル・エロティック）にみることができる。幼い子供たちは最初から排泄《はいせつ》機能と、排泄器官や排泄物に強い関心を抱いているが、これが成長の過程においてさまざまな性格として表現されるのである。この性格は倹約心であり、秩序や清潔さにたいする感覚として知られている。これらはそもそも価値のある歓迎すべき性格であるが、目立つほどに顕著になると、肛門性格と呼ばれるものを生みだすのである。これがどのような経過をたどるのかは不明であるが、その正しさには疑問の余地がない。*13

*13 「性格と肛門愛」（一九〇八年）と、E・ジョーンズの多数の論文を参照されたい。

◆欲動の放棄

さて、秩序と清潔さが生存のために不可欠なものかどうか、快感の源泉として利用できるものであるかどうかは明らかではないが、すでにみたようにそれが文化の重要な要求であることは確認されている。ここでわたしたちは、文化の発展のプロセスと個人のリビドー発達のプロセスが類似したものであることに気づかざるをえなかったのである。

その他の欲動は、満足の条件をずらして、もっと別の道を進むように促される。これは多くの場合、周知のように（欲動の目的の）昇華と呼ばれる道であるが、昇華とは区別される道に進むこともある。欲動の昇華は、文化の発展のプロセスのとくに明確な特徴であり、これによって高度な精神的な活動、すなわち科学的、芸術的、イデオロギー的な活動が、文化生活においてきわめて重要な役割をはたすことができるのである。一見するところ、昇華とは欲動が文化によって強制されてたどる運命だという印象をうけるのである。しかしこれについてはもっと考察を深める価値がある。

最後に、もっとも重要だと思われることとして、文化が欲動の放棄に非常に強く依拠していること、あくまでも欲動を満足させないこと、欲動を抑圧し、押しのけ、その他の方法で抑えることを前提としていることがあげられる。この「文化のための欲動の放棄」は、人間の社会的な関係の大きな領域を支配しているのである。周知のように、これがすべての文化的なものに抗する敵意の原因となっている。

そしてこれは精神分析にも大きな課題となるものであり、まだ多くのことを解明する必要がある。ある欲動の満足をどのように放棄させることができるのかは、なかなか了解しがたいのである。それに欲動に満足を放棄させることには危険が伴う。その欲動の放棄に何らかの代償を与えないと、リビドーの配分《エコノミー》において深刻な障害が発生することを覚悟すべきなのである。

文化の発展のプロセスは、個人が正常に発達するプロセスに類似したものがあるというわたしたちの見解に、はたしてどのような価値があるのかを知るためには、別の問題にとりくむ必要がある。すなわち文化の発展は、どのようなきっかけで発達し始めたのか、文化はどのようにして生まれたのか、文化の発展の道筋はどのようにして決まるのかという問題である。

4

◆共同体の形成

この課題は巨大すぎて、とりくむには気後れがすることもご理解いただけるものと思う。ここではわたしが推理できたかぎりのことを説明しておこう。

原始社会の人々は、地上における自分の運命を労働によって改善できるかどうかは、文字どおり自分の手中にあることを認識していた。そこでほかの人々が仕事に協力してくれるか、それとも敵対するかは重要な問題だった。手伝ってくれる人は協力者としての価値をもつことになり、こうした人々とともに生活するのは有益なことだった。人間はそれ以前、まだ猿に近い前史の段階から、すでに家族で暮らす習慣は獲得していた。最初は家族が仕事を手伝ったのだろう。

これは推測にすぎないが、家族が形成されたことは、人間の性的な欲求の性質に変化が生じたことを示すものだろう。それまでは性的な欲求は、あたかも突然訪れてくるが、ひとたび旅立つとその後はずっと音信がない訪問客のようなものだった。しかし家族が形成されたのちは、その人のもとに腰を落ち着けた間借人のようなものになったわけである。こうしてヒトのオスは、メスあるいは一般に性的な対象とともに暮らす必要を感じるようになったのである。またヒトのメスは、寄る辺なき子供たちを手放したくなかったので、子供たちの利益のためにも、腕力のあるオスのもとにとどまらざるをえなかったのである。[*14]

この原始的な家族においては、文化のある重要な特徴がまだ存在していない——ただ一人の家長であり、父である人間のオスの恣意にいかなる制約も加えられていないのである。『トーテムとタブー』では、この原始的な家族から、共同生活の次の発展段階である兄弟の連合が形成される経過を描こうとした。息子たちはこの父を殺害することで、単独ではなく、力を合わせることの強さを身をもって経験したのである。トーテミズムの文化は、この新しい状態を維持するために課す必要のあった制約に基づいているのである。タブーは最初の「法」だったのである。

こうして人類の共同生活を支える基盤は次の二つだったことになる。一つは外的な困窮をのりこえるために、労働を強制する必要が生じたことであり、もう一つは愛の力だった。オスは、性的な対象であるメスを手元においておくことを望み、メスは

［オスの力をたのんで］自分の分身である子供を手元においておくことを望んだのである。だから人類の文化の生みの親となったのは、エロス（愛）とアナンケー（運命／外的な必然性）だったのである。

最初の文化的な所産は、こうして多数の人々が一つの共同体で生活できるようになったことである。そしてそのために、エロスとアナンケーという二つの偉大な力が働いたのであるから、その後の発展は円滑に進み、外界の征服はますます順調に進展し、共同体のうちで暮らす人々の数はさらに増大しただろうと期待してしかるべきなのである。それだけに、この共同体に所属する人々にとって文化が、幸福をもたらさないものと感じられるようになった理由は、理解しにくいのである。

＊14　性的な現象が生理的に周期的に訪れることは変わりはなかったが、心的な性的興奮にたいして、その周期性が与える影響は、反対の意味をもつようになった。この変化はまず何よりも、メスの月経現象がオスの心に与えていた嗅覚的な刺激が小さくなったことにみられる。この嗅覚的な刺激がはたしていた役割を引きついだのが、視覚的な興奮である。視覚的な興奮は、断続的に発生する嗅覚的な刺激とは異なり、

持続的な効果を維持することができたのである。月経がタブーとされたのは、すでに克服された発展段階である嗅覚的な刺激の役割がふたたび登場することを防ぐための「器官的な抑圧」のためであろう。(11) このタブーのその他の動機は二次的な性格のものだっただろう(これについてはC・D・ダリー「ヒンドゥーの神話と去勢コンプレックス」、『イマーゴ』一三号、一九二七年を参照されたい)。

古くなった文化段階の神々が悪霊《デーモン》となるのは、このプロセスが別の次元で反復されたものである。しかし嗅覚刺激が衰退したのはそもそも、人間が直立歩行することを決意して、大地と別れを告げたために、これまで隠されていた性器があらわになって、保護を必要とするようになり、こうして羞恥心が生まれたことによるものと考えられる。だから人類にとって決定的な意味をもつ文化プロセスの端緒は、直立歩行にあったのである。

その後は、嗅覚刺激の価値の低下、月経期における分離、そして視覚刺激の優位、性器の露出、さらに性的な興奮の持続、家族の形成という一連のプロセスが連鎖のように接続し、こうして人間の文化が誕生するための閾《しきい》がまたぎ越されることになったのである。これはもちろん理論的な推測にすぎないが、重要なものと思われるので、人間に近い動物の種における生活の状況と比較して、さらに詳細に検討する価値があるものである。

清潔さを求める文化的な営みにおいても、衛生的な配慮というのはあとから考えだされた根拠づけにすぎない。こうした配慮は、衛生という観念が生まれる前から存在していたものであり、社会的な要素を含んでいるのは間違いのないところである。清潔さが追求されるようになるのは、排泄物が不快なものとして知覚されるようになり、それを除去しようという強い衝動が発生してからのことである。幼年時代にはこのようなことがなかったことは、誰もが知っていることである。子供は排泄物をみても嫌悪を感じることはなく、排出された自分の身体の一部とみなして大切にするのである。

子供は教育の力によって、排泄物を無価値で、嘔吐《おうと》を誘うもの、嫌悪すべき汚らわしいものとみなすようになるのである。この新しい発展段階に進むために、教育は強い影響を及ぼす。身体から排泄される物質が、その強い臭気のために厭《いと》わしいものとされていなければ、これほどの価値の転換は不可能だったろう。排泄物は、人間が直立歩行するようになって、大地の嗅覚刺激が否定されたのと同じ運命をたどったのである。

だから肛門愛はまず、人類が文化へと進む道を切り開いた「器官的な抑圧」の支配をうけるのである。その後に肛門愛に働きかけるのは社会的な要因である。人間はどのような発展段階にあっても、他者の排泄物には嫌悪を感じるが、自分の排泄物にはまったく嫌悪を感じないものであることから、こうした社会的な要因が確認されるのである。不潔な人間とは、自分の排泄物を隠そうとしない人、他者に配慮しない人であり、そのことによって他人を軽蔑していることを示すのである。一般に人を罵る言葉のうちで、もっとも激しい言葉が排泄物にかかわる表現であるのは、そのことを意味しているのである。

ところで犬は動物世界の中で、人間にもっとも忠実な友人である。それなのに犬という語が侮蔑のために利用されるのは不思議であるが、それは犬は人の軽蔑する二つの性格を示しているためだとしか考えられない。犬は嗅覚の鋭い動物でありながら、排泄物をまったく嫌悪しないし、さらに自分の性的な行動を隠そうともしないからである。

◆目標を制止された愛

このような障害がどこから生まれたかを検討する前に、愛が文化の土台となったことを確認した上で、愛についてさらに考察し、これまでの説明を少し補足しておきたい。すでに述べたように、人間は性的な（性器的な）愛がもっとも強い満足をもたらすことを経験したのであり、それが幸福のそもそもの手本となったのだった。そこで人間はその後も性的な関係において幸福を享受しようとし、性器的な性愛の満足を生活の中心的な目標とするようになったのは、理解できることである。

ただしこの方法は、外界の一つである自分の選んだ性的な対象に、きわめて危険な形で依存するものだった。性的な対象である相手から疎《うと》んじられたり、不実や死によって相手を失ったりした場合には、きわめて大きな打撃をうけるものであることも、すでに指摘してきた。そのためいかなる時代にあっても賢者は、こうした生き方を避けるようにと、きびしく警告してきたのである。しかしこの生き方は多くの〈人の子〉にとって、まだ魅力を失っていないのである。

ただしごく少数の人間は、ある生まれつきの素質によって、愛の力で幸福をみいだすことができる。そのためには、心のうちで愛の機能を大きく変えてしまう必要がある。すなわち愛されることではなく、愛することに重点をずらすのである。そうすれば愛する相手から愛される必要はなくなる。自分の愛を個別の対象ではなく、すべての人間に同じように向けることで、愛する対象を喪失しても打撃をうけないですむようにするのである。要するにこの道は、自分の愛を性的な対象に向けず、目標を制止された欲動の動きに変えることで、性器的な愛の動揺と幻滅を経験しなくてもすむようにするのである[12]。

この道を進む人は、繊細で迷いのない、たゆたうような感情を獲得するのである。この状態は、その出発点であった嵐のように激しい性器的な愛とは、もはや外見からして似ても似つかぬものとなっている。アッシジの聖フランチェスコは、内面的な幸福感のために愛を利用するというこの道の達人だったろう。これは快感原則の充足のための一つの技法であり、宗教と深い関係にある。愛と宗教は、自我と外界の対象の区別がつかなくなり、外界のさまざまな対象相互も区別がなくなるはるか彼方の領域で、結びついているかもしれないのである。

ある種の倫理的な立場からすれば、すべての人間と世界を愛するという姿勢は、人間が到達することのできる最高の心構えであろう（この立場がどのような動機を深いところに秘めているかは、いずれ述べるつもりである)。しかしここで二つの重要な懸念を述べておかねばならない。相手を選ばない愛というものは、愛する対象にある不正をなすものであり、愛の本質の一部を失っているのである。そしてもう一つは、すべての人が愛に値するわけではないということである。

◆愛と文化の関係

家族を生みだした最初の愛は、直接の性的な満足を放棄しないで原初的な形にとどまっている場合にも、ほんらいの目標を制止されて〈優しさ〉に変形された場合にも、いずれにしても文化のうちで働きつづけているのである。このどちらの場合にも愛は、多数の人々をたがいに結びつけるという機能をはたしつづける。愛は「共同体の形成のもう一つの力であった」共同で労働する必要性よりも、強い力で人々を結びつけるのである。

さて日常の言葉遣いでは、「愛」という言葉はかなりいい加減に使われるが、それはその発生を考えてみれば理由のあるものなのだ。男性と女性のあいだの関係は、性器的な満足の必要性のために家族を作りだしたのであり、これがまず愛と呼ばれる。

さらに家族の両親と子供たちのあいだ、兄弟や姉妹のあいだの好ましい感情も愛と呼ばれる。ただしこの家族の成員のあいだの愛情は、〈目標を制止された〉愛、あるいは〈優しさ〉と呼ぶべきだろう。

この〈目標を制止された〉愛は、もとは完全に性的な愛だったのであり、人間の無意識のうちではいまでもそうである。完全に性的な愛も、この〈目標を制止された〉愛も、家族という枠組みを超えて、それまで見知らぬ間柄だった人々とのあいだに新しい結びつきを作りだす力がある。性器的な愛からは新しい家族が誕生し、〈目標を制止された〉愛からは「友情」が生まれる。この友情は、排他性など、性器的な愛にまつわる多くの制約からまぬがれているために、文化にとっては重要なものとなるのである。ただしその後は文化と愛の関係はそれほど明確なものではなくなってくる。愛が文化の利益を損ねることがあるし、文化が愛に感情的に大きな制約を加えようとするからである。

この愛と文化の対立は避けられないようにみえるが、その理由はすぐには明らかにはならない。この対立はまず、家族と、個人が所属するもっと大きな共同体のあいだの対立として現れる。すでに指摘したように、文化の主要な営みは、人々を大きな集団にまとめあげることにある。ところが家族はその成員を、共同体に譲りわたそうとしないのである。家族の結びつきが強いほど、他者にたいして殻を閉ざす傾向があり、家族の成員がもっと大きな生活圏へと旅立つのを困難にするのである。

系統発生的にもっとも古い家族という集団は、子供時代には唯一の共同生活の形式であるが、のちに獲得された文化的な共同生活のうちに解消されるのを拒むのである。だからすべての若者にとっては、家族の絆から解き放たれることが大きな課題となる。社会は成人式など、さまざまな形で個人をうけいれるための儀礼を行って、この過程が実現されるように手助けすることが多い。これはすべての心的な発達において、さらに肉体を含むすべての有機体の発達過程において、つねにつきまとう困難だという印象をうける。

やがて、最初は愛の要求によって文化の基礎を築いたはずの女性が、文化の潮流に反対し始め、この潮流の進行を遅らせ、押しとどめるような影響力を行使するのである。女性は家族と性生活の利益を代弁するからだ。こうして文化的な仕事はますます男性が担うものとなり、男性にますます困難な課題をおしつける。そして男性は、みずからの欲動を昇華することを求められるようになるのである（女性は欲動を昇華したがらないのである)。

人間が利用できる心的なエネルギーの量は限られているため、誰もがリビドーを目的にふさわしい形で配分することで、与えられた課題を遂行しようとする。すなわち男性が文化的な目的で利用するリビドーは、もともとはその大部分が女性と性生活に向けられていたものなのである。そして男性がいつも同性の人々と働くようになると、仕事の場でのほかの男性との関係が重要なものとなってくる。こうして家庭で夫であり、父親であるという任務から遠ざかってしまうことになる。そこで女性は文化的な要求のために、自分は夫にとって重要でない存在になってしまったと感じる。こうして女性は文化に敵対するようになるのである。

◆文化による性の抑圧

文化の側からみると、文化圏を拡大するだけでなく、人々の性生活に制約を加えることも重要な課題となる。文化の最初の段階であるトーテミズムにおいて、すでに近親者を性的な対象として選択することが禁止されていた。このインセスト・タブーは、これまでの歴史において人の愛情生活が経験したもっとも決定的な〈外科手術〉だっただろう。さらにタブー、法、習慣によって、男女ともに服さねばならないその他の制約が定められた。

ただしすべての文化が同じように進展するわけではない。社会の経済的な構造が、人間にまだ残されている性的な自由の大きさにも影響する。自由の大きさを決定するにあたって文化がリビドー配分の経済的な必然性にしたがうのは周知のことである。文化は性的な活動から多量の心的エネルギーをとりさって、文化活動において消費させねばならないのである。その際に文化が性的な活動にたいして示す態度は、ある民族や階層が他の民族や階層を搾取した際に示す態度と類似している。抑圧された者たちが叛乱を起こすことを恐れて、厳しい予防措置を講じるのである。

現代の西洋の文化は、このような発展の極致を示しているのである。西洋文化においてはまず、幼児の性的な生の発現を厳しく禁じることから始まるが、これは心理学的には十分に根拠のあることである。幼児の時代から禁じておかないかぎり、大人の性的な好みの力を弱めることなどできないからである。しかし文明化された社会で、幼児に性的な生があることを認めようとしないのは、いかなる根拠もないことである。幼児が性的な生を経験しているのは明白で、すぐに確認できることなのだ。さらに西洋の文化では、性的に成熟した個人の［性的な］対象選択を、異性だけに限定してしまった。そして性器を使わない欲望の充足のほとんどを、倒錯として禁止してしまったのである。

このような禁止が示していることは、西洋の文化がすべての人に同じ種類の性生活を送ることを求めているということである。これは人間の生まれつきの性的な素質や、成長の過程で獲得した性的な特質が同じではないという事実を無視するものなのだ。この禁止のために、自分に固有の性的な満足を享受できなくなった人の数はかなり多い。これはきわめて不公平なことである。このような制限が加えられると、すべての性的な関心をいわば〈開かれた水路〉に流し込むことができるのは、正常な人間、すなわち性的な素質の発展を妨げられない人に限られることになるのである。

そして性器を使った異性愛というこの公認の性愛には、さらに別の制約が加えられている。この性愛は、一夫一婦制という公的な正当性を認められた関係のうちに限らねばならないのである。今日の文化は、男性と女性のあいだで一度だけの解消することのできない［結婚という］結びつきを築いている場合に限って、性的な関係を公認しようとする。そして文化は性的な活動を独立した快感の源泉としては認めようとせず、子孫を作るための手段としてほかに方法がないという理由だけで、これを黙認しているにすぎないのは明らかである。

もちろんこれは極端な考え方である。ごく短い期間でも、こうした考え方が実行できないことは、すでに証明済みなのである。性的な自由をこれほどまでに侵害されるに任せているのは弱者だけであり、強い性格の人物は、自由の侵害を補償することのできる条件でしか、自由を放棄していないのである(これについてはいずれ述べることにしよう)。文明化された社会は、ほんらいであれば定められた掟にしたがって処罰しなければならないはずの多くの違反を、黙認せざるをえなかったのである。

しかしだからといってその極端な反対に陥って、このような文化的な制度はほんらいの意図を実現できるはずがないのだから、まったく無害なものだと考えるのも間違いである。文明化された社会に生きる人々の性生活が著しく侵害されているのはたしかだ。わたしたちの歯や頭髪は、肉体的な器官としては退化しつつあるようにみえるが、性生活もまた退化しつつあるような印象をうけるのである。性生活はかつては幸福感の源泉であり、人生の目的を実現する活動としての意味をそなえていた。しかしいまではこうした意味をほとんど失ってしまったと思えるのである。*15

ときにはわたしたちが性生活において完全な満足を享受することを諦めて、ほかの道へと向かってしまうのは、文化の圧力だけによるものではなく、人間の性的な機能そのものに、原因があるのではないかと考えたくなるのである。この考えは間違っているかもしれないが、その是非を決定するのは困難なのである。[*16]

*15 今日ではすっかり有名になったイギリスの繊細な詩人ゴールズワージーの作品に、『林檎の樹』という短編があり、昔は好きだったものだ。この作品は、今日の文明化された人間の生活においては、もはや二人の〈人の子〉のあいだで、単純で自然な愛情が育まれる余地がなくなっていることを生き生きと描いているのである。[(13)]

*16 この推測を裏づけるためにいくつかの点を指摘しておきたい。人間は両性的な素質をもつ動物であることに、疑問の余地はない。多くの研究者の見解によると、一人の人間は、純粋に男性的な半身と女性的な半身という二つの対称的な半身が融合してできあがったものである。さらにこの男性的な半身と女性的な半身の両方とも、もともとは両性具有《ヘルマフロディト》的な存在だったということも、考えられることである。

性は生物学的な事実であり、心的な生に特別な意味をもっているものの、心理学的には把握しがたいものである。すべての人間の欲動の動き、欲求、特性は、男性的なものと女性的なものの両方の性格をそなえていると言いならわしているが、男性的なものと女性的なものの性格を示すことができるのは解剖学であって、心理学ではない。心理学における男性と女性の区別は、能動性と受動性の区別としてしか表現することができない。わたしたちは熟慮することもなしに、能動性を男性に、受動性を女性に割り当ててしまうが、動物の世界ではこれは例外なく証明されたことではないのである。

人間のこの両性的な性格についての理論はまだ十分に解明されたとは言えず、欲動の理論との結びつきも確認されていない。これは精神分析における困難な問題となっているのである。いずれにせよ、人間は誰でも性生活において男性的な願望と女性的な願望の両方を充足させたがっていることを事実としてうけいれるとしても、まだ問題は残る。この要求を同じ一つの対象で満たすことはできないし、この要求を分岐させて、それぞれの欲動の動きを、それに適した特別の〈回路〉で満たすことができなかった場合には、これらの要求がたがいに妨げあうことを覚悟しておかなければならないのである。

ほかにも困難な問題がある。性愛的な関係には、それ自体にサディズムの要素がそなわっているだけでなく、直接的に攻撃的な傾向が加わっていることがきわめて多いのである。ある農夫の妻は、夫が一週間も自分を殴らないと、もう愛してくれていないのだと嘆いたというが、性愛の相手はこの農夫の妻のように、こうした複雑な状況をかならずしも理解し、寛容にふるまってくれるとは限らないのである。

ただし一九七ページ以下の注で述べたこととも関連することだが、以下のような推論はとても深いところを言いあてているはずだ。人間が直立歩行するようになるとともに、嗅覚の価値が低くなった。そして肛門愛だけでなく、人間の性的な活動の全体が、〈器官的な抑圧〉の犠牲になるおそれが生じ、それ以後は性的な機能には説明しがたい嫌悪感が伴うようになったと思われる。この嫌悪感のために完全な欲望の充足が妨げられて、人々は性的な目標を追求するのではなく、欲動を昇華させ、リビドーをずらさざるをえなくなるのであろう。ブロイラーがかつて、性生活を根本的に否定するこのような姿勢が存在することを指摘した記憶がある（「性への嫌悪」。『精神分析学ならびに精神病理学研究年報』五巻、一九一三年）。

「われらは尿と糞のあいだから生まれた」（Inter urinas et faeces nascimur）と言われるが、すべての神経症患者とその他の多くの人々が、この事実に嫌悪感を抱いているのはたしかである。性器はさらに強い臭気を発するという感覚を与えるのであり、そのためにこれに嫌悪を感じて、性的な交渉ができなくなってしまう人も多いのである。

直立歩行によって新しい生活形式が登場するとともに、それ以前の動物的なあり方にたいして器質的な防衛が行われるのであり、それが文化の発展とともに顕著になる性的な抑圧のもっとも深い根となっている。これは科学的な研究で明らかにされたことであるが、奇妙なことに声高に語られる通俗的な偏見とも一致するのである。しかしいまのところはこれは確実なことではなく、まだ科学的に確証されていない一つの可能性にすぎない。

嗅覚の価値が引きさげられたことは否定できない事実であるが、ヨーロッパにおいても、きわめて不快な性器の強い臭《にお》いを性的な活動のための刺激剤として利用しようとし、これを手放したがっていない民族があることを忘れないようにしよう（フリードリヒ・S・クラウスの『アントロプロフュテイア』のさまざまな年度版に掲載されたイヴァン・ブロッホの聞きとりに基づく民族調査「性生活（ウィタ・セクスアーリス）における嗅覚について」を参照されたい）。

5

◆エロスと共同体

精神分析の研究によって明らかになったのは、いわゆる神経症患者たちにとっては、このような性生活の制限はきわめて耐えがたいものであるということだった。そこで症状という形で代用的な満足を獲得しようとするのだが、こうした症状は、患者と外部の世界のあいだ、そして患者と社会のあいだにさまざまな摩擦を引き起こすので、それ自体が苦痛であるか、苦痛の原因となるものである。症状が苦痛の原因となるのはすぐに理解できることであるが、症状そのものが苦痛となることは、新たな謎を提起するものである。しかし文化が要求するのは、こうした性的な満足を犠牲にすることだけではない。

これまで文化の発展において発生する困難な問題を、人間の一般的な発達における困難として解釈してきた。すなわち文化の発展において発生する困難の原因をリビドーの怠慢にみいだしてきた。すなわちリビドーが古いポジションを捨てて新しいポジションに移ろうと努力しないことが原因だと考えてきたのである。

これは、文化と性的な活動の対立が生じるのは、性的な愛の当事者の数と文化の当事者の数が違うからだと言い換えることができる。性的な愛における当事者は二人であり、三人目は余計な者であるか、邪魔者である。ところが文化は多数の人々のあいだの関係に依拠しているのだ。

愛情関係が強まると、愛する人々は外の世界にまったく関心を示さなくなる。愛する二人は、たがいに満足しあっていて、幸福であるためには、二人のあいだに子供を作る必要もないほどである。エロスの本質の核心は、複数のものを一つにまとめることであり、愛情におけるほど、この核心が明確に示されることはない。しかしよく言われるように、二人の人をたがいに惚れ込ませてしまったら、エロスはもはやそこから先に進もうとはしないのである。

文明化された共同体が、こうした愛しあうカップルで構成されていて、それぞれのカップルがリビドーを満足させながら、労働と利害の共同性に基づく連合体を形成しているという状態は、すぐに想像することができる。こうした共同体であれば、文化が人間の性的な活動からエネルギーを奪う必要はないだろう。しかしこうした理想的な状態は存在していないし、これまで一度も存在したことはなかったのである。

現実には文化は、これまで実現されたような人的な結びつきのありかたには満足しておらず、リビドーを使ってでも共同体の成員をたがいに結びつけようとしているのである。そして文化は、共同体の成員のあいだに強い一体感が生まれるように、あらゆる方法を活用し、共同体の絆を友情関係で強化するために、〈目標を制止された〉リビドーを大量に動員しているのである。

そしてこの目的を実現するために、性生活に制約が加えられるのは避けられないことだった。しかし文化にこのような道を進ませ、性的な活動に敵対させる必然性はまだみえてこない。この必然性を理解するためには、これまで発見されていない障害要因を考察する必要があるのである。

◆隣人愛の掟のパラドックス

文明化された社会における一つの理想要求の実例が、この問題を考察する手掛かりとなるだろう。これは〈隣人を汝みずからのごとくに愛せよ〉という言葉である。これは世界的にも有名であり、この命令を誇らしげに掲げているキリスト教よりも古いものではあるが、きわめて古いものだと言うことはできない。有史時代になっても、人々はこの命令を知らなかったのである。

しかしわたしたちはここで、この命令を初めて耳にしたかのように、素朴な姿勢をとってみることにする。すると驚きと意外さの感情を抑えることができない。なぜそうすべきなのだろうか。何の役に立つのだろうか。何よりもこの命令をどのようにして実行したらよいのだろうか。そもそもこれは実行できる命令なのだろうか。

わたしの愛はわたしには貴重なものであり、釈明もなしに投げ捨ててよいものではない。愛はわたしにある義務を課すものであり、わたしは犠牲をはらうことで、この義務をはたさねばならないのである。わたしが他者を愛するとしたら、その人は何らかの意味で、愛されるに値する存在でなければならない（ただしその他者がもたらす効用とか、性的な対象としての意味などは、ここでは考慮にいれない。隣人愛の掟にとっては、この種の関係は関連がないからだ)。

隣人が、重要なところでわたしに似ているとすれば、その隣人において自分を愛することができるのであり、隣人は愛すべき存在になる。また隣人がわたしよりもはるかに完璧であれば、わたしは隣人のうちで自分の人格の理想を愛することができるのであり、隣人は愛すべき存在になる。隣人がわたしの友人の息子であれば、わたしは隣人を愛さずにはいられない。隣人に苦難が襲った場合には、父親であるわたしの友人は苦痛を覚えるはずであり、それはわたしの苦痛であり、わたしもその苦痛を分かちあわねばならないからである。

しかし隣人が縁もゆかりもない人であり、その人に固有の価値によって、そしてわたしの感情生活において意味あるものとして認められている価値によって、わたしを惹きつけないとしたら、わたしが隣人を愛するのは困難なことである。わたしの家族は、わたしが優先的に愛を向けることを期待しているのであり、わたしが赤の他人を家族と同じように愛するとすれば、家族を不当に扱ったことになるのである。

あるいは、かの〈世界愛〉によって隣人を愛すべきだという意見もあるかもしれない。しかしわたしが昆虫やミミズやシマヘビと同じように、地球上の生物だというだけの理由で隣人を愛するのだとすれば、隣人に注がれる愛はごく微量なものとなってしまうのではないだろうか。理性の判断では、わたしは自分のために愛をとっておく権利があるのであり、それと同じ量の愛を隣人に振り向けることはできないのである。理性的に判断すると、この掟を実行するのは不可能である。それではこのように麗々しく語られる掟は何のためにあるのだろうか。

詳細に検討すると、さらに多くの難点がみいだせる。この見知らぬ人はわたしにとって一般に愛するに値しない存在であるだけでなく、隣人はわたしの敵意を、むしろ憎悪を呼び起こす存在であることを正直に認めよう。この縁もゆかりもない人は、わたしへの愛はまったく感じていないようであり、わたしにいかなる顧慮も示していないのである。隣人は、それで利益がえられるなら、わたしを傷つけることに遠慮はしないだろう。そしてわたしがうける傷の大きさと、自分のえられる利益がつりあうかなどと、自問することもないだろう。

それに隣人はわたしを傷つけることで利益がえられなくても構わないのである。それによってある快感を満たすことができるのであれば、わたしを嘲笑し、侮辱し、中傷し、自分の力を誇示することに遠慮しないだろう。隣人が自分は安全な立場にいると感じるほど、そしてわたしが無力な立場に立たされるほど、こうしたふるまいを示すようになるのは確実である。

もしも隣人がこうしたふるまいを示さず、見知らぬ人間であるわたしに配慮といたわりを示すならば、わたしは掟で命じられなくても、同じ仕方で隣人を遇することだろう。だからかの麗々しい掟が、〈汝の隣人が汝を愛するごとくに、汝の隣人を愛せよ〉と語っているならば、わたしには異論はまったくないのである。

わたしにとって理解しがたく、さらに強い反抗心がかきたてられる別の掟がある。〈汝の敵を愛せよ〉という掟である。よく考えてみると、この掟は最初の掟よりもいっそう不当な要求だといって拒むのは正しくない。基本的に同じことを命じているのである。*17

ここで威厳に満ちた声がわたしに警告を与えるのが聞こえてきた。隣人が愛すべき存在でないとしても、むしろ敵であるからこそ、汝は自分自身と同じように隣人を愛すべきなのであると。なるほど〈不条理なるがゆえにわれ信ず〉というわけなのだ。

もしも隣人が、みずからと同じようにわたしを愛するように命じられたとしたら、おそらくわたしと同じように答えただろうし、同じ理由でわたしを愛することを拒むだろう。わたしは、隣人にはわたしを愛することを拒む客観的な理由がないと言いたいところなのだが、隣人もまったく同じように主張するだろう。

人間の行動にはさまざまなものがあり、倫理学はこうした行動は自由に行われるわけではないことは無視して、これを「善」とか「悪」とか分類している。善と悪というこの否定しようのない区別がなくされないかぎり、「汝の敵を愛せよのような」高度の倫理的な要求にしたがうことは、悪行に報奨を与えるようなものであり、文化の意図を損ねるものとなる。ここでフランスの議会で死刑の廃止について議論された際の逸話を思いだささざるをえない。ある議員が死刑の廃止を情熱的に訴える演説をして、満場の喝采を博していたところ、議場から野次がとんだのである。「人殺し諸君、心おきなくやりたまえ」

*17 偉大な詩人であれば、ひどく嫌悪される真理を、少なくとも冗談めかして表現することが許されている。ハインリヒ・ハイネはこう告白している。「わたしの心情はごく穏やかなものだ。わたしが願うのは、つつましい小屋、藁葺《わらぶ》きの屋根、ただし快適なベッドとおいしい食事、ごく新鮮なミルクとバター、窓辺には花が咲き、

玄関さきにはみごとな樹木が数本といった程度のものである。愛しい神さまがわたしを幸福にしてくださるおつもりがあれば、この木の枝にわたしの敵を六人か七人ほど吊り下げるという幸福をお与えくださるだろう。そうすればわたしは胸をときめかせて、これらの敵が生前にわたしに加えたすべての不正を、死の直前に赦してやることだろう。汝の敵を赦さねばならないというのはたしかだ。ただし首を吊った後になってからのことだ」（ハイネ『思いつくままに』）

◆攻撃衝動と文化

人間とは、攻撃された場合だけに自衛するような柔和で、愛を求める存在ではないし、人間に与えられた欲動には、多量の攻撃衝動が含まれる。とかく否定されがちではあるが、これが背後に控えている現実なのである。そのために隣人は援助してくれる人であったり、性的な対象となりうる人であったりするだけではない。わたしに自分の攻撃衝動を向け、労働力を代償なしに搾取し、同意なしに性的に利用し、その持ち物を奪い、辱め、苦痛を与え、拷問し、殺害するよう誘惑する存在なのである。人間は人間にとって狼なのである(14)。人間の生活と歴史のあらゆる経験から判断して、この格言を否定する勇気のある人はいるだろうか。

この残酷な攻撃は原則として挑発されたときに引き起こされるが、もっと穏やかな別の方法でも実現できる目的のために、利用されることがある。そして攻撃に有利な状況が訪れ、攻撃を阻止するはずの心的な抵抗がないと、ごく自然に攻撃衝動が解放されてしまう。こうして人間は他人を慈しむことを知らない野生の獣のような存在であることが暴露されてしまうのである。

民族大移動、フン族の侵入、チンギス・ハンやティムールに率いられたいわゆるモンゴル族の侵入、敬虔な十字軍の兵士たちによるイェルサレムの征服などの際に発生した残酷な出来事、そして最近の世界大戦のさなかに起きた忌まわしい出来事などを想起してみれば、こうした主張の正しさは、ただ黙して認めざるをえないだろう。

この攻撃衝動が存在することは、自分の心に問うてみればわかることであり、他人も同じ気持ちをもっているはずである。これが隣人とのあいだで良好な関係を築くことを妨げ、文化に大きな負担をかけているのである。人間がたがいにこのような原初的な敵意を抱いているために、文明化された社会はつねに崩壊の危険にさらされているのである。労働共同体のもたらす利益も、こうした崩壊の危険を防ぐことはできない。欲動に駆られた情熱は、利益についての理性的な判断よりもつねに強いものなのである。

文化は人間の攻撃的な欲動に制約を加え、心的な反動形成の力でこの欲動の表現を抑えるために、全力を尽くさねばならないのである。こうして人間を同一化と、〈目標を制止された〉愛情関係へと駆り立てるすべての方法が動員されるようになる。(15) そして性生活の制限と、隣人を自分と同じように愛せよという理想命令が生まれたのである。この理想命令は、ほんらいであれば人間の本性にきわめて反するものでありながら、この目的をその根拠としているのである。

しかしさまざまな努力にもかかわらず、この文化的な営みはこれまでそれほど大きな成功を収めていない。文化は犯罪者を暴力で処罰する権利をもっており、これで血なまぐさい暴力の横行を防げると期待しているが、人間が慎重に、そして微妙に攻撃をしかけた場合には、法の網にはかからない。

だからわたしたちは誰も、若い頃に他人に期待したことは幻想にすぎなかったと、諦めざるをえない日を迎えるのだ。そして人生が他人の悪意によってどれほど困難で苦痛なものとなっているか、まざまざと自覚することになるのである。ただし人間の活動から争いと競争をなくそうとしている文化を非難するのは、不正なことだろう。たしかに争いと競争は必要なものだが、対立関係が必ず敵対関係にいたるわけではない。これは敵対関係を作りだすためのきっかけとして悪用されているにすぎないのである。

◆攻撃欲と所有の関係

共産主義者たちは、悪をなくすための方法を発見したと考えている。人間は明らかに善なる存在であり、隣人に好意を抱いているが、私有財産の制度のために、その善き本性が腐敗してしまったというのである。私有する財産によってえられた力によって、人は隣人を虐待するように誘惑される。そして無産者は、抑圧者に敵意をもって抵抗しなければならなくなるというわけである。

だから私有財産を廃止して、すべての富を共有にし、すべての人がこの共有の富を享受できるようにすれば、人々のあいだの悪意と敵対関係は消滅するだろう。人間のあらゆる欲求が満足されるようになれば、他人を敵とみなす理由はなくなる。それに必要不可欠な労働には、すべての人が喜んで従事するはずだというのである。

わたしは共産主義の体系を経済学的に批判することには関心をもてない。そして私有財産の廃止が、目的に適ったものであるのか、望ましいものであるのかを研究することもできない。[*18] しかしこの体系の心理学的な前提が、根拠のない幻想であることは、すぐにわかる。私有財産を廃止すれば、人間の攻撃欲はその道具の一つを奪われるのは確実である（これはたしかに強力な道具であるが、最強の道具というわけではない）。しかし攻撃がその意図を実現するために乱用する力と影響力の違いは、私有財産を廃止してもまったく変わっていないのであり、攻撃欲の本質そのものにもまったく変化はない。

人間の攻撃欲は、財産によって作られたものではないのである。［人類の歴史においては］まだ財産などというものがほとんどなかった遠い昔に登場したのであり、［個人の発達においては］幼年期に、財産がまだ排泄物と明確に分離できない肛門愛の原初的な形式から離れようとする時期から、こうした攻撃欲は形成されてきたのである。この欲求は、人間のあいだのすべての親愛関係と愛情関係の土台となるものだった。攻撃欲が混じっていない関係があるとすれば、それは息子にたいする母親の愛情ぐらいだろう。

そして個人が物質的な財産を所有する権利を廃止したところで、性的な関係にたいする個人の特権は残されている。こうした特権を与えられない人々にとっては、不平等は強い嫉妬と激しい敵意の原因とならざるをえないのである。こうした性的な関係における特権を廃止して、性生活を完全に解放したとすれば、文化の核心である家族というものも同時に廃止されてしまうことになる。その場合に文化がどのような新しい道を進むことができるのかは予測できない。しかし予測できることもある。人間の本性からとり除くことのできない特徴である攻撃欲が、その後の文化的な発展につきまとうのは確実だということである。

*18　若い頃に、貧困の悲惨さを味わったことがあり、金持ちの冷淡さや傲慢を経験した人であれば、人間の所有の不平等と、不平等のために生まれるさまざまな問題を克服する活動に、理解と好意をもっていないという嫌疑をかけられることはないはずである。ただしこの不平等との戦いが、万人の平等という抽象的な正義の要求となった場合には、すぐに次のような反論がだされることだろう。自然は個人の身体的な条件と精神的な才能に関しては、非常に不平等で、さまざまな不正を行ってい

るが、これについては解決策がないのではないかと。

◆攻撃衝動の役割

人間にとっては、この攻撃衝動の満足を断念することが困難なのは明らかだ。そして攻撃衝動を放棄すると、人は幸福とは感じないものである。小さな文化圏においては、その文化圏に属さない人々を〈敵〉とみなすことで、攻撃的な欲動をいわば〈迂回路〉を通って満たすことができるのであり、この利点を過小評価してはならない。多数の人々を、たがいに愛しながら結びつけることができるのは、攻撃欲の〈はけ口〉となるような人々が外部に存在する場合にかぎられるのである。

この現象についてはすでに考察したことがあるが、隣接した二つの共同体が、その他の側面ではごく近いにもかかわらず、たがいに罵りあい、軽蔑しあう現象がみられるのである。たとえばスペイン人とポルトガル人、北ドイツ人と南ドイツ人、イングランド人とスコットランド人などがその実例である。わたしはこれを「小さな差異にこだわるナルシシズム」と呼んだことがあるが、この名前ではあまり説明したことにならないかもしれない。このナルシシズムは、攻撃欲をむしろ無害な形で巧みに充足させる方法であり、これによって共同体の成員がまとまりやすくなるのである。

ユダヤ人は世界のさまざまな場所に離散して暮らしているが、このナルシシズムをかきたてることで、その暮らしている場所の共同体の文化のために大きな貢献をなしたのである。ところがあいにくなことに、ユダヤ人を大量虐殺したことも、キリスト教徒にとって中世をより平和で、安全にする力はなかったのである。使徒パウロが普遍的な人間愛をキリスト教の教会の土台にした後には、異教の人々にきわめて不寛容になるのは、避けられないことだった。

これにたいしてローマは、愛を国家の基礎とはせず、国家に公認の宗教があった。そして国が宗教にいわば〈浸されて〉いたにもかかわらず、宗教的な不寛容とは無縁だった。ゲルマン民族が世界征服の野望をいだいたときに、ユダヤ人の排斥を叫んだのは、理解しがたい偶然のことではなかったし、ロシアにおいて新しい共産主義的な文化を建設する試みが、ブルジョワジーの迫害をその心理学的な支えとしていたことも、十分に理解できることである。ブルジョワジーを廃絶した後に、ソ連で何が起こるのかは、心配なことではあるが。

◆原始社会と大衆の運命

文化において性的な活動だけでなく、人間の攻撃衝動もまた大いなる犠牲になるとすれば、人間が文化の中で幸福を感じるのが困難な理由もわかりやすくなるというものである。原初の人間は、自分の欲動を制約することを知らなかったので、実際にわたしたちよりも幸福に感じていたのである。その代わりに、原初の人間がこうした幸福を長く享受しつづけることができるという保証は少なかった。文明化された人間は、幸福になる可能性の一部を捨てて、共同生活における安全性を手にしたのである。

ただし原始家族において欲動の自由を満足させることができたのは、家長だけだったことも忘れるべきではない。家族のその他の成員は、奴隷のように抑圧された生活をしていたのである。文化の誕生期においては、文化の利益を享受する少数の人々と、この利益を奪われている多数の人々の違いは、きわめて顕著なものだったのである。現代のいわゆる未開社会の詳細な調査から明らかになるのは、自由にみえるこうした社会の人々も、外から羨ましく思うほど、自由に欲動を充足しているわけではないということである。これらの人々はまた別の種類の制約に服しているのであり、この制約は現代の文明的な人間が服しているものよりもさらに厳しいのかもしれないのである。

今日の文化状態にたいしては、次のような苦情を唱えることができるだろう。わたしたちは幸福をもたらす生活秩序を求めているのに、現代の文化はこの要求を十分に満たしてくれているとは言えない。そして避けることのできたはずの多数の苦悩を放置しているのである。だからわたしたちが厳しく批判しながら、文化の現状の不完全さの〈根〉を発見しようと努力したからといって、それは正当な権利の行使であり、文化の敵とみなされるべきものではないのである。

わたしたちは、文化が徐々に変革されて、前に述べたような批判が的はずれになり、人々の欲求がもっと満たされるようになることを期待してよいのである。しかし同時にまた、文化の本質には、いかなる改革の試みも失敗させてしまう困難な問題が伴うものだという考え方にも慣れておくべきだろう。たとえば欲動が制約されることにはすでに覚悟ができているものの、「大衆心理の悲惨」とでも呼ぶべき事態がもたらす危険が差し迫ったものとなっているからである。

この危険性がもっとも緊急なものとなっているのは、社会的な結びつきが、社会の成員のたがいの同一化に依拠しているのに、指導者が、大衆の教育において必要とされるような個性をもっていない場合である。[*19] アメリカの現在の文化状態は、この懸念すべき文化的な疾患を研究するための好例となっている。しかしここではアメリカ文化の批判に立ち入るのは避けておきたい。みずからアメリカ的な方法を採用しているのではないかという印象を与えたくないからである。

*19 『集団心理学と自我分析』（一九二一年）参照。

6

◆欲動論をふりかえって

今回の著作の場合ほど、すでに周知の事柄を語っているという印象をうけたことはない。ごく自明な事柄について語るために、紙とインクを浪費し、植字工を酷使し、印刷用のインクを浪費しているのではないか。だからほかの欲動とは独立した特別な攻撃欲動というものがあることを承認できて、それによって精神分析の欲動理論を変革できるのだとしたら、喜んでそうしたいと考えているのである。

しかし残念なことに、そうした特別な攻撃欲動などというものが存在するわけではないことはやがて明らかになるだろう。むしろ以前から提示されていた理論をさらに研ぎすまし、その帰結を追求する作業が必要とされているのである。精神分析の世界ではさまざまな理論はごくゆっくりとしたペースで構築されてきたが、その中でも欲動の理論は展開にもっとも苦労した分野である。ところで精神分析の理論の全体において、欲動の理論は不可欠なものである。しかしこの理論がまだ構築されていないあいだは、代用となる理論が必要とされたのだった。だからわたしが途方にくれていたときに手掛かりとなったのは、詩人であり哲学者であったシラーの言葉、すなわち世界の仕組みを作りだしているのは「食欲と愛」であるという言葉だった。

食欲は、個人が自己を維持しようとする欲動の代表として考えることができ、愛は対象に向かう欲動の代表として考えることができた。自然がさまざまな形でいわば優遇しているこの愛の主要な機能は、人類を維持することだった。こうしてまず、自我欲動と対象欲動を対立させることができたのだった。

そして対象欲動のエネルギーをリビドーと呼んだが、この頃はリビドーという語はこの意味だけで使われるべきものだった。こうして自我欲動と、対象に向けられた「リビドー的な」欲動、もっとも広い意味での愛が対立させられたわけである。こうした対象欲動のうちでとくに注目に値したのは、サディズムの欲動である。それはこの欲動が愛を目標とするものではないからであり、多くの事例から判断するかぎり、明らかに自我欲動と結びついて現れたからである。それが、リビドー的な意図をもたず、むしろ征服欲動に近いものであることは否定できなかったが、この理論的な難点は切り抜けることができた。いずれにせよサディズムは性生活に属するものであり、性生活では優しいゲームの代わりに残酷なゲームが登場することはありえたからである。神経症は、自己保存の利益とリビドーの要求のあいだの闘いの結果とみられるが、この闘いでは自我は勝利を収めたものの、重い苦悩と断念という犠牲を強いられたのである。

◆ナルシシズムの概念の意味

精神分析の専門家であれば、この理論はすでに乗り越えられた誤謬であると片づけるわけにはゆかないことを認めるだろう。しかしわたしたちの研究が、抑圧されたものから抑圧するものへ、対象欲動から自我欲動へと進んでいくと、この理論を修正する必要のあることが明らかになったのだった。その際に決定的な意味をもったのは、ナルシシズムの概念が採用されたことにある。この概念によって、リビドーが自我そのものを占領する場合があること、それだけでなく自我はリビドーのほんらいの〈故郷〉であり、主な根拠地でもあるという洞察がえられたのである。

このナルシシズム的なリビドーは、対象に向かった場合には対象リビドーとなるが、自我に復帰してふたたびナルシシズム的なリビドーに戻ることもできるのである。このナルシシズムという概念によって、外傷神経症や、精神病に近い多くの情動と、精神病そのものを分析することができるようになった。転移神経症は、自我が性的な活動からみずからを防衛しようとする試みであるという解釈は変更する必要はなかったが、リビドーという概念は危地に立たされた。自我欲動もまたリビドー的なものとされたのであるから、さしあたってC・G・ユングが以前から主張していたように、リビドーは欲動のエネルギーそのものとみなす必要があると思われたからである。

◆二つの欲動

しかしわたしには、すべての欲動が同じ種類のものであるはずがないという根拠のない確信のようなものが残されていた。次の理論的な進展を示しているのが『快感原則の彼岸』（一九二〇年）である。この書物で初めて、反復強迫と欲動の生の保守的な性格を思いついたのである。生命の起源について考察し、生物学的な並行現象に注目しながら、生物を保存し、さらに大きな統一にもたらそうとする欲動のほかに、それとは正反対の欲動、こうした統一を解消し、原初の無機的な状態に戻ろうとする欲動があるに違いないという結論を下したのである。つまりエロスのほかに、死の欲動[*20]が存在することを認め、すべての生命現象を、これらの二つの欲動の協力関係と対立関係から説明しようとしたのである。

ところで死の欲動の存在は想定できたが、それがどのように機能するかを示すのはたやすいことではなかった。エロスの活動は派手で、人々の注目をひく顕著なものである。そこで死の欲動は反対に生物の内部にあって、生物の死を準備するために黙々と働いているのではないかと思われたが、これでは証明とは言えないのは明らかである。次に思い浮かんだのは、死の欲動の一部は外界に向かい、攻撃と破壊の欲動として姿を現すのではないかという着想だった。その場合には生物がみずからを破壊するのではなく、生物であるかどうかを問わず、他のものを破壊する。そのような形でこの欲動は、エロスに奉仕させられているのではないだろうか。逆に外部にたいする攻撃を制限すると、すでに進行している自己の破壊がさらに進むことになるだろう。

またこの例から考えると二つの欲動は、たがいに独立して働くことはめったにない（あるいはまったくない）ことになる。さまざまな比率で混じりあいながら現れるのであり（そしてこの比率はつねに変動する）、そのためになかなか見分けにくいのではないかと思われるのである。サディズムは以前から性的な活動の部分欲動とみなされてきたが、これは愛の活動と破壊欲動が特別な形で強く混じりあったものと考えることができる。またその反対のマゾヒズムは、内部に向かった破壊欲動が性的な活動と結びついたものであり、そのために通常は知覚されない営みが、はっきりと認識できるものとなったと考えられるのである。

＊20　欲動そのものにみられる保守的な性格と、エロスの絶え間ない拡張傾向の対立は顕著なものであり、将来の問題設定の出発点となりうるものである。

◆死の欲動の役割

死の欲動あるいは破壊欲動の存在を想定することには、精神分析の専門家のあいだでも反対意見が提出された。愛の中に潜む危険なもの、敵意に満ちたものは、すべてが愛のうちにそもそも含まれる両極性のためだと考える人が多いのはよく承知している。この欲動についてのわたしの理論は、最初はごく試験的に提示していたにすぎなかったが、やがてこの考えに納得してしまい、もはや別の考え方をすることはできなくなってしまった。この考え方は、他のどの考え方よりも理論的に使い勝手のよいものであり、事実を無視したり、歪曲したりせずに、科学的な研究で必要とされる簡略さを実現していると思えるのである。

サディズムとマゾヒズムは、外部に向けられた破壊欲動と内部に向けられた破壊欲動がエロス的な要素と強く混じりあって表現されたものであり、この現象が以前から存在していたのはたしかである。しかしこれまで、エロスと関係のない攻撃と破壊がどこにでもみられるという事実を無視して、人生の解釈においてこうした欲動にふさわしい地位を認めないでいた理由が、自分でも理解できないのである（もちろん、みずからの内部に向けられた破壊の試みがエロスと関係のない形で表現された場合には、認識しにくくなるのはたしかである）。

わたしは精神分析の文献において破壊欲動という考え方が登場した際に、これに抵抗を感じたことを思いだす。わたしがこの考えをうけいれるようになるまでには、長い時間がかかったのである。だからほかの人々がこれを拒否する姿勢を示したこと、そして現在もそうした姿勢を示していることは、不思議ではない。幼児のように純朴な人々は、人間には「悪」があり、攻撃と破壊、そして残酷な傾向が生まれながらにあると聞かされると、気持ちのよいものではないからである。こうした人々は、完全無欠な神が人間をみずからの似姿として創造したと信じ込んでいる。そしてクリスチャン・サイエンス派の主張とは反対に、悪の存在は否定できないものであること、神は全能で至善であるにもかかわらず、悪が存在する理由を説明するのがきわめて困難であることについて、考えようとしないのである(16)。

ここで悪が存在する理由について神を弁護する最善の方法は、悪魔の存在をもちだすことだろう。悪魔は、アーリア人の理想とする世界においてユダヤ人がはたしたような役割を担うものであり、人々の心理的な負担を軽減する機能をはたすのである。

ただしその場合にも、なぜ悪魔が存在するのか、そして悪魔が体現する悪がなぜ存在するのかという問いを、神に向けることは許されるのである。だからこの悪の存在については、さまざまな困難な問題が発生することを考えれば、人間の倫理的本性の奥深いところに存在しているものについては、それにふさわしい場所で敬意を払うのが賢明である。そうすれば誰にも好かれ、多くのことで見逃してもらえるというものである。[*21]

こうしてリビドーという呼び名は、エロスの力の発現を示すために使うことができ、これは死の欲動のエネルギーと区別することができるようになる。[*22] ただしその場合には、死の欲動を認識するのが非常に困難になるのはたしかだ。死の欲動はエロスの背後に残された遺物として認識するしかないのであり、エロスと混じって姿を示さない場合には、認識できないものとなるからだ。

サディズムにおいては、死の欲動がエロス的な目標をみずからに合わせて歪めてはいるが、それでも性的な営みとして実現させているので、死の欲動の本質とエロスとの関係を、もっとも明確な形で洞察できるのである。しかし死の欲動が性的な意図をもたずに登場する場面でも、さらに知らぬうちに破壊欲を発揮する場面でも、この死の欲動の充足は、自我が昔から抱いてきた全能性の願望を充足するものだという意味で、きわめて大きなナルシシズム的な快感の享受と結びついていることは、はっきりと認識できるのである。

破壊欲動を穏やかなものにして拘束しながら、同時に目標を制止した形で、これを対象に向ける必要があるのである。それと同時に自我においては生活の欲求を満足させ、自然を征服できるようにする必要がある。破壊欲動の存在は理論的な理由で要請されたものであるために、これに理論的な異議を提示することができるのはたしかである。しかし現在の研究段階でも、この欲動の存在の想定の正しさは示せるのであり、将来の研究と省察によって、さらに明確な形で解明が行われることになろう。

*21　ゲーテがメフィストフェレスにおいて、悪の原理と破壊欲動を同一のものとみなしたのは、いかにも説得力のあることである。

「なぜといって、一切の生じ来るものは、／滅びるだけの値打のものなんです。……そこであなた方が罪だとか破壊だとか、／要するに悪と呼んでおられるものは、／すべて私の本来の領分なのです」

メフィストフェレスがみずからの〈敵〉とみなしているのは、聖なるものや善なるものではなく、自然がものを生みだす力であり、生命を増殖させる力であり、エロスなのである。

「空気から、水から、地面から、／千万の芽が萌え出してくる、／乾いた所からも湿った所からも暖い所からも寒い所からもです。／あの火というやつを私が保留しておかなかったら、／これぞという特別な武器が何もなくなるところですよ」（ゲーテ『ファウスト』第一部第三幕。邦訳は『ファウスト　第一部』相良守峯訳、岩波文庫、九三、九五ページ）

＊22　これについての現在の了解を要約すれば、欲動のすべての発現においてリビドーが関与しているが、欲動の発現のすべてがリビドーそのものではないということになるだろう。

◆エロスと死の欲動（タナトス）

これからは、攻撃傾向は人間の原初的で、独立した欲動の素質であると想定した上で考察を進めることにする。そしてこの攻撃欲動は文化にとっての最大の障害であるという事実も想起していただきたい。すでに文化は、人類において進展している特別なプロセスであることを指摘しておいたが、これからもこの着想の延長線上で考察することになる。さらにつけ加えておけば、文化とは最初はばらばらの個人を、次に家族を、さらに部族、民族、国家などを、より大きな統一である人類にまとめようとするエロスに奉仕するプロセスなのである。

わたしたちには、これがエロスの仕事だということがわかるだけで、なぜこうした統一が行われるべきなのかはわからない。これらの人間集団は、リビドーの力でたがいに結びつけられる必要がある。労働共同体のほうが有利だからという必然性の理由だけでは、人間集団を結びつけることはできないからである。しかし人間に生まれつきそなわっている攻撃欲動、すなわちすべての人がすべての人にたいして抱いている敵意が、文化のこのプログラムに抵抗するのである。この攻撃欲動は、エロスとともに存在することが発見された死の欲動の主な代表者であり、この欲動がエロスとともに、世界を支配しているのである。

こうして、文化の発展の意味が明確になってきた。文化とは、人類という種において演じられたエロスと死の闘い、生の欲動と破壊欲動の闘いなのである。この闘いこそが人生そのものの本質的な内容なのであり、だからこそ文化の発展とは、人間という種の生存を賭けた闘いと呼べるのである。[*23] しかるに巨人たちのこの闘いを、わたしたちの乳母は「天の子守歌」でなだめようとするのだ。(17)

＊23 さらに詳しく定義してみれば、「この闘いがある特定の出来事からどのようにして形成される必要があったのか（この出来事についてはこれから解明が必要である）」ということになるだろうか。

7

◆罪の意識と良心

人間の親類である動物は、どうしてこのような文化の闘いを知らないのだろうか。その理由はわたしたちにはわからない。蜜蜂やアリなどの一部の動物では、現在のわたしたちでも感嘆するような国家組織、機能の配分、個体の欲望の規制などを実現しているが、それには数千年の時間がかかったのかもしれない。しかし現在の人間の際立った特徴は、わたしたちがこうした動物の国家に生まれたとしても、そして動物の国において個体に割り当てられているどのような役割を与えられても、幸福であると感じないだろうということである。

人間以外の動物では、環境世界の影響と、その動物のうちで働いていて克服する必要のある欲動のあいだに、一時的に均衡が成立し、そこで発展がとまってしまったのかもしれない。一方、原初的な人間においては、リビドーの新たな刺激のために破壊欲動がふたたび作動し始めたのかもしれない。これについては多くの疑問があるが、答えを示すことはできないのである。

ここで別の疑問が心に浮かぶ。文化は、みずからに対立する攻撃を抑制し、無害なものとし、できれば遮断するために、どのような手段を利用しているのだろうか。そのうちのいくつかについてはすでに指摘したが、まだ決定的に重要な手段について述べていない。この方法を明らかにするには、個人の発達の歴史を調べてみればよい。個人は、自分の攻撃欲を無害なものとするために、どのような方法を採用しているだろうか。それは想像もできないほどに奇抜なものだが、ごく手近にある方法なのである。この攻撃欲を内側に向け、内面化し、それが発生した場所、すなわち自分の自我に向けるのである。

このようにして自我に向けられた攻撃欲は、超自我として自我のほかの部分と対立している部分に取り込まれ、これが「良心」となるのである。この良心は、ほんらいなら他の見知らぬ個人に発揮したかったはずの強い攻撃性を自我にたいして行使するのである。こうして、厳格な超自我と、超自我に支配された自我のあいだに緊張関係が発生する。これが罪の意識であり、これは自己懲罰の欲求として表現されるのである。このようにして文化は、個人の危険な攻撃欲を弱め、武装解除するのである。征服した都市を占領軍が監視するように、［超自我という］自我の内部の一つの審級に、自我を監視させるのである。

精神分析の世界では罪の意識の発生については、心理学者とは別の考え方をしている。しかし精神分析の専門家にとっても、そう考える理由を説明するのは困難なのである。まず、罪の意識はどのようにして生まれるかと尋ねてみると、「悪い」と認識されることをしてしまったときには、「罪を感じる」（信心深い人なら「罪深い」と言うだろう）という反論しようのない答えがもどってくるのである。ところがこの答えはそもそも答えになっていないのはすぐにわかる。

あるいはしばらく躊躇したあとで、こうつけ加えるかもしれない。悪をなさなくても、悪をなそうとする意図があることをみずからに感じただけでも、罪があると感じるものだと。その場合には、なぜ悪をなす意図が、悪をなす行為そのものと同じものと感じられているのかと、問い返すべきだろう。どちらの答えでも、すでに悪を排斥すべきもの、実行すべきでないものと考えていることを前提としている。しかしどうしてこのことが前提とされねばならないのだろうか。

◆愛の喪失への不安

人間に根源的に、いわば生まれつき善悪を判断する能力があるという考え方は根拠のないものである。悪はしばしば自我にとって有害なものや危険なものでなく、反対に自我にとっては望ましいもの、快楽を与えるものですらある。だからここには自我とは異なるものからの影響が認められるのだ。そしてこの異なるものが、何が善であり、何が悪であるかを決めるのである。自分だけでは、人間はこのような道に進むはずはなかったのであるから、この外部からの影響をうけいれるべき動機があったに違いない。

この動機は人間の寄る辺なさや他人への依存度の高さのうちにすぐに発見できるのであり、これを愛の喪失への不安と名づけることができるだろう。人は、自分が依存している他者からの愛を喪失すると、さまざまな危険からの庇護も失うのである。そして依存していた強者がその人に罰を与えることで、みずからの優位を誇示する危険に直面するのである。

だから悪とはもともとは、愛の喪失の脅威にさらされることである。愛を喪失することにたいする不安から、人は悪を行わないようにしなければならないのである。その場合には人がすでに悪を実行したのか、あるいはただ実行しようと考えたのかは、それほど大きな違いをもたらさないのである。どちらにしても、権威をもつ人に発見されただけで、この危険に直面しなければならないのであり、権威をもつ人はどちらの場合にも同じようにふるまうはずなのだ。

この状態は「良心の疚《やま》しさ」と呼ばれるが、ほんらいはこの名前はふさわしくないものである。この段階では罪の意識はまだ、愛の喪失にたいする不安であり、「社会的な」不安だからである。幼児においてはつねにこれは社会的な不安として現れるが、大人の場合にも、父親や両親の位置を、大きな人間の共同体が占めているという違いがあるだけで、結局は同じであることが多いのである。

だから大人は、権威をもつ人がそのことをまったく知らないか、知ったとしても何も罰を与えないことを確信できる場合には、いつでも自分に快楽をもたらしてくれる悪を実行するのである。そして不安を感じるのは、悪を実行したことが発見されることだけである。*24 現代社会は大人の良心なるものが、一般にこの程度のものであることを弁《わきま》えておくべきである。

*24 ルソーが語った有名な中国の高官《マンダラン》の話を想起していただきたい。(18)

◆超自我の審級

この権威が、超自我の構築によって自我に内面化されると、大きな変動が発生する。これによって良心の現象が新しい段階に到達するのであり、この段階にいたって初めて、良心と罪の感情について語ることができるようになるのである。*25 いまや悪の行為を発見されることにたいする不安は姿を消し、悪をなすことと悪をなそうと意図することの違いもなくなる。超自我の前では思考を含めて、何も隠すことはできないからである。しかし処罰にたいする現実の脅威もまた、なくなってしまう。新しい権威である超自我は、みずからと一体のものである自我を虐待する理由はないと考えられるからである。

ただし新しいものが発生した場合にも、過去のもの、克服されたものは存続するのであり、最初にあったものは基本的につねに存在しつづける。こうして超自我は、罪のある自我を同じ不安の感情で苦しめるのであり、しかも自我を外界によって罰する機会を待ち構えているのである。

この第二の発達段階において良心は、最初の発達段階ではみられなかった奇妙な特徴を示すのであり、そのために説明がきわめて困難になってしまう。すなわち人が道徳的であればあるほど、良心はますます厳格で疑り深くなるのであり、ついには聖なるものの領域のもっとも奥深くを極めた人ほど、きわめて鋭い罪の意識をもつようになる。こうして徳が高くなるほど、道徳的な人に約束された報酬の一部が失われてしまう。自我は、従順に節制を尽くしたところで、みずからを監督する超自我の信頼をえることはできないし、信頼を獲得しようと努力しても、まったく無駄なのである。

これは意味のない難問だという異論がでるかもしれない。道徳的な人間であることを際立たせる特徴は、厳格で注意深い良心なのであり、聖者がみずからを罪深い人だと認めるとしても、それは欲動を満足させようとする誘惑の強さを実感して語っているのであるから、これは詭弁《きべん》ではないというわけである。誘惑というものは、ときおり満足させてやれば、少なくとも当面は弱まるものである。しかし誘惑を拒みつづけていると、ますます強くなるのであり、聖者はとくに強い誘惑にさらされることになるからというのである。

道徳とはこれほどに多くの問題を孕《はら》むものであるが、この領域で注目に値する別の事実がある。不運のため、すなわち外部の原因のために欲動の充足が拒まれると、超自我における良心の力が強くなるのである。すべてが順調に進んでいる場合には、良心の声も穏やかなものであり、自我に何でも許そうとする。しかし不幸が人間を襲うと、人はみずからを反省して、自分の罪深さを認めるようになる。こうして良心の要求は強くなり、禁欲を課して、贖罪で自分を罰するようになるのである。*26 あらゆる民族がこのようにふるまってきたのであり、いまでもそのことに変わりはない。

しかしこの事実は、良心の最初の幼児的な段階を考えることで、すぐに説明できる。この幼児的な良心は、超自我のうちに取り込まれた後も失われることはなく、超自我とともに、超自我の背後で生きつづけているのである。さて運命とは、かつての両親の審級に代わるものとみなされる。不幸になるということは、もはやこの至高の力から愛されていないことを意味するのである。そこで愛の喪失の不安に脅かされた人は、超自我のうちの両親の代理者に新たに服従するのである（幸運に恵まれていたときには、この代理者のことは無視していたのだった）。

このことは、厳密に宗教的な意味において、運命に神の意思の表現を読みとるときにはとくにはっきりとしてくる。イスラエルの民は、みずからを神の寵児《ちょうじ》とみなしていた。そしてこの偉大な父である神が、この民に次から次へと苦難を与えたときにも、みずからが神の寵児であるという信念が揺らぐこともなく、神の力と正義に疑問を抱くこともなかった。そして預言者たちを生みだして自分たちの罪深さを告発させ、この罪の意識に基づいて、司祭宗教のきわめて厳しい戒律を作りだしたのだった。

原始的な社会の人々のふるまいは、これとはまったく違うものだったことは注目に値する。原始社会の人々は不幸にあうと、自分に罪があるとは考えず、呪物《フェティッシュ》がその任務をはたさなかったのだと考えた。そしてみずからを罰する代わりに、呪物を打ち据えたのである。

＊25 賢明なる読者は、これは概説的な説明であり、実際には流動的な移行のプロセスをたどるものが明確に分離されていること、超自我の存在だけではなく、その相対的な強度と影響範囲も問題になることを了承し、考慮にいれてくださることを望みたい。良心と罪についてここで述べた内容は周知のことで、異論の余地はほとんどないのである。

＊26 マーク・トウェインは優れた短編「わたしが盗んだ最初のメロン」において、不幸になると道徳心が高まることを描いている。このメロンはたまたま熟れていなかったのである。わたしはマーク・トウェイン自身がこの短編を朗読するのを聞いたことがある。トウェインはタイトルを読んだあとで、わずかに口ごもって、首をかしげるように自問した。「あれが最初の盗みだっただろうか」。この言葉でトウェインはすべてを告白してしまったのである。最初のメロンは盗んだ最後のメロンだったわけではなかったのである。

◆罪の意識という罰

このように罪悪感には二つの起源がある。初期の段階では権威にたいする不安から生じたのだが、のちの段階ではその後に成立した超自我への不安から生じたのである。初期の段階の罪悪感は、欲動を満足させるのを諦めさせるが、のちの罪悪感はそれだけでなく、罰を与えると迫ってくる――超自我には、禁じられた願望がまだ存続していることを隠しきれないからである。さらに、超自我の厳格さ、すなわち良心の要求をどのように理解すべきかも明らかになった。超自我が厳格であるのは、外部の権威のもっていた厳格さがそのまま維持されたからであり、超自我は外部の権威をみずからのうちに解消したか、部分的に代理しているのである。

こうして罪の意識にたいして欲動の満足の放棄がどのような関係にあるかを理解することができる。もともとは自我は外部の権威にたいする不安から、欲動の満足を諦めたのだった。外部の権威の愛を失いたくないがために、欲動の充足を断念したのである。欲動の満足さえ諦めれば、この権威との関係はさっぱりとしたものになり、罪悪感などは生じるはずがないのである。

しかし超自我にたいする不安の場合には、事情が違ってくる。この場合には欲動の充足を放棄するだけでは不十分なのだ。欲動を満たしたいという願望がまだ残っていて、これを超自我に隠しておくことはできないからだ。こうして、欲動の満足を断念することに成功したにもかかわらず、罪悪感が生まれてくる。これは超自我の構成、すなわち良心が形成されるに際して、リビドーの配置における大きな欠陥となるのである。

欲動の満足の放棄は、もはや解放をもたらす効果を発揮することがなく、道徳的に節制したところで、愛が与えられるという保証はない。だから愛の喪失や外部の権威からの懲罰という外部から脅かす不幸がなくなったとしても、自我の内部に不幸が生まれ、一瞬もとぎれることなく、罪の意識の緊張を感じつづけることになったのである。

◆良心の二つの特徴

この状況はきわめて錯綜したものであると同時に、きわめて重要なものであるから、繰り返しになるかもしれないが、なお別の側面から考察してみたい。時間的な経過を追うとすれば、次のように説明できるだろう。まず外部の権威者から攻撃されるのではないかという不安のために、欲動の充足が断念される。これは他者の愛の喪失への不安でもある。愛があれば、処罰という攻撃から庇護してくれるはずだからだ。

次に自我の内部に権威が構築され、この権威にたいする不安のために欲動の充足が断念され、良心の不安が生まれることになる。この段階では、悪しき意図は悪しき行為と同じ意味をもつため、罪の意識が生まれ、処罰への欲求が誕生する。良心は攻撃的な性格をそなえているが、それは外部の権威の攻撃性をひきついだものだからだ。そこまでは明らかになったとしても、それでは（外部から強制された断念という）不運が、良心を強めるという影響を及ぼすこと、もっとも善良で、もっとも従順な人々において、良心が異常なほどに厳格なものとなることは、どう説明できるだろうか。

良心について指摘できるこの二つの特徴についてはすでに説明したとおりであるが、こうした説明が根本的には不十分なものであり、まだ解明されていない問題が残っているという印象を与えたのではないだろうか。ここで精神分析の力で初めて、通常の考え方ではとうてい思い浮かばないような観点が登場する。この観点に立つことで初めて、問題がこれほどまでに錯綜し、見通しの悪いものとなっていた理由を理解できるようになるのである。

この考え方によると、欲動の充足が断念される原因だったのは、当初は良心（正確には、のちに良心を形成することになる不安）だったが、のちにこの状況が逆転したのである。欲動の満足を断念するごとに、良心が強められる源泉となり、新たに欲動の充足を断念するごとに、良心はますます厳格で、不寛容になっていくのである。そして良心の発生の歴史についてすでに知られていることと矛盾しないように、さらに一歩を進めて、次のような逆説を提示したくなるのである。良心は欲動の満足の断念によって生まれたものである、あるいは（自我に外部から強制された）欲動の満足の断念によって良心が生まれ、これがさらに欲動の満足の断念を促すのであると。

◆二つの仮説

実のところ、良心の生成に関して確認されている仮説と、この逆説的な仮説のあいだの矛盾はそれほど大きなものではないし、この矛盾をさらに小さくする方法がわかっているのである。説明しやすいように、攻撃欲動を実例としてとりあげてみよう。そしてこの欲動が発生した際には、攻撃を断念することが求められると想定してみよう。この想定はもちろん当面の仮定にすぎない。

欲動の充足が断念されると、良心にたいして次のような影響が発生する。まず、充足が放棄された攻撃のエネルギーはすべて、超自我がうけつぐことになり、（自我にたいする）超自我の攻撃が強まる。このことは、良心のもともとの攻撃は、外部の権威の厳格さをうけついだことによるものであり、欲動の充足の断念とはかかわりのないものであるという事実とそぐわなくなる。しかし超自我が最初に攻撃の欲動をそなえるようになる道筋を別の形で考察してみれば、この不一致は解消できるのである。

つまり幼児が最初のもっとも重要な欲動を充足することを望んだのに、これを外部の権威が妨げたときには、幼児のうちにかなり攻撃的な傾向が発生したはずである。充足を断念することを求められた欲動の種類がどのようなものであっても、こうした傾向は生まれたに違いない。しかし幼児は、［この外部の権威に］復讐したいという欲動は、断念せざるをえない。幼児がこの［欲動の］配置における苦境を切り抜けるためには、攻撃を控えざるをえないこの外部の権威を、同一化という方法で自己の内部にとりいれるという周知のメカニズムを利用するのである。こうしてこの権威は超自我となり、人が幼児の頃に権威にたいして行使したかったすべての攻撃欲動をそなえるようになるのである。

そして幼児の自我は、（父親の）貶められた権威の哀れな役割で満足するしかなくなるのである。これはよくみられる逆転状況であり、「もしぼくがお父さんで、お父さんがぼくだったら、お父さんをひどい目にあわせてやるのに」というわけである。超自我と自我の関係は、まだ分化していなかった頃の自我と外部の対象の現実的な関係を、願望の力で歪めて再現したものなのである。

これもよくみられることであるが、ここに大きな違いがある。超自我のそもそもの厳格さは、幼児が父親から経験したものでも、父親が示すと予想されるような厳格さでも（ほとんど）ない。これは幼児が父親に向けた攻撃を代理して示す厳格さなのである。そうだとすると、良心は最初は攻撃を抑圧することによって生じたのであり、そののちに新たな抑圧が行われるたびに強化されるという主張が正しいことになる。

ではこの二つの仮説のどちらが正しいのだろうか。生成の歴史からみて反論の余地のないように思われた最初の仮説が正しいのか、理論的にきわめて巧みに構成されている第二の仮説が正しいのか、どちらだろうか。実は直接の観察から証明されるように、どちらの仮説も正しいのである。この二つの仮説は矛盾しているわけではないし、一致しているところもあるのである。というのは、幼児が外部の権威に向ける復讐の攻撃欲動は、父親から罰として加えられると予測される攻撃欲動の量によっても決定されるからである。

ところでこれまでの経験から、幼児のうちで形成される超自我の厳格さは、幼児が実際に経験した厳格さを再現したものでないことが明らかになっているのである。*27 両者のあいだには直接の関係はないようであり、ごく甘やかされて育った幼児が、成長してきわめて厳しい良心の持ち主になることもある。しかしこれを誇張して、この両者にはまったく関係がないと主張するのも間違いであろう。教育の厳格さが、幼児における超自我の形成に強い影響を及ぼすことは、よく理解できることである。要するに超自我の形成と良心の発生において、もって生まれた素質的な要因と、現実の環境という外部からの影響の両方が働くのである。これは例外的なことではなく、こうしたプロセスにおいて一般にみられる素因なのである。*28

*27 メラニー・クラインなど、イギリスの精神分析学者がこの点を強調したのは正しいことである。(19)

*28 フランツ・アレキサンダーは『全人格の精神分析』(一九二七年)において、疾

患を作りだすような教育方法の二つの主な類型として、過度に厳しい教育と甘やかす教育をあげ、これを放任教育についてのアイヒホルンの研究と結びつけて考察しているが、これは正しい評価だろう[20]。「あまりにも優しくて寛大な」父親に育てられることが、子供においてきわめて厳格な超自我が形成されるきっかけとなることがある。豊かな愛を注がれた子供は、愛の圧力のもとで、自分の攻撃欲動のはけ口として、攻撃欲動を内部に向けるしかないからである。

愛されることなく、放任されて育った子供では、自我と超自我のあいだに緊張関係が生まれず、自分のもっているすべての攻撃欲動を外部に向けることができる。だから生まれつきの素質が機能することは当然として除外すれば、きわめて厳しい良心が生まれるのは、攻撃欲動を発動させるような欲動の断念と、この攻撃を自分の内部に向けて、超自我にひきわたす愛の経験という二つの生の力が共同で働くときであると考えることができる。

◆罪悪感のもう一つの起源

また子供が最初の大きな欲動を断念したあとで、過度に強い攻撃欲動を発揮し、それとともに超自我が非常に厳格なものとなった場合には、その子供は「人間の」系統発生的な模範にならっているのだということができる。原始時代の〈原父〉はたしかに恐ろしい存在であり、きわめて強い攻撃欲動をそなえていると想定することができるために、子供が過剰反応したとしても、無理からぬことなのである。

だから良心の生成についてのこうした二つの考え方の違いは、個体発生の観点から系統発生の観点に移行すれば、さらに小さなものとなるのである。しかし個体発生と系統発生には別の意味での重要な違いがあることが、新たに確認されることになる。わたしたちは、人間の罪悪感はエディプス・コンプレックスから生じ、兄弟たちが力を合わせて父を殺害したさいに獲得されたものであるという想定を捨てることができない。この場合は攻撃欲動は抑えられずに解放されたわけであるが、子供ではこれを解放することはできずに抑圧され、それが罪悪感の源泉となるわけである。

これを読まれた読者が憤慨して叫ぶのが聞こえるようである。「それでは父親を殺害しようとしまいと、どちらにしても罪悪感が生まれるというわけだ。それは少しおかしいのではないか。攻撃欲動を抑圧して罪悪感が生まれるのか、それとも父親殺しという物語はそもそも虚構であって、原父の息子たちも、現代の子供たちも父親を殺害などしていないのか、そのどちらかにすべきではないか。ところがこの原父の殺害が虚構ではなく、信頼できる歴史的な事実だとしたら、正しいと思えないことをしてしまったために、罪の感情が生まれるというのは、誰が考えてみてもあたりまえのことではないだろうか。ともかく精神分析は、日常において毎日のように発生している事柄について、明確に説明する責任があるはずだ」と。

これはもっともな憤慨であり、ここで補っておくべきだろう。これは特別な秘密などではないのである。人が何か罪を犯した後に、その罪のために罪悪感をもったとすれば、それは罪悪感というよりもむしろ後悔の念というべきだろう。この後悔という感情は、ある一つの行為にたいして抱かれるものであり、みずからに罪を感じる良心がすでに存在していることを前提とするものである。

だからこうした後悔の念は、良心や罪悪感そのものがどのようにして生まれたかを考察するには、まったく役立たないのである。こうした日常的な感情は通常は次のような道筋をたどるものである――まず欲動を充足しようとする欲求が非常に強くなって、強さにかぎりのある良心の反対を押し切って、自分の欲求を満足させてしまう。そして欲求が満足されると、この欲求の力は自然に弱まって、以前の力関係が回復されるのである。だから精神分析で、後悔によって生まれた罪悪感を考慮にいれないのは、適切なことである。これがどれほど頻繁に起ころうとも、その実際的な意味がどれほど大きくともである。

◆後悔の念の起源

しかし人間の罪悪感を原父の殺害に求めるとすれば、それはやはり「後悔」の一つの事例ではないだろうか。ところでこの場合には、殺害という行為の前には良心も、罪悪感も存在していなかったはずである。すると息子たちの後悔はどこから生まれたのだろうか。この事例は、罪悪感の秘密を解き明かして、わたしたちの当惑を終わらせてくれるに違いない。そして実際にそのとおりになるはずである。

この後悔の念は、息子たちが父親にいだいていた原初的な感情の両義性《アンビヴァレンツ》によって生まれたのである。息子たちは原父を憎んでいたが、同時に愛してもいたのである。攻撃によって憎悪の思いが満たされると、この殺害という行為を後悔しながら、愛が出現する。そして父親との同一化によって、超自我が作りだされる。父親にたいして解放された攻撃欲動への罰であるかのように、息子たちは自分の超自我に父親と同じ力を与えて、このような行為の再発を防ぐためのさまざまな制約を作りだしたのである。そのあとの世代でも、父親にたいする攻撃傾向は繰り返し現れたために、罪悪感がそのまま残り、攻撃欲動が抑圧され、超自我にこれが転移されるたびに、この罪悪感は強められたのである。

そうだとすると、次の二つのことがすっかり明確になったわけである——良心の発生には愛が関与していること、そしてわたしたちはどうやっても罪悪感から免れることができないことである。息子たちが実際に父親を殺害したのか、それとも殺害の行為をやめたのかは、決定的な意味をもたない。いずれにしても、罪悪感は消えないのである。罪悪感とは、両義的な葛藤の表現であり、エロスと破壊欲動または死の欲動のあいだの永遠の闘いを表現するものだからである。

この葛藤は、人間が共同で生活するという課題をみずからに定めた瞬間から始まる。人間の共同社会が、家族という形式しか知らないかぎり、それはエディプス・コンプレックスとなって現れるし、そこに良心が形成され、最初の罪悪感が生まれざるをえないのである。共同体を拡張する試みが行われると、過去の記憶と結びついたこの葛藤はさまざまな形で維持されて強化され、罪悪感はさらに強まることになる。

文化は、人間にとって内的なものであるエロスの促しの力によって、人間を緊密に結びついた集団に統合しようとするのであり、この目的のためには罪悪感をさらに強めるほかに方法はないのである。父親から始まったものが、集団において完結する。家族から人類に発展するためには文化が必要であるとすれば、人間に生まれつきにそなわる両義性の葛藤のために、そして愛と死の欲動のあいだの永遠の闘いの結果として、罪悪感の強化は文化と切っても切れない関係を結んでいるのである。この罪悪感が、個人にとってはもはや耐えることのできないところまで強まることもあるだろう。偉大な詩人が、「天上の力」について、魂を揺さぶるような嘆きの声をあげているとおりである。

おん身はわれらを率いて生に入らしめ、
おん身は憫れなる者に罪を負わしめ、
かくておん身はその者を苦悩に委ねたまう、
あらゆる罪は地上にてこそ報いを受くべければ。[*29]

そしてこのような言葉を耳にするにつけても、自分の感情の渦巻きのうちから楽々と深い洞察をとりだすことができる人がわずかながら存在するのに、わたしたちのような凡人は、苦痛に満ちた不確かさと、休むことのない模索のうちで、洞察にいたる道を手探りしなければならないことを痛感し、つい溜め息をもらすのである。

＊29　ゲーテ『ヴィルヘルム・マイステルの徒弟時代』の竪琴弾きの嘆きの歌。(21)

8

◆罪悪感と不安

こうした道程の最後にたどりついたところで、読者に赦しを乞わねばならないことになった。わたしは優れた案内人ではなかったし、読者に退屈な道を歩ませたり、歩きにくい迂回路をたどらせたりしたからである。もっとうまく案内できたはずであるのは疑問の余地がないことだ。手遅れではあるが、いくらか償いをしてみたい。

まず、罪悪感についての考察が膨らみすぎて、罪悪感とはあまり密接な関係のないほかのいくつかの問題を脇においやってしまったので、この論文の枠組みそのものを壊してしまったような印象を与えたのではないだろうか。たしかにこの論文の構成は乱れたかもしれないが、それでもこの考察は、わたしのほんらいの意図に適うものだったのである。わたしは罪悪感を文化の発展のためのもっとも重要な問題として提示したかったのであり、文化が発展したことの代価として、罪悪感が強まり、そのために人類の幸福が失われたことを示そうとしたのである。[*30]

わたしたちの探求の結論であるこの言葉が奇妙に聞こえるとすれば、それは罪悪感と人間の意識のあいだに、まだまったく理解されていない特別な関係があるためだろう。ごく正常なものと判断されているふつうの後悔の念において、罪悪感がはっきりとした形で意識されるのである。ただしその場合にはこれを罪悪感とは呼ばずに、「罪の意識」と呼びならわしているだけのことである。

神経症の研究によって、正常なものとは何かを理解するための貴重な視点がえられるのであるが、この研究から、さまざまな矛盾した事態が確認されたのだった。こうした神経症の一種である強迫神経症という疾患においては、罪悪感が押し寄せて患者の意識を圧倒してしまい、これが生活も病状も支配するため、そのほかには何も存在しえないほどである。ところがほかの多くの神経症の形式や症例では、罪悪感が強迫神経症と同じように重要な役割をはたしているにもかかわらず、まったく意識されていない。そして患者に、「無意識の罪悪感」が働いているのではないかと語っても、まったく信用されないのである。そこで患者にいくらかでも理解してもらうために、あなたには無意識的な自己処罰の欲求がみられますね、それは罪悪感の表現ですよ、と説明するのである。

しかし罪悪感とさまざまな形式の神経症の関係を過大評価してはならない。強迫神経症においても、自分の罪悪感を自覚しない患者もいるし、これを苦痛を与える不快感として知覚する患者もいるのだ。この不快感は、ある行為を行おうとするときに、この行為の遂行を妨げる不安として感受されるのである。その理由についてはいずれ理解されるだろうが、まだ解明されていない。

ここで、罪悪感は基本的には、不安が局部的に姿を変えて登場したものであり、後の発展段階では、超自我にたいする不安とまったく見分けがつかなくなることを指摘しておいてもよいかもしれない。不安というものは、意識との関係において、きわめて多様に異なる〈顔〉をもっているのである。どんな症状の背後にも、どこかに不安が潜んでいる。不安が心を騒がせて、意識を独り占めにしてしまうこともあれば、すっかり姿を隠してしまって、無意識的な不安とか、不安の可能性とかを問題にしなければならないこともあるのである。ここで〈不安の可能性〉と言うのは、心理学的に忠実に語ろうとすれば、これはたんなる感覚にすぎないからである。

このため文化によって作りだされた罪悪感も、罪悪感そのものとしては自覚されず、その多くが意識されないままであるか、ある不快感として、ある不満足として登場するのであり、そのためにもっと別の動機が探されたりもするのである。少なくとも宗教は、文化において罪悪感がはたしている役割を見そこなうことはなかった。別の著作では宗教について高く評価しなかったが[*31]、宗教はつねに人間を〈罪〉と呼ばれるこの罪悪感から解放することを唱えて登場するのである。

キリスト教では、あるひとりの人が万人に共通する罪を担い、犠牲になって死ぬことで、この救済がもたらされたとされている。この救済がもたらされる方法を考察すると、原罪がとり入れられる最初のきっかけについての手掛かりがえられるのである。そして文化もまたこの原罪から生まれたのである[*32]。

＊30「こうして良心がおれたちを臆病者にしてしまう」(22)

最近の教育は、性的な活動が人生においてどのような役割をはたすかを、若者たちに教えないという欠陥があるが、それだけではない。若者がいずれ他者の攻撃欲動の対象となるのは確実であるのに、そのための準備をさせておかないことも、教育の重要な過ちなのである。教育は若者たちに正しい心理学的な準備をさせずに人生に送り込む。これはまるで極地に探検にでかける人々に、夏服とイタリア北部の湖水地方の地図をもたせて送りだすような間違ったことなのである。

この過ちの背後に、倫理的な要求の濫用があるのはたしかである。どんなに厳しい倫理的な要求をつきつけるとしても、教育において、〈人間がみずから幸福になり、他者も幸福にするには、かくかくしかじかでなければならない。しかしそれが実現するという保証はない〉と教えられていれば、害にはならない。ところが教育では若者に、ほかの人はだれもが倫理的な掟を守っているのであり、他人は徳が高いと教える。そのために若者は、自分もそうならなければならないと思い込むのである。

＊31『幻想の未来』（一九二七年）のことである。

*32 『トーテムとタブー』（一九一二年）を参照されたい。

◆超自我、良心、罪悪感、後悔の語の定義

これまで超自我、良心、罪悪感、自己処罰の欲求、後悔などの語をかなりゆるい意味で使っており、ときには混同して使ったこともあるので、ここでこうした語について説明しておくのは、重要ではないとしても余計なことではないだろう。これらの語はどれも同じ事態にかかわるが、その異なる側面を表現したものなのである。

まず超自我は、精神分析において発見された審級であり、良心はこの超自我の一つの機能と考えることができる。良心はとくに、自我の行動と意図を監視し、判断するという検閲のような活動を担うものである。罪悪感とは、超自我の厳格さのあらわれで、良心の厳格さと同じものである。これはどのようにしてか、監視されているという知覚を自我に与えるものである。この知覚は超自我の要求と、こうした要求を実行しようとする自我の努力のあいだの緊張の大きさを評価するものとして生まれる。

また不安は、これらのすべての関係の根底にあって、以上のような批判的な審級に直面するものであり、みずからに罰を与えようとする自己処罰の欲求であり、サディ

スティックなまでに超自我の影響をうけて、マゾヒスティックになった自我の欲動の発現である。不安は、まだ自我のうちに残された欲動の一部を内的な破壊のために使うことで、超自我とのあいだでエロス的な結びつきを構築しようとするのである。

良心について語るためには、まず超自我の存在を証明する必要があろう。ところが罪の意識は超自我よりも早くから、そして良心よりも早くから存在していたことを認めるべきである。だとすると、罪の意識とは、自分の外部にある権威にたいする不安が直接に表現されたものであり、自我と外部の権威のあいだに緊張があることを認めるものだということになる。これは外部の権威の愛を獲得しようとする欲求と、欲動を充足しようとする衝迫のあいだの葛藤から直接に生まれたものである（この衝迫が抑止されると、攻撃傾向が生まれる）。このように罪悪感には、外部の権威にたいする不安から生まれたものと、内部の権威にたいする不安から生まれたものが重なっているために、良心とのあいだで多様な関係を結ぶのであり、理解しにくくなっているのである。

後悔とは、罪悪感が存在する場合の自我の反応を総称したものである。その背後で働く不安の中に含まれる感覚素材は、ほぼそのままで後悔のうちに残されているのである。後悔そのものが一つの処罰であり、自己処罰の欲求を含むことがある。したがって後悔は良心よりも早く生まれたものかもしれない。

◆いくつかの矛盾の考察

これまで述べてきて混乱の種となったいくつかの矛盾をここで想起しておきたい。まず最初の矛盾は、罪悪感は攻撃欲動の解放が抑止された際に生まれるものであるが、歴史的な発端となった原父の殺害に際して、攻撃欲動が充足された場合にも生まれたのだった。しかしこの難点は解決する方法を発見できた。心のうちに内的な権威である超自我が確立されたことで、状況が根本的に違うものとなったのである。それまで罪悪感は後悔と同じものとして感じとられていた。だが後悔という言葉は、攻撃が実際に遂行された後の反応だけに使うべきであることに注意しなければならない。

そして超自我が確立された後には、超自我はすべてのことを知っているだけに、意図されただけの攻撃と、実行された攻撃の違いは、大きな意味をもたなくなった。そのため実行された暴力的な行為が罪悪感を生むことがあると同時に（これは周知のことである）、意図されただけの暴力的な行為もまた罪悪感を生むことがあるのである。

これは精神分析によって初めて発見されたのだった。

だから心理的な状況がどのように変化したかとはかかわりなく、これらの二つの根本的な欲動の両義的な葛藤は、同じ効果をもたらすのである。そこで、罪悪感の意識のされ方の違いから、この謎を解こうとするのはごく自然なことである。すなわち、罪悪感のうちで、実際に悪しきことをなした後に生まれる後悔は必ず意識されるが、悪しきことをなしたいという衝動を自覚したときに生まれる罪悪感は、意識されないままであると考えるのである。しかし事態はそれほど簡単ではない。強迫神経症の分析からは、この想定はどうしても認められないと言わねばならないのである。

さて第二の矛盾は超自我の攻撃的なエネルギーについてのものである。この攻撃的なエネルギーは、外部にあった権威の処罰のエネルギーをうけついだものにすぎず、これが心的な生のために保存されたものなのだろうか。それともこのエネルギーはそれ自体が固有の攻撃的なエネルギーであり、欲動の充足を抑止しようとする外的な権威を攻撃しようとしたが、それが使われずに残ったものなのだろうか。この第一の考え方は、罪悪感の発生の歴史を説明するのにふさわしいと思えるし、第二の考え方は罪悪感の理論的な説明にふさわしいと思える。

ところがさらに考察を深めたところ、両立しがたいと思えたこの矛盾がほとんど一挙に解消されてしまったのである。罪悪感に共通した本質的な性格は、攻撃欲動が外部から内部へと向け変えられたために生まれたということである。臨床的な観察によって、超自我にそなわる攻撃的なエネルギーには二つの源泉があることが確認された。個々の事例を検討してみると、片方の源泉がとくに強い効果を発揮していることはあるとしても、一般にはこの二つの源泉は同時に働いていることがわかったのである。

ここで、これまで暫定的な想定として提唱してきた考え方について、基本的に検討してみたい。精神分析の最近の文献では、欲動を断念するか、欲動の充足が妨げられるごとに、罪悪感が強まるか、強まる可能性があるという理論が好まれているようである[*33]。ただしこれを欲動すべてについてではなく、攻撃欲動だけに限定したほうが、理論的には楽であるし、この理論を批判する理由もなくなるはずである。そもそもエロス的な欲求が満たされなかったからといって、罪悪感が生じるという主張を、リビドー力学的にもリビドーの配分からも、どのように説明することができるというのだろう。

これを説明するには迂回路をたどるしかない。エロス的な満足が妨げられると、それを妨げた人物にたいする攻撃傾向が呼び覚まされて、この攻撃そのものをふたたび抑圧する必要があると考えるしかないのである。しかしこの説明では罪悪感に変わるのは攻撃欲動だけであり、これが抑圧されて、超自我に押しつけられたことになる。わたしとしては、罪悪感の源泉についての分析結果を攻撃欲動だけに限定することで、多くのプロセスを簡略に、しかも見通しのよい形で説明できると確信しているのである。

わたしたちの想定では、この二種類の欲動が純粋に、たがいに分離した形で登場することはないと考えているので、臨床材料を検討しても、明確な答えはえられないのである。しかし極端な事例をよく検討してみれば、わたしの考えている方向に進むはずである。この攻撃的な欲動だけに限定した仮説をひとまず利用して、抑圧プロセスについて検討してみたいという気持ちに誘われるのである。

すでに確認したように、神経症の症状は本質的に、充足されなかった性的な願望を別の形で満足させるために生じる。ところで分析結果からは意外なことに、どの神経症にもある程度の無意識的な罪悪感が含まれていること、これがみずからを処罰するために使われることで、ふたたび症状として固定されることが明らかになったのである。これを次のような表現にまとめてみたい。ある欲動の営みが抑圧されると、そのリビドー的な成分は症状に転化され、攻撃的な成分は罪悪感に転換されるのである。この表現は平均的な概略として正しいにすぎないかもしれないが、検討してみる価値はあるのである。

＊33　とくに、アーネスト・ジョーンズ、スーザン・アイザックス、メラニー・クラインがこうした主張をしているようである。しかしライクやアレキサンダーも同じ傾向にあると思う(23)。

◆個人の発達と文化の発展

この論文をお読みの読者のうちには、エロスと死の欲動のあいだの闘いという仮説はもう聞き飽きたと思われる方がおられるかもしれない。だがこの闘いは人類がたどってきた文化の発展のプロセスの特徴であると同時に、個人の発達にもかかわるのであり、さらに生物の生命のもつ秘密を解き明かしてくれるものとされているのである。これらの三つのプロセスの関係を考察するのはどうしても必要なことと思われるのである。

ところで人類がたどってきた文化的な発展のプロセスも、個人の発達のプロセスも、生命現象であり、生命のごく一般的な特徴をそなえているはずだということを考えてみれば、この三つのどのプロセスでも同じ仮説が登場することには、十分な根拠があるのである。それだけに、こうした一般的な特徴が存在することが証明されても、特別な条件によってその範囲を限定しないかぎり、文化と個人の発達のプロセスを区別するには役に立たないのである。

このため文化現象については、それが個々の人を結びつけ、リビドーによって結合する共同体を作りだすという課題を実現することで、生のプロセスを修正して生まれたものであることを指摘しておくべきだろう。この修正はエロスによって目標として定められたものであるとともに、アナンケー（運命）、すなわち現実の苦難によって提起された課題の影響のもとで遂行されたのである。

ところで人間の文化的なプロセスと、個人の発達と教育のプロセスの関係に注目してみると、この二つのプロセスは対象は異なるものの、きわめて類似した性格のものであることは、躊躇せずに認めうるのである。もちろん人類の文化的なプロセスは、個人の発達のプロセスと比較すると、高い次元で抽象されたものであり、具体的に把握するのは困難である。このためこの二つのプロセスの類似をあまり誇張すべきではない。

しかし文化的なプロセスの目的は、多数の個人を一つの集団にまとめあげることであり、個人の発達のプロセスの目的は、一人の個人を多数の人間で構成される集団に組み込もうとすることである。このように目的が類似しているために、その目的の実現のために使われる手段が似ていたり、そこで発生する現象が似ていたりしても、とくに意外なことではない。

しかしこの二つの現象には重要な違いがある。これはとくに注目に値するものであるために、ここで述べずに済ませることはできない。個人の発達プロセスで主要な目的となるのは、幸福を求める願望を満たすという快感原則のプログラムである。そして人間の共同体に組み入れられること、こうした共同体に適応していくことは、この幸福という目標を実現するために避けることのできない条件とみなされているにすぎないのである。この条件を満たさずに幸福という目標が実現できるものであれば、その方が望ましいのだろう。

別の言い方をしてみよう。個人の発達プロセスは、自分の幸福を実現しようとする営み（通常は「利己的な」努力と呼ばれる）と、他人と結びついて共同体を作りだそうとする営み（「利他的な」努力と呼ばれる）という二つの努力が、相互に干渉することによって生まれるのである。ただしこの「利己的」と「利他的」という表現には深い意味はない。すでに指摘したように、個人の発達において重視されるのは利己的な営み、すなわち自分の幸福を実現しようとする努力なのであり、「文化的」と呼ばれる別の営みは、原則としてはそれを制約する役割しかはたさないのである。

ところが文化的なプロセスでは事情が異なる。このプロセスでは、多数の個人から一つのまとまった共同体を作りだすという目的が主要な役割をはたしている。幸福の実現という目的は存在しないわけではないが、背景に押しやられているのである。大きな共同体を形成するためには、個人の幸福などに配慮しないのが最善の方法ではないかと思われるほどなのである。

このように個人の発達プロセスには、人類の文化的なプロセスにはみられない特別な特徴があると考えることができる。個人の発達プロセスにおいて、個人が共同体への参加を目的とするのは、個人の目的と共同体の目的が一致する場合に限られるのである。

惑星は自転するだけでなく、中心となる天体のまわりも回転している。それと同じように、個々の人間も、自分ひとりの生涯を歩みながら、人類全体の発展プロセスにも参加しているのである。さまざまな天体のあいだの力関係は、人間の貧しい眼には、永遠に変わらない秩序であるかのようにみえる。しかし生物界の現象であれば、たがいにどのように力を競いあっているか、そして対立の結果がいかに変わりつづけているかを確認することができる。

そしてすべての個人は、自分の幸福を実現し、人間の共同体に参加するという二つの努力のあいだの〈闘い〉を経験しなければならないのである。この個人の発達と文化の発展の二つのプロセスは敵対しながら、たがいにみずから領地を確保しようと努力している。しかし個人と社会のあいだのこの闘いは、エロスの欲動と死の欲動という（おそらく和解することのできない）二つの原初的な欲動の対立から生まれたものではない。この闘いはむしろリビドー体制の内部での〈不和〉なのであり、自我と対象のあいだでリビドーの配分を争うようなものである。だから現在ではこの闘いのために個人の生活はきわめて苦しいものとなっているものの、やがては将来の文化において、個人のうちでバランスがとれるようになることが期待されるのである。

◆共同体の超自我

文化の発展のプロセスと個人の発達のプロセスというこのアナロジーは、さらに拡張することができる。というのは、共同体にもある種の超自我が形成されるのであり、この超自我の影響のもとで、文化が発展していくと主張することもできるからである。文化のさまざまな特徴を熟知している人であれば、このアナロジーを個々の点で追求していくのは、楽しい作業かもしれない。ここではとくに顕著な点をいくつか指摘しておくにとどめたい。

ある文化的な時代《エポック》の超自我は、個人の超自我と同じような源泉から誕生したものであり、偉大な指導者が残した印象から生まれるのである。この偉大な指導者とは、きわめて傑出した精神的な力をそなえている人物であるか、あるいは人間が抱いているさまざまな努力目標のうちの一つを、もっとも純粋で強い形で（そのためにしばしば一面的に）体現しているような人物である。

多くの事例ではこのアナロジーはさらに強まる。こうした指導的な人物は、原父が非業の死を迎えてから神の地位に昇格するまでには長い時間がかかったのと同じように、その生存中には他の人々からは嘲笑され、虐待され、あるいは残酷な方法で殺害されることもあるのである（つねにというわけではないが、かなり頻繁にである）。この運命を体現しているもっとも感動的な実例は、イエス・キリストという人物である。イエスはむろん神話のうちの人物ではないが、あの原父についての暗い記憶に基づいて、神話のうちに呼びだされたのである。

同じようにはっきりとしたアナロジーが確認できる別の例として、人間の超自我と同じように、文化の超自我も厳しい理想要求を定めていて、この要求を満たさないと、「良心の不安」に苦しめられることがあげられる。この良心の不安という心理現象は、個々の人間において理解するよりも、大衆のうちで理解するほうが身近で、認識しやすいことは注目すべきである。個々の人間においては、超自我の攻撃は意識における非難の声として、緊張関係のうちではっきりと聞こえてくるにすぎず、要求そのものは背景に退いていて、意識されないことが多い。ところがこうした要求を意識化してみると、その時代における文化の超自我の命令と一致していることがわかるのである。

だからここは、大衆の文化的な発展プロセスと、個人に固有な発達のプロセスという二つのプロセスがたがいに重なる場所である。そして超自我の多くの表現や特徴は、個人そのものよりも、文化的な共同体における個人の行動において明確に認識できることが多い。

文化の超自我も、独自の理想を構築しており、独自の要求をつきつけてくるものである。こうした要求のうちで、人間の関係にかかわるものはまとめて、〈倫理〉として把握される。いつの時代でも倫理はとくに高く評価されてきたのであり、まるで倫理が特別に重要な役割をはたすことを期待されているかのようである。そして実際に倫理は、それぞれの文化の最大の弱点がはっきりと認識できるところにとりくんでいる。だから倫理はいわば、治療の試みであることを理解すべきである。それまでは文化のどんな働きでも実現できなかった目標を、超自我の命令によって実現しようとするのである。

すでに指摘したように、倫理が目指しているのは、文化の最大の障害物、すなわち人間に生まれつきそなわる他者を攻撃しようとする傾向を除去することである。それだけにわたしたちは、文化の超自我の命令の中ではとくに興味深く、おそらくもっとも新しいものとみられる「隣人を汝みずからのごとくに愛せよ」という命令に強い関心を抱いてきたのである。

神経症の研究と治療に従事しているうちに、わたしたちは個人の超自我にたいして、二つの点で非難を加えざるをえなくなってきた。超自我は、みずからの命令と禁止にこだわるあまり、自我の幸福にほとんど配慮しない。またみずからの命令にしたがうことに抵抗する力として、エスの欲動の強さと外界の世界のさまざまの困難があることに、十分に配慮していない。そのため神経症の治療の目的としては、超自我と闘い、超自我の要求を弱めるように努力せざるをえなくなることが多いのである。

そして文化の超自我の倫理的な要求にも、まったく同じ異議を唱えることができるのである。文化の超自我も人間の心の構成という事実に十分に配慮せずに命令するだけで、人間がその命令にしたがうことができるかどうかは、考えてみようともしないのである。超自我は、人間の自我は、命じられたことは心のプロセスとして何でも実行できるし、自我は自分のエスに無制限な支配を及ぼすことができることを前提としているのである。しかしこれは間違った考え方であり、いわゆる正常な人間においても、エスを無制限に支配することはできないのである。もしもエスを無制限に支配するように求めるならば、個々の人間は反抗するか、神経症になるか、それとも不幸になるしかないのである。「隣人を汝みずからのごとくに愛せよ」という命令は、人間の攻撃欲動の拒絶としてはもっとも強いものである。これは文化的な超自我がいかに人間の心理を理解せずにふるまっているかを示す傑出した実例なのである。この命令は実行できない。このような形で愛を〈水増し〉することは、愛の価値を引き下げるだけで、苦難をとりのぞくことにはならないのである。

しかし文化はこうしたすべての状況を無視してしまう。命令にしたがうのが困難であればあるほど、その命令を実行した者は賞賛に値すると訴えるだけなのである。しかし現代の文化においては、このような命令を守ると、命令を無視した人よりも不利な立場に立たされるだけなのである。攻撃欲動を拒絶することが、攻撃そのものと同じように人を不幸にするものだとしたら、この攻撃欲動が文化的にどれほど大きな障害となっているか、理解できるはずである。

いわゆる自然な倫理が与えてくれるのは、他人よりも自分が優れていると考えるナルシシズム的な満足だけである。宗教に依拠した倫理は、来世での善き生を約束することで、この問題に対処しようとする。しかし徳の高さがこの世で報われないのであれば、倫理の説くことにはいかなる力もないと思わざるをえない。

さらにこうした倫理的な命令をもちだすよりも、人間の所有関係を変革したほうが、はるかに大きな助けとなるのは確実だと思う。ところが社会主義においては、人間の本性について新たな理想主義的な思い込みをしているために、この洞察が曇らされてしまい、実行する価値のないものとなってしまっているのである。

◆文化と神経症

文化の発展の現象のうちに、超自我のはたす役割を探るという研究方法からは、まだ多くの洞察がえられるはずである。しかしここでは結論を急ごう。次の疑問は打ち消しがたいと思われるからである。文化の発展は、個人の発達とこれほどまでに類似したプロセスをたどるものであり、個人の発達の場合と同じ手段を利用することを考えると、多くの文化、あるいは文化的な時代、あるいは場合によっては人類全体が、文化的な営みの影響で、「神経症的に」なるという診断を下さざるをえないのではないだろうか。そうであれば、その神経症を精神分析の方法で分析することで、治療のための提案が提示できることになるはずであり、これは実際に大きな関心を集めることのできるものではないだろうか。

精神分析の考察の対象をこのように文化的な共同体にまで拡張しようとする試みは無意味だとか、実りのある結果をもたらさないと主張されることがあるが、そのようなことはないのである。ただしきわめて慎重にふるまう必要があるし、この類似はたんなるアナロジーであって同じものではないこと、人間の場合にも概念の場合にも、それが生まれ、発展してきた場所から引き抜いてしまうのは危険であることを忘れてはならないだろう。

さらに共同体の神経症を診断する場合には、とくに困難な問題に直面することになる。個人の神経症について診断するときは、その患者の周囲にいる「正常な」人々との対比が、さしあたっての手掛かりとなる。ところが集団の全体が同じ病にかかっている場合には、このような比較のための背景が存在しないのであり、手掛かりをどこか別の場所に求める必要がある。

また診断によってえられた洞察の使い方にも問題がある。社会的な神経症についてきわめて適切な分析が行われたとしても、集団の全員にこの治療法を強制する権威をもつ人物が存在しないのである。このようにさまざまな問題があるとしても、いつの日か、文化的な共同体の病理学的な研究という冒険を試してみようという人物が登場することを期待したいものである。

さまざまな理由があって、わたしは人間の文化の全体的な価値評価を行うつもりはない。わたしが配慮したのは、西洋の文化がわたしたちの所有している（または手にいれることのできる）もっとも貴重な文化であり、これにしたがっていれば、考えたこともないほどの完全さの極みにまで到達できるに違いないという愚かしい思い込みに陥らないようにすることだった。

少なくともわたしは、文化の営みの目標と、文化が目標を実現するために利用する手段を観察してみれば、こうした文化的な営みは試みる価値のないものだとか、実行してもそれがもたらすものは、誰にも耐えられないものだという批判にも、憤慨せずに冷静に耳を傾けることができるのである。

わたしがこのように公平な立場に立つ上で役立ったのは、どのような事柄についてもわたしの知識は貧困であり、確実に知っていると言えるのは、人の価値判断が、幸福を実現したいという人間の願望から生まれたものであり、自分たちの幻想を議論の力で支えたいという試みにすぎないことを、よく弁えていたからである。そして文化の強迫的な性格を強調する人が、性生活を制限しようとする傾向や、自然淘汰《とうた》を犠牲にしてでも人間の理想を貫徹しようとする傾向は、文化の発展の目指す方向であり、それを妨げることも、その向きを変えることもできないと指摘し、これには自然の必然性があるかのごとくに、頭を垂れてしたがうしかないのだと主張したとしても、まったく意外に思わないだろう。

こうした主張については反論もあるだろう。このような文化の傾向は克服することのできないものとされがちであるが、人間の歴史においては捨てられることも、別の傾向に変わることも頻繁にあるではないかと、主張されるかもしれない。いずれにしてもこうした議論を考えると、人々のうちで預言者のようにふるまう勇気は消え失せてしまうのであり、わたしは人々にいかなる慰めも与えることができないではないかという非難に甘んじるだけだ。人々が根本的に求めているのはこうした慰めなのであり、過激な革命家も、勇敢な信仰者も、同じように情熱的にこれを追い求めるのである。

人類の宿命的な課題は、文化の発展によって、人間の攻撃欲動と自己破壊的な欲動が共同生活にもたらす攪乱をコントロールできるのか、そしてどこまでコントロールできるのかということに尽きるように思われる。その観点からすると、現代はとくに興味深い時代であろう。人間は現在では自然の力をコントロールして、この力を利用して地上の人間を最後の一人になるまでたやすく殺しつくすことができるようになったのである。現代人の苦悩、不幸、不安のかなりの部分は、誰もがこのことを知っているために生まれたものである。わたしたちが期待をかけることができるのは、「天上の二つの力」の一つである永遠なるエロスが、同じく不死の敵である死の欲動との闘いにおいて力を尽くしてくれることだけである。しかしこの闘いのなりゆきと結果を予測することのできる人がいるだろうか。

訳注

(1) 邦訳は、『リリュリ』が『ロマン・ロラン全集』一二巻(みすず書房)に、『ラーマクリシュナの生涯』と『ヴィヴェカーナンダの生涯と普遍的福音』は『ロマン・ロラン全集』一五巻(同)に収録されている。

(2) クリスティアン・グラッベ(一八〇一〜三六)はG・ビュヒナーと同時代のドイ

ツの劇作家。『ハンニバル』は死の前年の一八三五年に発表された作品で、ローマと戦うカルタゴの将軍ハンニバルの悲劇を描いたもの。邦訳された作品には『ドン・ジュアンとファウスト』(小栗浩訳、現代思潮社)がある。

(3) シャンドール・フェレンツィ(一八七三〜一九三三)はハンガリー生まれの精神医学者。フロイトの理論に賛同し、国際精神分析協会の会長をつとめた。邦訳には『臨床日記』(森茂起訳、みすず書房)がある。

ポール・フェダーン(一八七一〜一九五〇)はオーストリアの精神分析学者。とくに自我の役割に注目し、「自我感情のいくつかのヴァリエーション」(一九二六年)、「自我の構造におけるナルシシズム」(一九二八年)、「ナルシシズムにおける主体と客体としての自我」(一九二九年)などを発表している。

(4) セルウィウス・トゥリウス(在位は紀元前五七八〜五三四)は伝説的な古代ローマの第六代の王でローマを古い城壁で囲んだ。ルキウス・ドミティウス・アウレーリアヌス(二一五〜二七五)はローマ皇帝で、ゲルマン民族の侵入を防ぐために、二七一年にローマを囲む壁の建造を始めた。この壁は二八〇年にプロブス帝によって完成されている。

（5）ルキウス・セプティミウス・セウェルス（一四六～二一一）はローマの軍人皇帝。セプティゾニウムはパラーティウムの丘の南東部分に建造された壮大な建物で、アッピア街道からローマを訪れると最初に見えてくる。セウェルスがローマの威容を示すために建造した。

（6）テオドール・フォンターネ（一八一九～九八）はドイツの小説家。同時代のドイツの抱える問題を鮮やかに描き出した作品が有名である。邦訳には『罪なき罪』（加藤一郎訳、岩波文庫）などがある。

（7）ヴォルテールの『カンディード』は哲学的な小説である。少年カンディードは、すべてのものは最善の形になっているというライプニッツ流の楽観主義を説くパングロスから教えをうけるが、その後に人間の悲惨と邪悪さを次々と経験することになる。小説の最後で説かれるのは、楽観主義でも悲観主義でもなく、「何はともあれ、わたしたちの畑を耕さなければなりません」というものだった（『カンディード』吉村正一郎訳、岩波文庫、一七二ページ）。

（8）ヴィルヘルム・ブッシュ（一八三二～一九〇八）はドイツの画家で詩人。諷刺的な物語や童話で知られる。邦訳には『マックスとモーリッツ』（佐々木田鶴子訳、ほるぷ出版）がある。

(9) フロイトはここは英語でoh inch of nature! と書いている。英訳版の訳注によると、このシェイクスピア的な言い回しはシェイクスピアの作品にはみられないようである。

(10) ベッラ島はスイス国境にあるイタリアの有名なマッジョーレ湖にある小島。ボロメオ伯爵が建設したバロック式宮殿がある。一八〇〇年にアルプス越えをしてイタリアを征服し、イタリア王となったナポレオンがここに宿泊したという。

(11) 器官的な抑圧は、ある観念を抑圧した結果として、特定の器官において症状が発生することを示す。フロイトは『ヒステリー研究』において、嗅覚を失っているある女性が、焦げたプディングの匂いと葉巻の匂いだけは感じることに注目する。この女性は、密かに愛する主人から激しく叱責されたことで、自分の愛には将来がないことを悟ったのであるが、この認識を隠すために、鼻の感覚は喪失したのに、その時の葉巻の匂いだけは忘れられなかったのである。その葉巻の匂いは焦げたプディングの匂いに仮装していたのだった。「抑圧された観念は病原となることによって復讐する」のである（フロイト『ヒステリー研究』。邦訳は『フロイト著作集7』八八ページ）。別の症例でフロイトはさらに「エロティックな観念を意識から抑圧し、その感動量を肉体的痛覚に変化させ」、足の疼痛に悩む女性の抑圧プロセスを考察している（同、一三六ページ）。

(12)「目標を制止された欲動」というのは精神分析の用語で、外的な障害や内的な障害のために欲動がほんらいの目標を対象として充足を経験することができない状態にあるときに、その目標と類似しているが、同一ではない目標に向かって進み、そこで充足をえることを意味する。フロイトは優しさや社会的な感情は、この目標の制止によって生まれると考えている。ここでは人類愛や聖者の愛をこの概念で説明しようとするのである。

(13) ジョン・ゴールズワージー（一八六七〜一九三三）はイギリスの詩人・小説家で、一九三二年にノーベル文学賞を受賞している。代表作はこの『林檎の樹』（一九一六年、邦訳は渡辺万里訳、新潮文庫）で、主人公の男性は、旅行の途中で美しい女性を見初めて、一度は結婚の約束をするが、反対されて駆け落ちを計画する。その準備の途中で訪れた友人の家で、別の女性を愛するようになり、ついに最初の女性を見捨ててしまう。銀婚式のときに夫婦で旅行の場所を再訪するが、見捨てられた女性は絶望して自殺してしまったことを聞かされるのである。

(14) フロイトは Homo homini lupus とラテン語で表記している。ホッブズは『リヴァイアサン』では、万人は万人にとって狼であるという原理から国家の設立を導いている。

(15) 反動形成とは、人間の成長過程において、性格と道徳の形成に大きく貢献するものである。小児は自分の性的な興奮を感じると、それに抵抗しようとする反動衝動を生じさせ、それが性的な興奮の不快感を抑えるために、心的な堤防を作るとされている。これが嫌悪、羞恥、道徳の源泉となると考えたのである。

同一化とは、「ある主体が他の主体の外観、特性、属性をわがものとし、その手本に従って、全体的にあるいは部分的に変容する心理過程」(『精神分析用語辞典』前掲書三四四ページ)である。フロイトは子供が両親と同一化することで人格を形成し、集団では成員がその指導者に同一化することで、人格審級の代用物をみいだすなど、同一化が個人の人格の形成において中心的な役割をはたすと考えている。主体が理想化された対象と同一化すると、理想自我などの審級が形成され、主体は豊かになるとされている(同、四八三ページ)。

(16) クリスチャン・サイエンスとは、神の学、神の法則の意味であり、すべての病は神への信仰で癒されると考える団体の名称となっている。メアリー・ベーカー・エディ（一八二一～一九一〇）が、一八六六年に創設した。罪、病気、死などの悪は幻想にすぎず、信仰によってこれを認識するときに、すべての悪は消滅すると考える。

(17) ハイネ『冬物語』第一章から。「娘は歌った、古いあきらめの歌を、あの天国の子守歌を」。邦訳は『ハイネ全詩集』第三巻（井上正蔵訳、角川書店、一三四ページ）。

(18) バルザックの『ゴリオ爺さん』では登場人物同士の会話で、ルソーの本の中で「シナの老大官を、パリから一歩も離れずに、ただ念力だけで殺して大金持ちになれるとしたら、さて読者はどうするかと、作者が訊ねているくだりがあったのを覚えているかい？」と尋ねている（『バルザック全集』八巻、小西茂也訳、東京創元社、一一七ページ）。

(19) メラニー・クライン（一八八二～一九六〇）は、オーストリアの精神分析家で、幼児の分析をとくに専門とした。患者のリビドーの配分よりも、他者との関係を重視し、対象関係論を構築して、フロイト後の精神分析の重要な一派を形成した。『メラニー・クライン著作集』全七巻が誠信書房から刊行されている。

(20) フランツ・アレキサンダー（一八九一～一九六四）は、ブダペスト生まれの精神分析家で、アメリカに移住し、シカゴ精神分析研究所を設立した。フロイトに学びながらも、精神分析の革新を目指して活動した。邦訳に『心身医学』（木村和正、赤林朗、熊野宏昭訳、学樹書院）がある。フロイトの指摘する『全人格の精神分析』は、国際精神分析出版社の刊行で、「フロイトの自我理論の神経症への適用についての九講」というサブタイトルをつけて出版されている。

アウグスト・アイヒホルン（一八七八～一九六四）はウィーン生まれの教育者であり、ウィーン市で保護された児童に精神分析的な手当てを行ったことで知られている。フロイトがここであげている「放任児童」についての研究は、『浮浪児の保護教育における精神分析、最初の手引きのための十講』（一九二五年）だろう。この書物にフロイトは文章を寄せて、児童教育における精神分析の重要性を強調している。『フロイト著作集11』（人文書院、三八三～三八五ページ）を参照されたい。

(21) 邦訳は『ヴィルヘルム・マイステルの徒弟時代　上』第二巻一三章（小宮豊隆訳、岩波文庫、一九七ページ、一部改訳）。

(22) シェイクスピア『ハムレット』第三幕第一場。邦訳は『シェイクスピア全集6』（三神勲訳、筑摩書房、二五三ページ）。「分別」を「良心」に変えて引用した。

(23) アーネスト・ジョーンズ(一八七九~一九五八)はイギリス生まれの精神分析家で、フロイトをずっと支えつづけた。フロイトがロンドンに亡命できたのも、ジョーンズの力によるところが大きかった。フロイトの最初の権威ある伝記『フロイトの生涯』を執筆している。邦訳は簡略版の訳が『フロイトの生涯』(竹友安彦、藤井治彦訳、紀伊國屋書店)として出版されている。

スーザン・アイザックス(一八八五~一九四八)は、イギリス生まれの教育家で、ケンブリッジでモールティング・ハウス・スクール・プロジェクトを担当し、カリキュラムなしの自由教育の実験をした。メラニー・クラインの影響をうけて、小児教育における空想と遊戯の重要性を強調している。邦訳には『幼児のしつけ方』(懸田克躬訳、要書房)と『幼児の知的発達』(椨瑞希子訳、明治図書出版)がある。

人間モーセと一神教（抄）（一九三九年）

まず最初に、モーセについての純粋に歴史的な研究の第二論文の結論を要約してみたい。ここではこの結論に新しい批判を加えるつもりはない。この結論こそが心理学的な研究の前提であり、その出発点であるとともに帰着点でもあるからである。

A　歴史的な前提

◆一神教の登場

わたしたちの関心を集めた出来事の歴史的な背景は次のようなものだった。第一八王朝が周囲の諸国を征服したことによってエジプトは世界王国となった。宗教的なイメージの発展においても、この新しい帝国主義の影響がみられる。民族全体の宗教的なイメージではないとしても、精神的に活動的な上層の支配階級のもつイメージに、影響がみられるのである。

オン（ヘリオポリス）における太陽神の神官の影響のもとで、普遍的な神アトンという理念が登場したが、それにはおそらくアジアからの刺激もあったに違いない。この神はもはや、一つの国や一つの民族だけに限定された神ではなかった。若い王、アメンヘテプ四世の登場とともに、普遍的な神の理念の発展だけに関心をもったファラオが、エジプトを支配することになった。[1]王はアトン宗教を国家的な宗教の地位に高め、この普遍的な神を唯一神とした。そしてほかの神々について語られていることはすべて嘘であり、偽であるとしたのである。王は魔術的な思考のすべての試みを、仮借なきまでに拒絶し、エジプト人にとって大切なものであった死後の生という観念まで否定した。

そして驚くほどのちの科学的な知識を先取りするかのように、太陽光線のエネルギーが地上のすべての生命の源泉であると主張した。そしてこの太陽光線を神アトンの力の象徴として崇拝したのである。そしてこの宗教の創始の喜びとマート（真理と正義）に生きることを誇りとしていた。

人類の歴史において、純粋な一神教の宗教が登場したのはこれが初めてと言えよう。この一神教の誕生の歴史的な条件と心理的な条件を考察してみることは、きわめて大きな価値のあることだろう。しかしアトン宗教についてはあまり多くの情報が伝えられていないために、細心の注意が必要である。イクナトン［アメンヘテプ四世］が創造したものは、後継者たちの力が弱かったこともあって、すべて破壊されている。

イクナトンによって抑圧された伝統的な神官階級は、復讐のために王の思い出をすべて破壊した。こうしてアトン宗教は廃止され、ファラオは冒瀆《ぼうとく》者の烙印《らくいん》を押された。ファラオの王宮は破壊されて、略奪されたのである。紀元前一三五〇年頃に、第一八王朝は姿を消した。しばらく無政府状態がつづいた後に、ホルエムハブ将軍が秩序を回復し、一三一五年まで統治した。イクナトンの宗教改革は、忘却の運命にある歴史的な挿話として終わるかのようだった。

ここまでは歴史的に確認された事実であり、これから語るのは、わたしの仮説である。イクナトン王の側近に、おそらくトトメースと呼ばれる人物がいた[*1]（これは当時のエジプトではありふれた名前である）。どんな名前だったかはそれほど重要でなく、名前の最後がモーセで終わることが大切である。この人物は王朝の高官であり、アトン宗教の熱心な崇拝者であり、思案にふける傾向のあったファラオとは対照的に、活動家で情熱的な人物だった。この人物にとっては、イクナトンの死とアトン宗教の廃絶は、あらゆる希望を失わせるものだった。そしてエジプトで生き延びるためには背教者となるか、信仰を守って法の保護を奪われるかしかなかったのである。

あるいはこの人物は国境地域の知事に任命されていて、その地域に数世代前から移住してきていたセム族の民族と接触した経験があったのかもしれない。希望を失い、孤立していたこの人物は、セム族のもとを訪れて、自分が失ったものを再興しようとしたのである。彼はこの民族を自分の民として選び、この民のもとで自分の理想を実現しようとした。この人物は、彼の理想に従う人々とともにエジプトを離れ、この民に割礼のしるしを与えて神聖な民とし、戒律を与え、エジプト人が廃止したばかりのアトン宗教の教義を学ばせたのである。このモーセという人物がユダヤ人たちに与えた戒律はおそらく、主であり教師であったイクナトンの戒律よりも厳しいものだったのだろう。そしてそれまで守ってきたオンの太陽神への帰依までも、放棄してしまったに違いない。

＊1　たとえばテル・エル・アマルナに仕事場が発見された彫刻家の名前もトトメースだった。

◆脱エジプトからカナン定住まで

この脱エジプトの時期は、紀元前一三五〇年以降の王朝の空位の時代だったに違いない。カナンの地が征服されるまでの期間については、ほとんど情報が残されていない。聖書はこの闇の時期についてはほとんど語らず、ときにはなかった出来事を作りあげているが、現代の歴史的な研究から二つの事実が確認されている。

一つはE・ゼリンが発見した事実であり、(2) ユダヤ人がある日、指導者のモーセに反逆して、モーセを殺害し、かれによって強制されたアトン宗教を、以前のエジプト人と同じように廃絶したという事実である。聖書でもユダヤの民は頑固で、戒律を与えた指導者のモーセに服従しようとしない民として描かれているのである。

また第二の事実は、Ed・マイヤーが証明したもので、(3) エジプトから帰還してきたユダヤの民はのちに、パレスチナ、シナイ半島、アラビア半島のあいだのある地域で、民族的に近い別の部族と合流したということである。そして水の豊富なその地カデシュにおいて、アラブ系のミディアン族の影響のもとで、新しい宗教をうけいれた。こうして火の神ヤハウェを崇拝するようになったのである。そして征服者として、カナンに侵入する準備を整えたのである。

この二つの出来事の時間的な系列と、エジプト脱出の時期との関係は、きわめて不明確である。次の歴史的な手掛かりとなるのは、紀元前一二一五年まで在位したエジプトのファラオのメルエンプタハの碑文である。シリアとパレスチナに遠征した戦争の記録であるこの碑文には、征服地の一つとして「イスラエル」という語が登場する。(4)この石碑の年代をその終結の時点とみなすことができるならば、エジプト脱出に始まる出来事の全体の期間は、紀元前一三五〇年から一二一五年までの約一世紀とみられる。しかしイスラエルという語は、わたしたちがその運命を追求している民とは関係がないかもしれない。すると実際にはさらに長い期間を見込むことが必要になろう。

のちのユダヤ民族がカナンの地に住みついたのは、短期間の征服ではなく、長い期間をかけて波状的に起きた出来事だったのかもしれない。メルエンプタハの碑文を考慮にいれずに考えると、最初の一世代（三〇年）をモーセの時代とみなし、*2 その後の少なくとも二つの世代（おそらくもっと多くの世代）を、カデシュでの合流の時期と考えるとわかりやすい。[*3] カデシュでの合流からカナンへの出発まではごく短期間ですむはずである。これまでの論文で検討してきたように、ユダヤの伝承には、脱エジプトからカデシュでの宗教の創設までの期間を短縮したいと考える十分な根拠があるのである。しかしその反対に、この期間が長いのではないかというのが、わたしたちの考察にとって興味深いことである。

*2 これは聖書の原典に示された四〇年にわたる荒野でのさすらいの時期と一致する。

*3 そうすると、モーセの時代は紀元前一三五〇年（または一三四〇年）から一三二〇年（または一三一〇年）となり、カデシュでの合流は一二六〇年以降になり、メルエンプタハの碑文が一二一五年以前のことになる。

◆二つの神

しかしこれらはすべて歴史の領域のことであり、わたしたちの歴史知識の空白部分を埋める試みとして、部分的には『イマーゴ』に発表した第二論文の繰り返しにすぎない。わたしたちが関心を抱いているのは、モーセとその宗教の運命にある。ユダヤ人の叛乱のためにモーセは命を失い、この宗教も滅びたはずだった。ところが紀元前一〇〇〇年頃に記録されたヤハウィストの報告は、それ以前の時期に書き留められたことに依拠しているのは確実とされているが、この報告によるとカデシュで合流して新しい宗教が創設されるとともに、ある妥協がもたらされたのである。そしてこの妥協から、まだ二つの勢力が明確に区別できることが分かるのである。

片方の勢力は、ヤハウェ神の新しさとよそよそしさを拭い去って、全民族がヤハウェに帰依することを強く求めていた。もう一つの勢力は、エジプトから解放した指導者モーセの貴重な記憶を捨てるつもりはなく、モーセと脱エジプトという事件の両方を、新たに書き留められた太古の歴史のうちにうまく滑り込ませることに成功したのである。少なくともモーセの宗教の目にみえる〈しるし〉である割礼を維持することができたし、新しい神の名前を使うことには、ある種の制約を加えることができたのである。

こうした要求を代表したのが、モーセの民の子孫であるレビ人《びと》であったのは、すでに指摘したとおりである(5)。まだモーセとともにエジプトを脱出した人々から、わずか数世代を下るだけであり、いまだ生々しく残っていた記憶によってモーセへの追憶と結びついていた。聖書の資料はこのヤハウェ資料と、これと競合するのちのエロヒム資料で構成されるが、どちらも詩的に粉飾された表現を採用しているのは、いわば墓標のようなものだからである。

この墓標の下に、過去の出来事、モーセの宗教の性格、偉大な指導者であるモーセの暴力的な殺害などについての真相が、のちの世代には隠されたものとして、永遠の眠りについているのである。わたしたちのこれまでの事件の真相についての推測が正しいとすれば、モーセについての謎は解かれたのである。こうして、ユダヤの民の歴史におけるモーセのエピソードは最終的に終結することになろう。

しかし興味深いことに、モーセのエピソードはこれで終わってしまうわけではなく、ユダヤの民族がモーセにおいて経験した出来事がもっとも強い影響力を発揮するのは、はるかのちの時代になってからなのである。数世紀を経たのちに、現実のうちに次第にその影響が押し寄せてきたのである。

そもそもヤハウェの性格が、その周辺に住む民族や部族の神々と著しく違うものであるとは考えられない。ユダヤの民族が他の民族と争っていたように、ヤハウェは他の神々と争っていたのである。ただし当時のヤハウェ神の崇拝者たちがカナン、モアブ、アマレクなどの民の存在を否定したとは考えられないように、これらの民が信仰している神々の存在を否定したとは考えられない。

イクナトンとともにわずかなあいだだけ輝いていた一神教の理念は、その光を失うと、そののち長く闇の中にとどまることになった。ところでナイル河の第一瀑布のすぐ前にあるエレファンティネ島で発掘された興味深い資料から、この島に数世紀ものあいだ植民したユダヤ人の軍事基地が存在していたこと、この基地にある神殿の主神ヤハウとともに二人の女神が祭られていたこと、その一柱の女神の名前がアナト・ヤハウだったことが明らかになった。この地に住むユダヤ人は母国からはまったく切り離されていたために、ユダヤ人の宗教的な発展そのものには加わっていない。のちに前五世紀になってペルシア王国がエジプトを支配した段階で、イェルサレムの新しい信仰の掟が伝えられたのである。*4

さらに前にさかのぼってみると、ヤハウェの神はモーセの神とはまったく似ても似つかぬ神だったと考えることができる。アトン神は、地上におけるかれの代理であり、じつはモデルでもあったファラオのイクナトンと同じように平和を好む神だった。そしてファラオのイクナトンは、それまでの代々の王が築きあげた世界帝国が滅亡するのを、ただ手をこまねいて眺めているだけだったのである。新たな居住地を求めてカナンの地を暴力的に征服しようとする民には、ヤハウェの方がふさわしい神だったのはたしかである。そしてこの未開の民には、モーセの神において崇敬されるべき事柄は、そもそも理解しがたいことだったのである。

他の研究者の見解にも依拠しながらすでに指摘したように、ユダヤの宗教の発展において核心的なのは、ヤハウェ神が時間とともにほんらいの性格を失って、モーセの古い神アトンとますます似た性格の神になっていったということである。たしかにこの二つの神には違いがあり、一見するとその差異を重視したくなるものだが、その違いはすぐに説明できるようなものなのである。アトンがエジプトで支配的な力をもち始めたのは、財産の所有が保証された幸福な時代であり、帝国が動揺し始めても、アトン神の信仰者たちは動乱からは目を背けて、神の創造物を称え、これを享受しつづけたのだった。

＊4　アウエルバッハ『荒野と約束の地』第二巻、一九三六年。

◆唯一神としてのヤハウェ

ところが運命はユダヤの民にさまざまな困難な試練と苦痛な経験を与えたのだった。このためユダヤの神は厳格で冷たく、陰鬱《いんうつ》な神となったのである。ヤハウェはすべての国とすべての民族を支配する普遍的な神という性格を維持していたが、この神を崇拝する民がエジプト人からユダヤ人に変わったために、ユダヤ人こそがこの神の選んだ民であるということになった。この民は特別な義務を負う代わりに、最後には特別な報いをうけることができるとされていた。

ユダヤ人にとっては、全能の神に選ばれた民でありながら、不幸な運命のもとで悲しむべき経験をしなければならないという事実は、うけいれることが困難だったに違いない。しかし迷うことはできないのであり、神への不信を封じるために、みずからの罪悪感を強めて、最後には「極めがたい神意」というものを思いついたのである（現在でも敬虔な人々は同じ思考の道筋をたどるのである）。神がアッシリア、バビロニア、ペルシアなどのような暴虐な民族を次々と登場させ、ユダヤの民を屈服させ、虐待したことは不思議と思えただろう。それでもこれらの悪しき敵もやがては征服され、その王国も消滅したことを考えれば、そこに神の力が認められるというものである。

結局はユダヤのヤハウェ神は、三つの重要な点で、モーセの神と同じものとなった。第一のもっとも決定的な点は、ヤハウェは比類なき唯一神として承認され、この神に並ぶ神はほかには考えることもできなくなったことである。イクナトンの一神教を、ユダヤの民は強く信仰し、この民は一神教という理念に強くひかれたのである。この理念はユダヤ人の精神生活の内容の中心となり、ほかに関心をひくものが何もなくなったほどだった。

神が一人であるという理念においては、ユダヤの民と、民を支配する祭司階級は一致していたのである。しかし祭司たちはこの神の崇拝のための儀礼を作りだす作業に専念しているうちに、民のうちに流れる強い潮流と対立するようになっていった。そしてこの潮流こそが、神についてモーセが教えたほかの二つの教え［儀礼や犠牲の否定と、真理と正義の生］を蘇らせる結果となったのである。

預言者たちの声は、神を儀礼や供犠によって崇拝してはならないとたゆまず語りつづけ、神そのものを信じること、そして真理と正義のうちで生きることを奨励したのだった。預言者たちは、荒野における生活の単純さと神聖さを強調したのであり、これはモーセの理想の影響のもとにあることは間違いないのである。

◆モーセの影響

ところで、ユダヤ人の神の観念が最終的に形成されるにあたって、そもそもモーセの影響を考える必要があるのだろうか。モーセの影響なしでも、数世紀にわたる文化生活のうちで自然に発展して、この観念が高度の精神性に到達したと考えればよいのではないかという疑問が生まれる。そこでこの問題を検討してみよう。このように説明できるのであれば、わたしたちの謎はすべて解けたことになるだろうが、そのためにはもっと別の観点から考えておく必要がある。

第一に、このような説明は実は何事も語っていないのである。同じように文化的な生をいとなんでいた才能に富むギリシア人たちは、一神教を創設することはなく、多神教のくつろいだ雰囲気を好んでいたのであり、哲学的な思索を始めたのである。またエジプトでも、わたしたちの理解するところでは、一神教は帝国主義の副産物として誕生したのである。唯一神は、他者に干渉されることなく巨大な世界王国を支配するファラオの像を天上に描きだしたものだった。

これにたいしてユダヤの民の政治的な状況は、排他的な民族神の理念を普遍的な世界支配者に高めるには、きわめて不利なものだった。そうだとすると、偉大なる神がこの取るに足らぬ無力な国民をとくに優遇し、〈いとし子〉として選んだと称するにいたったのは、どのような理由によるものだったのだろうか。

ユダヤ人における一神教の成立の問題は解けないとされるか、あるいはこの民族の特別な宗教的な天才の表現であるという周知の答えで満足されてきたのである。この天才という答えはわかりにくく、無責任なものであることは言うまでもない。ほかの答え方がすべて否定されるまでは、この答えに逃げ込むのは避けるべきなのである。*5

さらにわたしたちは、ユダヤ人の記録した報告でも、歴史記述においても、この唯一神という理念が、モーセによってユダヤの民にもたらされたものであることが、いかなる自己矛盾もなしに、きわめて明確な形で主張されているという事実に注目する必要がある。この確信の信頼性について異議を申し立てることができるとすれば、それは旧約聖書において祭司たちが加筆した部分に、モーセを根拠としている例があまりにも多いということにある。たとえば儀礼に関する規定やさまざまな制度は、明らかにのちの時代の加筆であるのに、モーセが命じたものとされている。しかしそれが、こうした制度などの権威を高めることを意図したものであるのは明らかである。

たしかにこれは、わたしたちが疑念をもつ根拠となるものであるが、否定するだけの十分な理由とはならない。誇張が行われた深い動機が明確に示されているからである。祭司たちの記述は、モーセの時代と加筆が行われた後代との連続性を確保することを目的としたものであり、わたしたちがユダヤの宗教史のもっとも顕著な事実として指摘した特徴を否定することを目指したものなのである。すなわち、モーセの与えた戒律と、のちの時代のユダヤの宗教のあいだには大きな空隙が開いているのであり、この空隙はまずヤハウェ信仰によって埋められ、その後になってゆっくりと塞《ふさ》がれていったのである。

祭司たちによる加筆は、この空隙が埋められるプロセスを全力をもって否定しようとするものである。それにもかかわらず、このプロセスが歴史的に根拠のあるものであることは、疑問の余地なく証明されているのである。聖書の原典に特別な処理が加えられたあとも、このプロセスの存在を示す多数の記述がそのまま残されているからである。だから祭司階級による加筆は、新しい神ヤハウェを祖先の神であるかのように捏造《ねつぞう》しようとする傾向と同じようなものなのである。

祭司資料に秘められたこうした動機を考慮にいれるならば、実際にモーセがみずから、ユダヤ人たちに一神教の理念を教えたのだという主張を信じないことは困難になる。わたしたちはモーセがこの一神教の理念をどこで学んだかを理解しているのだから（ユダヤの祭司たちはこれを知らなかったのだ）、この主張に同意するのはたやすいことなのである。

ここで、ユダヤの一神教がエジプト由来のものであることを示しても、それがいったい何の役に立つのかという疑問が提起されるかもしれない。このことが示されても、問題が一歩だけ前進したにすぎないのではないか、一神教の理念の発生については、新しい知識はえられないのではないかと。この疑問にたいしては、重要なのは新しい知識を獲得することではなく、研究することなのだと答えよう。それにこの理念の真の由来を確認できれば、何か新しいことが学べるかもしれないのだ。

＊5　天才というこの逃げ道が好ましくないことについては、ストラットフォードのウィリアム・シェイクスピアという注目すべき事例についてもあてはまる。

B　潜伏期と伝承

◆三つの類似した現象

わたしたちの仮説をまとめてみよう。モーセが実際に教えたことは、唯一なる神という理念、魔術的な働きをする儀礼の廃止、そして神の名による道徳的な要求の強調だった。当初はこれを信じるユダヤ人はいなかったが、長い年月の後に、これを信じる人々が現れ、最後には確固とした地位を獲得するようになったのである。このように、のちの時代になってからモーセの教えが信じられるようになったのはなぜだろうか、これと類似した現象はみられないだろうか。

すぐに思い浮かぶのは、こうした現象はさまざまに異なる分野ですぐにみつけられるということだ。分かりやすいかどうかは別として、この現象はさまざまな現れ方をするものなのだ。たとえばダーウィンの進化論のような新しい科学理論の運命を考えてみよう。進化論は最初はきびしく拒否され、数十年は激しい議論の対象となった。しかしわずか一世代ののちには、この理論が真理への大きな前進であることが認識されるようになったのである。ダーウィンその人にたいしても、ウェストミンスター教会堂に墓所と銘板が設けられるという栄誉が与えられた。

しかしこうした事例を考えてみても、謎が解けるというものでもない。新しい真理は反感をかきたて、抵抗をもたらすのであり、この抵抗は議論となって表現される。こうした議論を通じて、最初はうけいれられなかった理論に好ましい証明をもたらすことができるようになる。新しい理論と古い理論の闘いは、ある程度の時間がかかるものであり、最初は支持者と反対者が対立しているが、支持者の数とその重みが次第に強まり、最後には優勢を占めるようになる。この闘いの全体の期間を通じて、何が争点であるかが忘れられることはない。このすべてのプロセスに長い時間が必要だとしても不思議なことではないし、これが集団心理学の一つのプロセスと結びついたものであることは、強調しても強調しすぎることはないだろう。

個人の心的な生においても、同じような類似したプロセスをみつけるのは困難ではない。ある人が新しいことを学んだとしよう。それは特定の証拠に基づいて、真理とみなすべきものだとしても、それがその人の多くの願望に反するものであり、その人にとって貴重な価値をもつ信念を傷つけるものだとしよう。その場合には人は逡巡《しゅんじゅん》するだろうし、新たに学んだことに疑問を表明できる根拠を探そうとするだろう。そしてしばらく自分と闘ったあとで、こう告白することになるだろう――それを認めたくないし、それを信じなければならないことは自分にとっては辛いことではあるが、やはりそれは真実なのだと。

この事例が明らかにするのは、強い情動的な備給によって維持されている心的な異議を、自我の理性によって抑えるには、かなりの時間が必要であるということだけである。(6)だから個人の心的なプロセスと、わたしたちが理解しようとしている事柄は、それほど類似しているわけではないのである。

次にあげる実例とわたしたちが考察している問題の類似は、さらに小さいようにみえる。たとえばある人が、鉄道の衝突事故のような恐ろしい事件を経験したものの、一見すると無事にその場を立ち去ることができたとしよう。ところが翌週になって、この人は一連の重い心的な症状と運動系の症状を引き起こしたとしよう。この症状の原因は、事故の際のショックか、恐怖か、その場で経験した何ものかによってしか説明できないのである。これは「外傷神経症」と呼ばれる症状で、これまでまったく理解されていない新しい症状なのである。事故が起きてから最初の症状が発生するまでの期間は、感染病の病理学の言葉を借りて「潜伏期」と呼ばれている。

ところでふりかえって考えてみると、この外傷神経症とユダヤの民の一神教は基本的に異なるものでありながら、ある一点において共通点が存在する。それは潜伏とも呼べる特徴である。わたしたちが確信している仮説によると、ユダヤの宗教史においては、モーセの宗教が捨てられたのち、一神教の理念、儀礼の価値の否定、道徳的な要素の強調というモーセの宗教の重要な特徴は、長いあいだにわたってまったく意識されていなかった。そこでわたしたちの問題を解決するためには、外傷神経症という個人の特別な心理学的な状況の考察が、役立つのではないだろうか。

◆伝承と文書

すでに繰り返し指摘したように、のちにユダヤ民族となる二つの勢力が、新しい宗教をうけいれるためにカデシュに集まったのであった。脱エジプトを経験した勢力にとっては、エジプト脱出とモーセの人物像の記憶がまざまざと残されていたために、太古の歴史を語る文書において、この記憶を残すことを求めたのだった。この勢力の人々は、モーセにつきしたがった人々の子孫だったのだろうし、自分をエジプト人とみなして、エジプト風の名前を名乗っている人々もいたのである。

しかしこの勢力の人々にも、指導者であり、戒律を与えた人物でもあるモーセに起こった運命についての記憶を抑圧したいと考える動機があったのである。またもう一つの勢力の人々は、新たな神を称えながら、その神がそれまでは知られぬ神だったという事実を隠蔽したいという意図が決定的な意味をもっていた。

どちらの勢力も、かつては別の宗教を信仰していたことも、その宗教の内容についても否定したいと感じていたのである。そこで最初の妥協が成立して、それがおそらく文書として記録されたのだろう。脱エジプトを経験した人々が文字を知っていて、歴史記述を残したいという欲望を感じていたのだろう。しかし歴史記述というものは、仮借なきまでに真実を記録しなければならないものであることが認識されるまでは、まだ長い時間が必要だったのである。

当初は、自分たちの必要と望みにしたがって歴史的な報告をすることに、良心のとがめは感じなかったのだろうし、まだ歪曲などという概念も、思い浮かばなかったのだろう。このために文書に記載された事柄と、口伝えに同じ内容を伝えた伝承とのあいだに矛盾が生じることになった。文書において省略されたことや改変されたことも、伝承においてはそのままで維持できたのである。だから伝承は歴史記述を補足するものであり、同時にこれに抵抗するものであった。伝承は事実を歪《ゆが》めようとする望みにはほとんど影響をうけず、多くの場所ではまったく歪曲されることがなかった。そのため文書で記録された報告よりも真実なものであることが多かったのである。

しかし伝承は文書よりも不安定で不確かなものであり、ある世代から次の世代へと口伝えで伝承されるあいだに、さまざまな形で修正され、変形されることが多く、信頼性に問題があった。こうした伝承はさまざまな運命を経験する。何よりも伝承は、文書に敗北し、文書と同じ資格で存在することができず、しだいに影のようなものとなり、ついには忘れ去られたと考えることができる。しかしもっと別の運命をたどることもある。伝承そのものが最後には文書に記録されることもあるだろう。そのほかの運命については、これから検討していくつもりである。

◆潜伏の謎

ここで検討しているユダヤの宗教史における〈潜伏〉という現象については、いわば正式な歴史記述からは意図的に否定された事実や内容が、実際には失われてはいなかったことによって説明することができる。こうした事実や内容についての情報は伝承のうちで伝えられたのであり、伝承は民衆のうちで生きつづけたのである。E・ゼリンが主張するところでは、モーセの死についても異なる伝承が存在しており、この伝承は公的な記録とは明らかに矛盾するものであるが、真実に近いのだという。モーセの死とともに消滅したとみられるモーセの宗教の多くの内容についても（これはモーセにつきしたがった人々にはうけいれがたい内容だった）、同じことがあてはまるだろう。

しかしわたしたちがここで直面する注目すべき事実は、こうした伝承が時とともに消滅していくのではなく、数世紀を経たのちに、ますます強い力をそなえるようになり、ついにはのちの公的な記録の改訂のうちに姿をみせるようになったことである。こうした伝承はユダヤの民の思考と行動に決定的な影響を与えるほどの強さを示すようになったのである。しかしこのような成り行きがどのような条件のもとで起こりえたかは、まだわたしたちには知りようもないことである。

この事実は非常に注目に値するものであり、これについて新たに検討してみる価値がある。わたしたちが検討している問題の鍵はここに潜んでいるのだ。ユダヤの民はモーセから与えられたアトン神の宗教を投げ捨てて、近隣の民族の信じていた神バアルとそれほど違いのない神を信仰するようになった。のちの世代は、この恥ずべき事実を隠蔽しようとさまざまな試みを行ったが、無駄であった。しかしモーセの宗教は痕跡も残さずに消滅したわけではなく、ある種の追憶が保存され、おそらく歪められてぼんやりとした伝承として残ったのである。

そして偉大なる過去についてのこの伝承が、背後から働きつづけたのであり、人々の心にますます強い力を働かせるようになり、ついにはヤハウェの神をモーセの神に変えることに成功した。こうして数世紀も前に信仰され、のちには見捨てられていたモーセの宗教がふたたび蘇生したのである。はるか昔の伝承が、民族の精神生活にこれほどの力を及ぼしたというのは、わたしたちになじみの考え方ではない。というのも、わたしたちが考察しているのは集団心理学の分野であるために、あまりなじみを感じないのである。もっと他の分野でも、同じような事例、少なくとも類似した事実の実例がえられるものと期待される。こうした実例はみつかるはずなのである。

◆叙事詩

ユダヤ民族においてモーセの宗教の復活が準備されている頃に、ギリシアの民族はきわめて豊富な系譜伝説や英雄神話を所有していた。紀元前九世紀か八世紀の頃に、この伝説の世界から、ホメロスの二つの叙事詩[『イーリアス』と『オデュッセイア』]が成立したと考えられている。現在の心理学的な洞察をもってすると、シュリーマンやエヴァンズに先だって、次の問いを提起することができるはずである。ギリシア人たちは、ホメロスやアッティカの偉大な悲劇作家がその傑作において扱った伝説の資料をどこで手にいれたのだろうか。

この問いには次のように答えられるだろう。ギリシア民族はその前史において、きわめて輝かしい文化的な繁栄の時期を経験していたに違いない。しかしこの繁栄した文化は歴史的な災厄のうちに滅びてしまって、おぼろげな伝承としてこうした古典期のギリシアに言い伝えられたに違いない。

ところで以前であればこうした推測はあまりに大胆な仮説として退けられただろうが、考古学的な研究によって、この推測は裏づけられているのである。現代の考古学的な調査によると大規模なミノス・ミュケナイ文明が存在していたが、ギリシア本土では紀元前一二五〇年以前に滅びてしまったことが確認されているのである。古典期のギリシアの歴史家のうちで、これについて指摘した者はいない。クレタ島がエーゲ海の制海権を掌握していた時代があることを示す記述があり、ミノス王の名前と王宮ラビュリントスの名前が伝えられているだけである。これが歴史的な記述のすべてであり、ほかには詩人たちが書き残した伝承以外に、この文化について語るものは何も残されていないのである。

民族叙事詩はほかの民族でも知られており、ドイツ人、インド人、フィン人の叙事詩が残されている。これらの叙事詩の発生にあたって、ギリシアと同じような状況が存在していたかどうかを調べるのは、文学史家の仕事である。ただしこれを調べてみれば、同じような状況が存在していたことが確認できるだろう。叙事詩の発生のための条件としてわたしたちが確認しているのは、内容が豊富で、重要で、大規模で、さらに英雄的と認識されていた文明が繁栄していたが、これが非常に遠い過去のことであるために、それにつづく時代の人々は不確かで不完全な伝承のうちでしか、この前史についての情報をえることができないようになっていることである。

この叙事詩という文学のジャンルがやがて消滅してしまうことは不思議とされてきた。その理由はおそらく、叙事詩の成立のための条件がもはや存在しなくなったことから説明できるだろう。古い素材はすでに使い尽くされてしまったし、のちの時代に起きた出来事は伝承ではなく、歴史的な記述が説明するようになる。現代ではきわめて英雄的な行為でも、叙事詩にインスピレーションを与えることはできなかったのである。かつてアレクサンドロス大王は、もはや一人のホメロスもみつからないだろうと嘆いたが、これは正しいのである。

遠く過ぎ去った時代は、人類のファンタジーを魅惑するものであり、この魅惑は謎めいたものになることが多い。人類は同時代に不満を感じると（不満を感じることはごく頻繁にある）、遠い過去に赴くのであり、消滅することのない黄金時代がほんとうに存在することを夢見るのである。*6 おそらく人々はまだ幼年時代の魔法にかかったままなのかもしれない。幼年時代は、偏りのある追憶のために、妨げられることのない至福の時代であるかのように思われるのである。

過去からは、伝承と呼ばれる不完全でぼんやりとした追憶だけが生まれるのだとしたら、これは芸術家に強い魅力を発揮することになる。芸術家は追憶の隙間を自分のファンタジーのおもむくままに埋めることができ、再構成しようとする時代を、自分望むとおりに組み立てることができるからである。だから伝承が不確かなものになるほど、詩人にとっては使いやすくなると言ってもよいだろう。

文学における伝承の重要性は説明するまでもないことだろう。そして叙事詩の条件とのアナロジーによって、ユダヤ人においてヤハウェ神の信仰が古いモーセの宗教へと変容していったのはモーセ伝承の力によるものだという風変わりな仮説を採用したくなるのである。ところがユダヤ人の信仰の変容と叙事詩には、まだ大きな違いが残されている。叙事詩から生まれたのは文学であるが、ユダヤ人のもとで生まれたのは宗教である。そしてユダヤ人の宗教の場合には、伝承の力によって真実のものが再現されたと想定した。ところが叙事詩の場合には、これに該当するものを示すことができないのである。このためまだ解決できない問題が残されているのであり、もっとふさわしいアナロジーを探すべきなのである。

＊6　トマス・B・マコーレーは『古代ローマの歌』で、こうしたありようを実践している。この作品で著者はみずから叙事詩人の役割をはたし、現代の荒涼とした党派争いを悲しみながら、祖先の人々がもっていた犠牲的な精神、統一を望む気持ち、愛国心を聞き手に歌って聞かせるのである。

C　アナロジー

◆神経症のトラウマ

ユダヤの宗教史において確認してきた注目すべきプロセスを説明するために利用できる唯一にして十全なアナロジーは、一見するとまったくかけ離れた分野にみいだすことができる。このアナロジーは完璧なものであり、ほとんど同一だと言えるほどである。この事例においても、潜伏現象、不可解で説明を要する症状の発現、忘れ去られていた昔の経験という条件にであうのである。さらに、論理的な思考を押し退けてまで精神に迫ってくる強迫という特徴まで共通する。これは叙事詩の発生の考察では確認されなかった特徴なのである。

この完璧なアナロジーは精神病理学の分野に存在するのであり、神経症の発病について分析する際に明らかにされたもので、個人心理学の領域に属する現象である。ところで宗教的な現象は集団心理学に属する。しかしこのアナロジーは、一見したほど意外なものではなく、むしろ必要なものであることが、すぐに明らかになるはずである。

神経症の病因としてとくに重視されているのが、過去において経験していたが、忘れられている印象であり、こうしたものを心的外傷（トラウマ）と呼ぶ。神経症の病因が一般的にトラウマ的なものとみなすことができるかどうかは、ここでは検討しない。しかしすぐに異議が提起されるかもしれない。神経症の個人の前歴からは、すべての事例でかならず明確なトラウマが確認されるわけではないのである。

ここで問題になっているのは、誰もが経験するような体験や要求に、尋常ではない異例な反応が示される例である。ふつうの人はこうした経験にたいして、もっと正常な反応を示して処理するものなのである。こうした症状が遺伝的な素質や体質的な素質によって説明できない場合には、神経症は後天的に獲得したものではなく、内部から発達してきたものだと主張したくなるものである。

これに関連して次の二つの点を指摘しておきたい。第一に、神経症の発病はどこでも、またいつでも、ごく早期の幼児期の印象によって生まれるものだということである。[*7] 第二は、「トラウマ的」と呼べる事例があるのは確実だということである。幼児期の早い段階で、一回または数回にわたって、非常に強い印象をうけた人物において、その印象が正常な形で処理されなかったことが影響しているのが確実な事例があるからである。その印象をうけていなかったならば、神経症が発病することもなかったと考えられるのである。

ところでわたしたちが求めているアナロジーを、このトラウマ的な事例だけに限定すべきだとしても、わたしたちの意図には適うのである。しかしこのトラウマ的な事例と、内的な神経症の事例を隔てる溝に橋を架けて統一的に理解するのは不可能ではないようである。両方の症例の病因的な条件を統一することはできるのである。問題なのは、何をトラウマ的なものと定義するかということである。

ある経験がトラウマ的な性格をおびるのは、量的な要因だけによるものであり、すべての事例においてその経験の過剰な力によるのだとしよう。だから経験が、異常で病理的な反応を引き起こすのだと想定しよう。そうだとすれば、ある素質ではトラウマ的な作用を示すのに、別の素質ではこうした作用を引き起こさないことがすぐに理解できる。

そこでここには、いわゆる補足系列という自在な系列が存在すると考えることができる。この系列では二つの要因が重なって病因となるのであり、片方が不足した場合には、他方が過剰になってそれを補うのである。そして単純に動機について語りうるのは、この系列の末端においてだけであり、一般にはこの二つの系列が共同して働くのである。この考え方によると、トラウマ的な病因とトラウマ的でない病因の違いは、わたしたちが求めているアナロジーにとっては本質的でないものとして無視することができるのである。

重複するおそれがあるが、ここでわたしたちに重要なアナロジーを含んでいる事実をまとめておくのは適切なことだろう。すなわち、わたしたちの研究のために確認されたのは、神経症の現象（症状）と呼ばれるものは、特定の体験や印象がもたらした結果であり、そのためにこうした体験や印象を、病因となるトラウマと呼んでいるのである。

ここでわたしたちは二つの課題に直面している。一つは、これらの体験に共通する特徴をとりだすこと、もう一つは神経症の症状に共通した特徴をとりだすことである。これらの課題を遂行するにあたって、ある程度の図式化は避けられないだろう。

＊7　だからこのごく早期の幼年期を研究し、考察することをやめたならば（実際に多くの場合でこの時期は考慮から除外されているのであるが）、精神分析をしても無意味なのである。

補足一

◆トラウマの三つの特徴

A　こうした［神経症の患者の］トラウマは、どれも五歳ごろまでの幼い時期にうけたものである。幼児が言語能力を獲得し始める時期にうけた印象はとくに興味深いものである。二歳から四歳の時期がもっとも重要である。感受性が高まる時期が出生後のいつごろに始まるかは、確定できない。

B　このトラウマとなる経験は原則として完全に忘れられている。それは幼児期の記憶喪失の時期にあたっているために、想記されないのである。ところがこうした経験喪失は、個々の記憶の残滓《ざんし》、とくに隠蔽記憶によって明かされるのである。

C　この経験は性的で攻撃的な印象によるものであり、自我の早期の損傷（ナルシシズム的な傷）によるものである。また注目すべきことは、幼児は成長したのちの時期とは違って、性的なふるまいと純粋に攻撃的なふるまいをそれほど明確に区別することができないことである（性的な行為をサディズムとして誤認するのである）。性的な要素の優位はもちろん非常に目立つものであり、理論的に評価する必要がある。生後五歳までの早期の経験、その忘却、性的で攻撃的な内容という三つの要素はどれもたがいに密接に結びついたものである。トラウマとなるのは、自分の身体にうけた経験であるか、または多くは見たり聞いたりしたことからくる知覚的な印象である。すなわち実際の経験なのか、うけた印象なのである。

これらの三つの要素の結びつきは、精神分析の成果によって理論的に確立することができる。精神分析の研究だけが、忘れられた経験についての知識をもたらすことができるのであり、正確な言い方ではないが、はっきり言えば、記憶に呼び戻すことができるのである。

通俗的な理解とは反対に、精神分析の理論では、人間の性生活（あるいは成人してからの性生活に相当する活動）は、ごく早い時期に開花し、ほぼ五歳でこの段階がひとまず終了すると考える。その後は思春期にいたるまでのいわゆる潜伏期がつづくのである。潜伏期においては性的な活動はまったく発展せず、獲得されたものも失われてしまうのである。この主張は、内性器の成長についての解剖学的な研究からも裏づけられている。

この研究によると、人間は五歳で性的に成熟する動物から進化してきたものと考えられる。そして成熟した性的な生がそのままでは発現されずに遅らされ、のちの段階で二度目の始まりを経験する。これは人類の発生史ときわめて密接な関連があるのではないかと考えられるのである。人間は動物の種の中で、こうした潜伏や性的な発展の遅れがみられる唯一の種ではないだろうか。この理論を検討するには、霊長類の研究が不可欠であろうが、こうした研究はわたしの知るかぎりでは行われていないようである。

こうした小児健忘の時期が、この性的な活動の早期の開花期と一致していることは、心理学的には無意味なことではないはずである。おそらくこの状況が、神経症の発病の現実の条件となっているのであろう。神経症はある意味では人間の〈特権〉であり、この点において原始の時代の名残（遺物）ともみられるのである。これは人間の身体を解剖してみると、もはや使われない名残のような器官が存在しているのと同じである。

補足二

◆トラウマの二つの作用

神経症の現象に共通する性質または特殊性としては、次の二点があげられる。

A　トラウマの作用には、積極的な作用と消極的な作用の二種類がある。積極的な作用とは、トラウマがふたたび表に出てこようとする試みであり、忘れてしまった経験を思いださせようとするものである。言い換えれば、この経験を現実的なものとし、これを反復して新たに経験し直させようとするものである。それが幼い時期の愛情関係にかかわるものである場合には、別の人物とのあいだで、同じような愛情関係をふたたび生きようとする試みとして現れる。こうした試みは、トラウマへの固着、または反復強迫と呼ばれる。

こうした試みが正常な自我のうちにうけいれられた場合には、自我の永続的な傾向となって、その人物の不変の性格を作りだすものである。しかしその経験のほんとうの根拠、歴史的な起源は忘れられているのであり、忘れられているからこそ、自我の中にうけいれられるのである。たとえば幼年期を過度の母性愛のうちで過ごしていたが、いまではそのことを忘却している男性は、頼ることができ、養ってくれ、自分の力になってくれる女性を一生をかけて探し求めつづけるものである。幼児のときに性的な誘惑の対象となったことのある少女は、成長してからの性生活において、こうした攻撃を挑発するようになってしまう。この洞察から、たんなる神経症の問題だけでなく、人間の性格形成についての理解を深めることができることは、すぐに分かるだろう。

消極的な作用は積極的な作用とは反対のことを目指すものである。忘れてしまったトラウマについて何も思いださず、何も反復しないことを目的とするのである。これを防衛反応と呼ぶことができる。この反応は主として回避として表現されるが、これが抑止や恐怖症にまで昂進《こうしん》することもある。この消極的な作用も、性格の特徴を決定するうえで強い力を発揮する。消極的な作用は基本的に、積極的な作用と同じようにトラウマに固着するものであり、その意図が積極的な作用とは正反対なだけである。狭義の神経症の症候は、トラウマのために発生したこの積極的な作用と消極的な作用がたがいに歩み寄って作られた妥協の産物と考えることができるのであり、積極的な作用が顕著になることも、消極的な作用が顕著になることもある。この二つの反応が対立することで、さまざまな葛藤が引き起こされ、ふつうの方法ではこの葛藤を解消できなくなるのである。

◆トラウマの強迫的な性格

B　これらのすべての現象、すなわち自我の抑制や恒常的な性格の変化などの症候は、強迫的な性格をそなえている。その他の心的なプロセスは、現実の外界の要求に適合して論理的な思考の法則にしたがうが、この症候では心的な強度が高まると、ほかの心的なプロセスの構成とはほとんど独立して表現される。そして外的な現実にまったく、あるいはほとんど影響されず、現実にも、現実を心的に代理するものにも顧慮しないために、こうした現実やその心的な代理とはっきりと矛盾することになりやすい。まるで国家の中に別の国家があるようなものである。あるいは接近することも、共同作業に利用することもできない独立した党派が存在するようなものである。そしてこの党派は、その他の（いわゆる）正常な党派を克服して、自分のために奉仕させることに成功することもあるのである。

こうなってしまうと、精神の内的な現実が外界の現実を支配するようになり、精神病への道が開かれる。そうならないまでも、その人の実際の行動においてこの心的な状況がもつ意味はきわめて大きなものとなる。神経症に支配されている人物の生活の困難と生活能力の欠如は、人間の社会においても非常に重大な要因である。こうした人物においては、過去の早期の断片への固着が直接に表現されているのである。

◆神経症的な潜伏

それでは、これまで検討してきたアナロジーにおいてとくに興味深い意味をそなえていた潜伏との関係はどのようなものであろうか。幼児期にトラウマを経験すると、その直接の結果として、神経症的な発作が起こることがあり、さまざまな症候を示しながら、防衛のための試みとして幼児神経症が発病する。その神経症は長期間にわたって持続し、顕著な障害を引き起こすことがあるが、潜伏したまま見逃されることもある。この神経症においては原則的に防衛が支配的になるが、いずれの症状でも、身体的な傷跡の形成と同じような自我の変貌が発生する。

幼児神経症が中断されずに、成人の神経症に直接につながることは稀である。幼児神経症はある期間は姿を消して、その後は一見したところいかなる障害も存在しないようにみえる発達時期がつづくことが多いのである。この中間的な時期は、生理学的な潜伏によって支えられているか、こうした潜伏によって可能となるのである。そしてのちの段階になってから変化が発生し、トラウマの遅延された作用として、最終的に神経症が発病する。

神経症が発病するのは思春期を迎えた頃か、思春期よりもしばらく後の時期である。思春期に発病するのは、身体的な成熟によって欲動が強まり、それまでしたがっていた防衛のメカニズムと闘い始めたことによるものである。思春期よりも遅れて発病するのは、防衛によって形成された反応と自我の変貌が、成人して迎えた新しい生活の課題を解決するために邪魔になってきた場合である。その場合には、現実の外界の要求と自我のあいだに深刻な葛藤が発生し、自我は防衛のための闘いで苦労して獲得した体制を維持しようとするのである。

このように、トラウマにたいする最初の反応と、のちの神経症の発病のあいだに神経症の潜伏という現象が発生するのは、典型的なものとみなすべきである。この神経症の発病は同時に、主体による治癒の試みとみなすことができる。トラウマの影響のために分裂していた自我の部分が、残りの部分と和解して、外界にたいして抵抗できる強力で一体的な自我へと統合されようと試みるのである。しかしこの試みが成功することは稀であり、精神分析の助けを借りても、つねに成功するとはかぎらないのである。そして結局は、自我が完全に荒廃し、分裂してしまうか、以前に分裂していて、トラウマに支配されていた自我の部分が、自我の全体を圧倒することになってしまうことが多いのである。

読者に納得してもらうためには、多数の神経症の患者の生活史を詳細に説明すべきだろう。しかしこの問題は困難であり、しかも多岐にわたるものであるために、詳細に説明していたら、この論文のほんらいの目的を完全に放棄せざるをえなくなろう。そしてこの論文は神経症の治療についての論文になってしまい、精神分析の研究と実行を専門の仕事にしているごく少数の人々の関心しか集めなくなってしまうだろう。この論文はもっと広い読者層を対象としたものであるから、これまで簡単に説明してきた内容が説得力のあるものと、仮に認めていただくよう、お願いするしかない。わたしとしても、自分の説明で読者を完全に納得させることができないことは認めているのであり、読者がわたしの提示した証拠が正しいと判断した場合だけに、これを容認してくださると想定するしかないのである。

◆少年の症例

このことを前提として、神経症についてこれまで説明してきた多くの奇妙な特徴が明確な形で表現されているある症例について説明しよう。もちろん一つの症例ですべてのことを示せると期待すべきではないし、わたしたちが求めているアナロジーとかけ離れたものであったとしても、失望すべきではない。

この症例は、一般の多くの家庭でみられるように、生後の数年間は両親の寝室で寝かされていた少年の事例である。そしてまだ言語能力が発達しない時期に、頻繁に、あるいはつねづね両親の性的な交わりを観察する機会をもち、多くのことを目撃し、耳にしていたのである。この子は、成長して最初の自発的な夢精の直後に神経症を発病したが、その症候のうちでごく早期に発生し、しかももっとも長引いたのは、睡眠障害だった。夜間の物音に異常なほどに敏感になり、ひとたび目が覚めると、もはや眠りにつくことができなくなったのである。この睡眠障害が妥協症候であるのは確実であり、幼児の頃に経験した夜間の出来事から防衛しようとするとともに、この出来事に聞き耳をたてていたときの印象をとりもどすために、眠らずにいようとするのである。

この少年は、幼児の頃に観察した両親の性的な交わりが原因となって、攻撃的な男性傾向を発展させていた。自分の小さなペニスを手で刺激したり、母親にさまざまな性的な攻撃をしかけたりした。これは父親との同一化の試みであり、少年は父親の立場に立とうとしていたのである。これがつづいたのちに少年は母親から、ペニスに触れることを禁じられ、「お父さんに言いつけますよ、そうしたらお父さんはおまえの悪いおちんちんを切ってしまいますからね」と脅されたのである。

この去勢の脅しが少年に異例なほどに強いトラウマ的な作用を及ぼした。そして少年は自分の性的な活動を放棄し、自分の性格を変えたのである。そして父親と同一化するのをやめて、父を恐れるようになり、父親にたいして受動的な態度をとるようになった。そしてときどき質《たち》の悪いいたずらをして、父親を挑発し、身体的な折檻《せっかん》をうけるようにした。この折檻は少年にとって性的な意味のあるものだったのであり、罰をうけながら少年は、〈虐待されていた母親〉と同一化することができたのである。

少年はますます強い不安をもって母親にすがりつくようになり、母親の愛なしでは一瞬たりとも生きることができないかのようだった。母親の愛のうちに少年は、父親による去勢の脅しからの保護をみいだしたのである。このように修正されたエディプス・コンプレックスのもとで、少年はほぼ障害を示さずに潜伏期を過ごした。お手本のような子供であり、学校でも成績は良かったのである。

ここまではトラウマの直接的な作用を追跡し、潜伏という事実を確認してきた。思春期を迎えると、はっきりとした神経症が発病し、神経症の第二の主要な症候である性的な不能があらわれた。ペニスの感覚が失われ、ペニスに触れようともせず、性的な意図をもって女性に近づくこともなかった。患者の性的な活動は、サディズム的・マゾヒズム的な空想をともなう心的なオナニーにかぎられるようになった。この空想のうちに、幼児の頃に目撃した両親の性的な交わりの影響をみいだすのは困難なことではない。

思春期にいたって男性的な傾向が強まると、それは父親への激しい憎悪と激しい抵抗として表現された。自己破壊にいたるほどの無分別で極端なこの父親憎悪のために、患者は人生に失敗し、外界との葛藤を引き起こしたのだった。患者は仕事においても成功できなかったが、それは父親から強制的にその仕事につかされたからだというのだった。友人といえる人もいなかったし、上司との折りあいも悪かった。

こうした症状と無能力に苦しめられていたこの患者は、父親の死後になってやっと結婚相手をみつけることができた。しかし彼の性格の核心にある特徴が表に現れるようになり、周囲の人々にとってはきわめてつきあいにくい人物となった。まったくのエゴイストであり、横暴で残酷な性格を示したのである。彼にとっては他人を抑圧し、いためつけるのが必要だったのは明らかである。

それは、彼が記憶のうちで作りあげていた父親のイメージの正確なコピーだった。患者は、幼児のときに性的な動機から父親と同一化したのちに、これを断念していたのだが、その同一化がこうして蘇ったのである。ここにわたしたちは、抑圧されたもの〈の回帰〉の実例をみることができる。神経症の本質的な特徴はすでに述べたように、トラウマの直接の作用や潜伏の現象と、こうした抑圧されたものの回帰なのである。

D 応用

◆原父の殺害

幼児期におけるトラウマ、防衛、潜伏、神経症の疾患の発生、抑圧されたものの部分的な回帰。わたしたちが神経症の進展を説明するために採用したのは、こうした図式である。ここで読者はさらに一歩を進めて、個人の生活において発生したことが、人類の生活においても発生したと想定していただきたい。人類においても、性的で攻撃的な内容をもった出来事が発生したのであり、それが永続的な影響をもたらしたのである。この出来事は多くは防衛され、忘却されたが、長い潜伏期ののちにその影響が明らかになってきた。そして神経症の症候と、構造においても傾向においても類似した現象が発生したのである。

わたしは、人類の歴史においても、こうした出来事のプロセスを推論できると信じているし、宗教的な現象とは、こうした出来事の神経症の症候的な帰結にほかならないことを明らかにしたいと考えている。進化という観念が登場してからは、人類の歴史に前史があることを疑う人はいなくなった。しかしこの前史は知られていない、すなわち忘却されたものであるために、こうした結論はほとんど公準にちかい重みをそなえているのである。実際に発生したが忘却されたトラウマが、個人の場合と同じように人類の生活にもかかわりのあるものであることが確認されれば、これまでの説明では予想されておらず、必要とされてもいなかった特別な贈物として歓迎できるのである。

わたしはこうした主張をすでに二五年も前に『トーテムとタブー』（一九一二年）のうちで述べてきたのであり、ここではそれを繰り返すだけで十分であろう。わたしの構想は、チャールズ・ダーウィンの主張に依拠しながら、それにアトキンソンの推定をつけ加えたものである。それによると、原始時代には原始人は小さな群れに分かれて暮らしていたが、この群れは一人の力の強いオスによって支配されていた。この時代の年代を示すことはできず、既知の地質学的な年代に繰り込むことはできない。おそらく人間の言語がまだそれほど発達していない段階だったとみられる。この構想のもっとも重要なところは、ここで記述する運命がすべての原始人に、すなわちわたしたちのすべての祖先にふりかかったのだと想定するところにある。

以下の歴史はただの一回だけ起きた出来事であるかのように、きわめて凝縮して語られるものであるが、実際には数千年の期間にわたって発生し、この長い期間にわたって、無数に反復されてきたものである。さてこの強いオスは、群れの全体の支配者であり、父親であった。オスは自分のもっている力を誰にも邪魔されずに行使することができ、それを暴力的に使ったのだった。すべてのメスはこのオスの所有物だった。このオスは自分の群れの中の妻や娘たちだけでなく、他の群れから奪ってきたメスも、自分のものとしていただろう。

この父親の息子たちの運命は過酷なものだった。父親の嫉妬心を刺激すると、殴り殺されるか、去勢されるか、群れから放逐されたのである。息子たちは別の小さな共同体のうちでまとまって暮らし、妻は他の群れから奪ってくるように命じられていた。ときには息子たちのうちには、やがて元の群れにおける父親と同じような地位にまで昇りつめることに成功した者もいたのである。

ところで自明な理由から、年少の息子たちは例外的な地位を占めていた。幼いために母親の愛に守られ、父親の老衰を活用して、父親の死後にはやがて群れを支配するオスの地位につくことができたのである。さまざまな伝説や童話のうちに、こうした年長の息子の追放と、年少の息子の優遇の物語を残響のように聞き分けることができる。

これが人類の最初の「社会的な」体制だったとすると、これを変革するための次の決定的な段階は、別の小さな共同体のうちに暮らしていた息子たちがまとまって力を合わせて父親を打倒した行為だったはずである。息子たちはその当時の風習にもとづいて、殺した父親の肉を生のままで食べ尽くしたのである。この食人行為《カニバリズム》に反感をもつ必要はない。もっと後代にいたっても行われている行為なのである。

それよりも重要なのは、〈現代の未開人〉とも呼べる幼児において精神分析によって確認されているのと同じような感情が、この原始人にも存在していると考えられることだ。幼児は父親を憎悪し恐れるだけでなく、父親を手本として尊敬しているのであり、息子たちは実際には誰もが、父親に取って替わることを望んでいたのである。このカニバリズムの行為は、父親の身体の一部を体内に取り入れ、父親との同一化をさらに確実なものとしようとする試みとして理解することができる。

◆社会契約

父親を殺害したあとに、兄弟たちが父親の遺産をめぐって争う長い期間がつづいたと考えることができる。誰もが、父の遺産を独り占めしようとしたのである。しかしやがて、こうした争いは危険で空しいものであることが洞察され、力を合わせて父親の支配から解放されたことへの記憶が反復されただろう。そして父親から追放されていた時代に感情的な結びつきが生まれていたこともあって、息子たちのうちにも合意が生まれた。そしてある種の社会契約が結ばれるにいたったのである。

こうして欲動が放棄され、たがいの義務が承認され、不滅なもの（神聖なもの）と宣言された特定の制度が設立された。こうして最初の社会的な組織の形式が誕生し、これにともなって道徳と権利も誕生したのである。すべての息子たちは、自分が父親の地位について母親と姉妹を独占するという理想を放棄した。こうして近親姦のタブー（インセスト・タブー）と外婚制（エクソガミー）の掟がさだめられた。

ところが父親を排除したことで解放された絶対的な権力のかなりの部分は女性のもとに移行し、母権制の時代が訪れる。父親の記憶はこの「兄弟同盟」の時代にはなお生きつづけていた。そして父親の代替物として、強い動物、おそらく最初はひどく恐れられていた動物が選びだされた。父親の代わりに動物を選択するのは奇妙なことに思えるかもしれないが、人間と動物が明確に違う存在だと考えられるようになったのは後代のことであり、未開人はこのような違いなど知らなかったのである。そして現代の子供たちもこうした区別を知らず、子供の動物恐怖症は父親への不安として理解できるのである。

このトーテム動物との関係のうちには、父親との感情的な関係に原初的にみられた分裂（アンビヴァレンツ）がそのまま保たれている。トーテムは一方では、血のつながる祖先であり、氏族《クラン》の守護霊とみなされ、尊敬し、大切にすべきものとされた。他方ではある祝祭の日が定められていて、その日にはトーテム動物にかつての原父と同じ運命が準備されていたのであり、氏族のすべての成員によって殺されて、食い尽くされたのである（ロバートソン・スミスによると、これはトーテム饗宴と呼ばれる）。実はこの祝祭の日は、手を結んだ息子たちが父親に勝利を収めたことを祝う凱歌の祭りだったのである。

◆神々の登場

宗教はこれにどう関係してくるのだろうか。トーテミズムでは父親の代替物としてトーテム動物が崇拝されるのであり、トーテム饗宴は父親にたいするアンビヴァレントな感情の存在を証明するものであった。このトーテムの祝宴は父親の思い出を祝う祭りであり、トーテムの掟は、違反者が死をもって罰せられることが定められた禁令であると考えることができるはずである。

すなわちこのトーテミズムこそ、人類の歴史において初めて誕生した宗教的な現象とみなすことができるだろう。この宗教的な現象は最初から、社会的な構成や道徳的な義務と結びついていたと考えられるのである。宗教のその後の発展については、ここでは簡単に概観するにとどめよう。宗教が人類の文化的な発展および人間の共同体の構成の変化と並行して進んだのは、疑問の余地のないところである。

トーテミズムの次の段階は、崇拝するものが人間に代えられる段階であり、動物の代わりに人間の姿をした神々が登場する。神々がトーテム動物に由来するものであることは隠しようがない。神々の身体はまだ動物のままであるか、少なくとも顔が動物である。またはトーテム動物が神のお気に入りの従者となっていて、神から離れないようにしている。あるいは伝説によっては、神がこの動物を殺してしまうこともあるが、その場合にも、その動物は神の前身にほかならなかったのである。

この発展段階のあるところで偉大な母性神たちが登場する。それをどの段階に位置づけるかは困難であるが、おそらく男性の神々が登場するよりもはるか前のことだろう。そして男性の神は長いあいだ、母性神と並立していたのである。そのあいだに巨大な社会的な変革が行われた。家父長的な制度がふたたび復活して、母権制を解消する。この制度のもとではもちろん父親は、かつての原父がもっていたような絶対権を所有することはない。父親たちは数も多く、かつてのような氏族ではなく、もっと大きな集団を形成して共同生活を送っていた。これらの父親はたがいに妥協しあわねばならなかったし、社会的な掟にしたがわねばならなかった。

おそらく母性神たちは、母権制に制約が加えられるようになったために、地位を低められた母親の利益を補うために登場したのだろう。男性の神々は最初は偉大な母親の傍らに控える息子たちとして登場し、のちになってからやっと、父親としての姿を明確に示すようになるのである。多神教のこれらの男性の神々は、家父長時代の状況を映しだしたものである。多数の男性の神々が存在し、たがいに他の神々に制約を加えあいながら、ときには上位にある優位の神に服従するのである。ところで次の一歩を進めると、わたしたちがとりあげてきた主題、すなわち一人で、唯一で、絶対的に支配する父なる神が再来するのである。

◆原始時代の歴史の記述

このようにして概要を示してきた歴史的な変遷は、空白のところが多く、不確実なものであることは認めるべきだろう。しかし原始時代の歴史についてのわたしたちの構想が、たんなる空想にすぎないと退けようとする人には、この構想に含まれる資料の豊かさと証明力をあまりに過小評価しているのではないかと指摘せざるをえない。この構想では、過去の大きな断片が、すなわちトーテミズムと男性による共同体の形成という出来事が歴史的に証明されているのであり、これが一つの大きな全体を構成しているのである。

ほかにもある事件が、トーテミズムの卓越した反復として記録されている。キリスト教の聖体拝領の儀式は、信者が神の血と肉を象徴的な形で身体にとりこむ儀礼であり、これが古いトーテム饗宴の意味と内容を忠実に反復したものであることは、多くの研究者が気づいていることである。

また、忘れ去られた原始時代の多数の残滓が、さまざまな民族の伝説や童話の中に残されている。さらに精神分析による幼児の心的な生の研究は、原始時代についてのわたしたちの知識の欠如した空隙部分を埋める上で、予想しなかったほどの豊富な資料を提供してくれたのである。幼児にとってきわめて重要な意味をもつ父親との関係についての理解を深める上では、動物恐怖症、父親から食べられるという奇妙な感じを与える恐怖、そして去勢不安のすさまじいまでの強さについての研究が、きわめて役立ったことを指摘しておけば十分であろう。わたしたちの再構成のうちには、勝手に作りだしたものや、十分な根拠を示せないものはまったく存在しないのである。

こうした原始時代の歴史の記述が、十分に信頼するに足るものだとすると、宗教の教義と儀礼のうちには、次の二つの要素が存在していることが分かる。古い家族の歴史とその残滓にたいする固着がみられるとともに、過去が再構成され、長い中断期間をおいて、抑圧されたものが回帰するという特徴があるのである。この抑圧されたものの回帰はこれまで見逃されてきた特徴であり、理解されていないために、ここで印象深い実例を使って証明しておきたい。

何かが忘却の後に回帰してくると、それは特別な力をもって地位を確保し、人間集団にたいして比類のないほど強い影響を及ぼすのである。そして論理的な異議にたいしては無力でありながらも、抵抗しがたい力でみずからの真理を訴えるということは、ここでとくに強調しておく価値があろう。まさしく〈不条理なるがゆえに信ず〉なのである。この注目すべき特徴は、精神病患者の妄想を手掛かりとしなければ理解できないものである。

わたしたちはずっと前から、妄想のうちには忘れられた小さな真理が潜んでいることを理解していた。しかしこの真理が〈回帰〉してくるにあたっては、さまざまな変形や思い違いは避けられないのであり、妄想のために作りだされた強迫的な確信が、この核心とする真理から発して、真理を覆い隠している誤謬にともなっているのである。宗教の教義のうちには、歴史的とも呼ぶべきこうした真実が含まれていることを認めるべきだろう。宗教の教義は精神病の症候としての性格をそなえているものの、集団的な現象であるために、孤立しているという非難をうけるおそれはないのである。

◆キリスト教の誕生

ユダヤ教に一神教がはいりこみ、この一神教がキリスト教のうちにも維持されたという事実ほど明白なプロセスは、宗教史においてはほかに例をみないほどである。ただし動物を神としたトーテミズムから、動物をいつもつきしたがえている人間の姿をした神に発展するプロセスも、ほぼ空白なしに完全に理解されていることも指摘しておくべきだろう（ちなみに新約聖書の四つの福音書の著者も、それぞれ好みの動物をつきしたがえている）[7]。

さしあたりは、一神教という理念が誕生するにあたっては、ファラオによる世界支配がきっかけとなったと考えておこう。そしてこの理念はエジプトの土地を離れて、別の民によって引き継がれた。この民族は長い潜伏期ののちにこの理念を貴重な財産として大切にするようになったのである。そしてこの理念のもとでユダヤ人は自分たちが選ばれた民であるという誇りをいだくことで、民族としての生命を永らえることができたのである。

これは原父の宗教であり、ユダヤの民はこの宗教に報いと栄誉と、そして最後に世界制覇の望みを託したのである。世界制覇という幻想はずっと前に捨てられているが、ユダヤ人の敵となった民族においては、「シオンの賢者たち」の陰謀の存在を信じるという形で、現在でも生きつづけているのである。(8)

本書ではいずれ、エジプト人から学んだ一神教的な宗教の独特な特徴が、ユダヤの民にどのように影響したかを明らかにしたい。この民は魔術と神秘を拒否することによって、霊性に向かって進歩することを促されたのである。そして昇華への要求にしたがうことで、ユダヤの民に長期的に重要な影響が生じたのだった。真理を所有することで至福を感じるようになり、選ばれた民であるという意識に圧倒されて、知的なものを高く評価し、道徳的なものを強調するようになった。そしてユダヤの民の悲しむべき宿命が、現実における失望が、これらのさまざまな傾向をいかにして強めることになったのかも、検討するつもりである。ここではその発展をしばらく別の方向から追跡することにしよう。

原父にその歴史的な権利を回復させたのは大きな前進であるが、これで終わりとなるわけではない。有史以前の別の悲劇的な部分もまた、「原罪として」承認されることを求めていたのである。このプロセスのきっかけとなった要因を推定するのは困難である。抑圧された内容の回帰の先駆けとして、罪の意識が強まり、それがユダヤの民族と、当時の文化世界の全体を覆ってしまったかのように思われる。

しかしやがてこのユダヤ民族のうちから政治的・宗教的なアジテーターとして認められた人物が登場して、キリスト教という新しい宗教はユダヤ教から分離するきっかけをみいだすことになる。ローマ市民権をもつタルソス出身のユダヤ人のパウロが、この罪の意識を捉えて、それが原史としての起源をもつものであることを正しく示したのである。パウロはこれを「原罪」と呼んだ。これは神にたいする犯罪であり、死をもってしか贖《あがな》うことのできないものである。原罪とともに、世界に死が訪れるようになった。

実際には、死をもってしか贖うことのできない罪とは、原父の殺害である。殺害された原父がのちに神として崇められたのである。しかしこの原父の虐殺行為が想起されたわけではなく、その代わりとして、殺害の罪の贖いが空想されたのであり、そのためにこの空想は救済の知らせ（福音）として歓迎されたのだった。神の一人息子が、罪なき者として殺されたのであり、それによってすべての人の罪を身に負ったのである。殺されるのは息子でなければならなかった。父親の殺害の罪への贖いだからである。

おそらくオリエントやギリシアの秘儀宗教の伝統が、この救済の空想に影響したに違いない。それでもこの空想の本質的なところは、パウロがみずから考えだしたものだったはずである。パウロはほんらいの意味で宗教的な性格の人間だった。過去の暗い記憶がパウロの心のうちに潜伏していて、意識の領域に浮かびだす用意ができていたのだった。

救済者が罪なくしていけにえになったというのは、明らかにある歪曲を含む考え方であり、論理的には理解しがたいものである。いったいどうして、殺人の罪のない者が、みずから死を迎えることで、殺人者の罪をひきうけることができるというのだろうか。しかし歴史的な事実においては、このような矛盾は存在しない。「救済者」なる人物は、罪を犯した本人、すなわち兄弟同盟の指導者として原父を殺害した人物以外ではありえないのである。

このような指導者であり、主犯となった叛逆者である人物が実際に存在したのかどうかは、未決定のままにしておくべきだと思う。実際に存在した可能性は高いが、兄弟同盟に加わったすべての息子たちは、自分一人で父親を殺害して、例外的な地位を確保することを望んでいたはずだし、兄弟同盟の一人としては手にいれることのできない父親との同一化を放棄することの代償を手にしようと願っていたはずである。

このような指導者が存在しなかったとすれば、キリストは満たされないままとなった願望空想が作りあげた人物なのである。もしもこうした指導者が存在したとすれば、キリストはこうした指導者の後継者であり、その人物の生まれ変わりである。キリストが空想なのか、忘却された現実の回帰なのかはそれほど重要ではない。

いずれにしてもここにみられるのは、古代英雄の観念の根源的な形であり、父に反抗して立ち上がり、何らかの形で父を殺した英雄の観念である。[*8] これは悲劇に登場する英雄の「悲劇的な罪」の真の根拠でもある（この罪は、これ以外の方法では立証できないものである）。ギリシア悲劇における英雄と合唱隊《コロス》が、この父親に反抗した英雄と兄弟同盟を描いているのは、疑問の余地のないところである。そして中世にいたって演劇が、キリストの受難劇の上演によって再開されるのは、意味のないことではないのである。

＊8 アーネスト・ジョーンズは、牡牛を殺すミトラス神が、みずからの殺害行為を誇示するこの指導者を表現しているのではないかと指摘している。ミトラス神の崇拝が、初期のキリスト教といかに長いあいだ競いあっていたかは、周知のことである。

◆キリスト教の勝利

すでに指摘したように、キリスト教の聖体拝領の儀式は信者たちが救世主の血と肉を体内にとりいれる行為であり、昔のトーテム饗宴の内容を反復したものである。もちろんこれは攻撃的な性格のものではなく、親愛の思いと崇敬の念を表現するものである。ところで息子の父親にたいするアンビヴァレンツは、パウロによる古いユダヤ教の改革のうちにはっきりと表現されている。この改革は表向きは、父なる神との和解のために行われたとされているが、実際には父なる神を王座から追放し、亡きものとすることであった。ユダヤ教は父の宗教だったが、キリスト教は息子の宗教になった。古い父なる神はキリストの背後に退き、息子であるキリストが父の位置についた。これはかの太古の時代に、すべての息子が望んでいたことである。

パウロはユダヤ教を発展させるとともに、ユダヤ教を破壊することになった。パウロがこれに成功したのは何よりも、救済という観念を作りだして、人類の罪の意識を鎮めることができたことによるものである。しかしパウロが割礼を廃止したことも大きな力があった。割礼はユダヤ民族が選ばれた民であることを示す目にみえる〈しるし〉だったのであり、これを廃止することで、新しい宗教は普遍的で、すべての民を包括できる宗教になりえたのである。

パウロが割礼を廃止したのは、彼の改革がユダヤ人の世界で抵抗をひき起こしたことに個人的に復讐するという意味もあったのかもしれない。しかしこれによって「普遍性という」古いアトン宗教の性格がふたたび確保された。アトン信仰が新たな担い手であるユダヤの民族に移行する際に生まれた「民族的な」制約をとりのぞくことができたのである。

この新しい宗教は多くの点で、古いユダヤ宗教と比べてみると文化的な退行という意味をもっていた。こうした退行は、水準の低い大衆が大勢で参加したり、参加を許されたりする場合にはよくみられることである。キリスト教は、ユダヤ教が到達していた精神的な高みを維持することはできなかった。

キリスト教はもはや厳密な意味での一神教ではなく、近隣の民族から多くの象徴的な儀礼をとりいれ、ふたたび偉大な母性神［マリア］を作りだした。そして多神教の多くの神々を招きいれ、みえすいた偽装をさせて、従属的な地位につかせた。何よりもキリスト教はアトン宗教やそれをうけついだモーセの宗教とは違って、迷信的で、魔術的で、神秘的な要素の浸透を拒まなかった。こうした要因は、その後の二〇〇〇年の精神的な発展に、深刻な障害となるものだった。

キリスト教の勝利は、イクナトンの神にたいするアモン神官団の勝利を、一五〇〇年の期間をおいて、さらに大がかりな舞台で再演したものである。とはいえ、キリスト教は宗教史的な意味では、すなわち抑圧されたものの回帰という意味では、一つの進歩であり、その後はユダヤ教はいわば〈化石〉のようなものになってしまったのである。

◆ユダヤ教の特異性

ところで一神教という理念は、なぜユダヤの民にこれほどまでに強い印象を与えたのか、そしてユダヤの民はこの理念をなぜこれほど頑なに固守したのかを理解するのは、有意義なことだろう。この問いには答えることができると思う。ユダヤの民は、太古の偉業であると同時に犯罪である父親殺しに近いところに追い込まれる運命にあったからである。ユダヤ人はこの父親殺しという行為を、卓越した父親の像を体現していたモーセという人物にたいして反復する運命にあったのだ。これは思いだす代わりに「行動に移す」ことの実例であり、神経症の患者の分析の際に頻繁に起こることである。(9)

ユダヤの民は「イエスの殺害という」モーセの教えを思いださせるような刺激を与えられて、自分たちのかつての行為を否定するという反応を示したのだった。そして偉大なる父の存在を承認しつづけるにとどまり、のちにパウロが太古の歴史との継続点として示したところに進むのを、みずからに禁じたのである。パウロが新しい宗教を作りだすための出発点となったのが、ある偉大な人物が残虐に殺害されたという事実であったのは、偶然ではないし、無視してよいことでもない。

ユダヤの地の少数の信奉者は、この殺害された人物を神の息子として、聖書で予告されたメシアとして崇めたのであり、この「イエスの」生涯には、モーセのために作られた幼児期の逸話がおりこまれるようになったのである。(10) しかしこの「イエスという」人物については、モーセと同じように確実なことは何も知られていないのである。この人物は本当に福音書に描かれているような偉大な教師だったのだろうか。それとも殺害された事実とその状況の重大さこそが、この人物に決定的な意味を与えたのだろうか。わたしたちは実際には何も知らないのである。使徒となったパウロでさえ、この人物を目にしたことはなかったのである。

モーセが、みずからの率いたユダヤの民によって殺害されたということは、E・ゼリンが伝承の痕跡のうちから発見したことであり、奇妙なことに、若きゲーテも明確な根拠もなしにそう考えていた。*9 このモーセの殺害という事実は、わたしたちの構想には不可欠な〈環〉であり、太古の時代の忘却された出来事と、それが一神教という形式でのちにふたたび登場する出来事を結ぶ重要な鎖の環でもある。*10 ユダヤの民はモーセを殺害したことに後悔の念を抱いたために、モーセが救世主となってふたたび訪れ、ユダヤの民を救済し、約束していた世界の征服を実現してくれるのではないかという願望空想が生まれることになったのではないかと推測してみるのも、興味深いことだろう。

モーセが最初の救世主であったとすると、キリストがその代理として後継の救世主になったわけである。だからパウロがさまざまな民族に次のように呼び掛けたことには、歴史的な正当性があったのである。「みよ、救世主はまことにやってきて、汝らの目の前で殺された」と。そうだとするとキリストの復活にも、別の歴史的な真実があることになる。キリストは太古の群れにおける原父が復活した存在だったのであり、変容して父の地位についた息子だからである。

＊9　ゲーテ『荒野のイスラエル』ワイマール版全集七巻、一七〇ページ。

＊10　このテーマについては、フレーザー『金枝篇』第三巻の「死にゆく神」という有名な論文を参照されたい。

◆反ユダヤ主義の根拠

哀れなユダヤ人は、なじみの頑固さをもって父の殺害を否定してきたが、のちにそのために大きな償いをしなければならなくなった。「汝らはわれらの神を殺したのだ」と繰り返し責められるようになったからである。この非難は、正しい解釈を加えるならば、正当なものである。これは宗教史に結びつけて解釈すると、「汝らは、汝らの神（神の原像、原父、のちの世における神の生まれ変わり）を殺したことを認めることを拒んでいる」ということになるのである。さらにこの非難は、次のように主張しているのでもある。「もちろんわれらも神を殺した。しかしわれらはそのことを告白したのだから、われらは赦されているのだ」と。

もっとも反ユダヤ主義がユダヤの民の子孫を迫害するときに使うすべての非難が、このような正当な根拠を主張できるものではない。さまざまな民族のユダヤ人憎悪の強さと執拗さの現象の背後には、いくつもの理由があるに違いない。こうした理由はいろいろと推測できる。その多くは現実的な理由によるもので、解釈する必要のないものである。あるいはもっと深いところに秘められた源泉から生まれたもので、特別な動機が潜んでいると考えられるものもある。

現実的な理由としては、ユダヤ人が異国の民だからという理由があるが、これはあまり根拠のないものと言わざるをえない。現代において反ユダヤ主義が蔓延《まんえん》している多くの地で、ユダヤ人は住民のうちでももっとも古くから住みついている人々の一部であるか、現在の住民よりも昔からその地に住んでいた人々だからである。たとえば［ドイツ西部にある］ケルンの町を考えてみよう。この町にユダヤ人はローマ人とともにやってきたのであり、ゲルマン民族がここを占領したのは、もっと後になってからのことである。

ユダヤ人憎悪の別の根拠としては、ユダヤ人の多くが他の民族のうちの少数民族として暮らしているという状況によるものがあり、これははるかに強い力をもっている。大衆の共同体感情を高めるためには、外部に暮らしている少数の人々にたいする敵意を補う必要があるためである。そしてこうして共同体から排除された人々が少数であることが、少数民族への抑圧を強める結果となるのである。

さらにユダヤ人にみられる二つの特徴が、ほかの民族には許しがたいものに思われるのである。まずユダヤ人は、ユダヤ人に居住を許している「家主の民族」とは違う点が多いということである。もっとも根本的な違いがあるわけではない。敵対する人々が主張するのとは違って、ユダヤ人はアジアの異民族ではなく、多くは地中海の諸民族の後裔《こうえい》で構成されており、地中海文明の遺産の相続者だからである。しかしユダヤ人にはどこか違うところがあり、明確には表現できない違いがあるのはたしかである。とくに北方の民族との違いは顕著である。そして奇妙なことに大衆は、基本的な差異には寛容を示しても、小さな差異には驚くほどに不寛容なのである。

それよりも重要なのが、第二の特徴であろう。さまざまな抑圧にもかかわらず、残酷なまでに迫害を加えても、ユダヤ人を根絶することはできないのである。そして商業的な活動において優れた能力を発揮するだけでなく、すべての文化的な活動において貴重な貢献をしていることは認めざるをえないという特徴があるのである。

ユダヤ人憎悪の根深い動機は、はるかに過去の時代に根ざしたものであり、民族の無意識のところに働きかける。だからこれについて説明しても、信じがたいと思われることは覚悟しているのである。しかしあえて述べれば、父なる神の最初の子供であり、寵愛《ちょうあい》された子供であると自称するユダヤの民族に、ユダヤ人でない民族は嫉妬を感じるのであり、これを克服することにいまなお成功していないのである。まるで他の民族は、ユダヤ人のこうした主張の正しさを信じこんでいるかのようである。

さらにユダヤ人を他の民族と区別するさまざまな風習があるが、その中でも割礼は忌まわしく不気味な印象を与えるのである。これは幼児の頃に恐れていた去勢の警告を思いだささせるからなのだろうし、遠い太古の時代の忘れたい記憶に触れるからなのだろう。

そしてもっとも遅れて発生した動機として考えられるのは、現在ユダヤ人を嫌っているすべての民族は、歴史的にみて遅い時期になってキリスト教に改宗した民族であり、血なまぐさい強制によって、やっとキリスト教を採用したことも忘れてはならない。これらの民族はいわば「ごまかしの洗礼」をうけたのであり、キリスト教というわべの下では、かつての祖先と同じように、野蛮な多神教に帰依しているのである。これらの民族は、自分たちに新たに押しつけられたキリスト教にたいする恨みを克服することができず、それをキリスト教の源泉であるユダヤ教に向けているのである。福音書はどれも、ユダヤ人のあいだで語られ、そもそもユダヤ人だけにかかわる物語を語っているという事実も、ユダヤ人に恨みを向けやすくしているのである。

これらの民族のユダヤ人憎悪は、根本的にはキリスト教嫌いなのである。ドイツのナチズムの革命においては、キリスト教とユダヤ教の両方が敵愾心《てきがい》をもって扱われている。じつはこの事実に、二つの一神教の宗教の内的な結びつきがはっきりと表現されているのであり、これは何ら意外なことではないのである。

訳注

(1) アメンヘテプ四世（在位紀元前一三七九〜一三六二）はイクナトンとも呼ばれ、第一八王朝の晩期の王であり、有名な宗教改革を断行した。首都アケトアトン（アマルナ）を新たに建設して、伝統的なエジプトの宗教を廃絶し、太陽神アトンを唯一神として崇拝した。第一八王朝が衰えたのは、この宗教改革がもたらした混乱が主要な原因だったとされている。なおこの項は山我哲雄『聖書時代史　旧約篇』（岩波書店、四〇ページ）を参照している。

(2) エルンスト・ゼリン（一八六七〜一九四六）はドイツの旧約学者で、考古学的な見地から聖書を分析した。邦訳にはレオハルト・ロスト改訂の『舊約聖書緒論』（関根正雄訳、待晨堂書店）がある。

(3) エドゥアルト・マイヤー（一八五五〜一九三〇）はドイツのエジプト学者、オリエント学者で、主著は五巻からなる『古代史』である。フロイトが言及しているのは、『モーセの言葉とレビ人』である。邦訳には『人類學概論』（佐々木俊次訳、六盟館）

などがある。

（4）メルエンプタハは、第一九王朝の強力なファラオだったラムセス二世の息子で、シリア、パレスチナに遠征し、紀元前一二〇七年頃の遠征を記念した石碑を残した。この石碑の征服地のリストにイスラエルの語がみられる。そして「カナスはあらゆる災いをもって征服され、アシュケロンは連れ去られた。／ゲゼルは捕らわれの身となり、ヤノアムは無に帰した。／イスラエルは子孫（ないし「種」）を断たれ、フルはエジプトのために寡婦とされた」と記録されている（山我哲雄『聖書時代史　旧約篇』前掲書、四二ページ）。

（5）レビ人《びと》は、モーセによってユダヤの民族の中で司祭の職を継ぐことを定められた一族である。この一族は職業につくことを認められず、全体の民からの寄進によって生活することがさだめられた。レビ人はそのため、ユダヤの民族の伝統を維持することに強い関心をもっていたのである。

（6）備給（Besetzung）とは、ある心的なエネルギーが、表象、表象群、身体の一部、対象などに結びつけられることを意味する。たとえば喪の状態では、失われた対象に過度の心的エネルギーを備給するようになるため、主体は空虚な状態になることが多いのである。

（7）この動物の象徴は福音書の象徴論として有名であり、多くの建築や美術作品に描かれている。起源は「ヨハネの黙示録」であり、ヨハネは天の玉座の周囲に四つの生き物がいたと、次のように語っている。「第一の生き物は獅子のようであり、第二の生き物は若い雄牛のようで、第三の生き物は人間のような顔を持ち、第四の生き物は空を飛ぶ鷲のようであった」（「ヨハネの黙示録」四章七）。さまざまな教義的な解釈から、獅子はマルコ、雄牛はルカ、人（天使）はマタイ、鷲はヨハネとされている。

（8）『シオンの賢者たちの議定書』はユダヤ人の世界征服の野望を語るものとして、反ユダヤ主義の運動の中から作られた偽文書とみられる。ナチスによるユダヤ人の陰謀理論の重要な根拠とされた書物である。

（9）フロイトは、「患者が過去を想い出すかわりに、転移以外の場面で〈行動化する〉ならば、これはまことに望ましくない状況である」とこぼしている（『精神分析学概説』、『フロイト著作集9』人文書院、一八四ページ）。この行動化（agieren）は精神分析の用語では通常はアクティング・アウトと呼ばれる。医者への感情移入である転移もこうした行動化であるが、言い間違いなどもその一例である。アクティング・アウトにおいては、抑圧されたものが回復されているのであり、主体はその行為が自分とは無関係であると感じていることが多い。

(10) モーセはナイル河畔に置きざりにされて拾われたことになっているが、モーセが川に捨てられたのは、エジプトのファラオがヘブライ人の男の子をすべて殺害するように命じていたためであり、母親がこっそり籠にいれて置いたのである(「出エジプト記」一章〜二章)。イエスが生まれたときも、ヘロデ王が「ユダヤ人の王」の誕生の知らせを聞いて、二歳以下のすべての男の子の殺害を命じる。そこでマリアとヨセフはイエスをつれてエジプトに逃げるのである(「マタイによる福音書」二章)。

解説――フロイトの宗教批判

中山　元

▼序

本書はフロイトの後期の文明論集の一冊目として、フロイト晩年の宗教批判とユダヤ教についての考察を集めたものである。まず『幻想の未来』（一九二七年）は、現代社会において宗教がはたしている役割を批判しようとするものである。『文化への不満』（一九三〇年）は、宗教が発生する文化的な源泉を考察する。抜粋ではあるが、『人間モーセと一神教』（一九三九年）のA節からD節は、キリスト教とユダヤ教の違いを考察しながら、当時荒れ狂っていた反ユダヤ主義の原因を分析しようとする。

ユダヤ人であったフロイトは、ファシズムが猛威をふるうオーストリアのウィーンから命からがら逃れてイギリスに亡命することに成功した（フロイトの五人の姉妹のうちの三人はアウシュヴィッツで殺され、一人はゲットーで亡くなっているのである）。そしてユダヤ人がヨーロッパにおいてこれほどまでに迫害される理由を解明することに、晩年の大切な時間を費やしたのだった。

これらの文章は、近代のヨーロッパの社会のありかたと、キリスト教という宗教の本質についての鋭い洞察を示すものであると同時に、戦争をせずにはいられない人間たちへの哀しみを漂わせている。フロイトの文明論集の二冊目として編んだ『人はなぜ戦争をするのか』(近刊)とともに読みあわせていただければ、晩年のフロイトの洞察のもつ苦い味と、人間にたいする透徹したまなざしを実感していただけることと思う。

文明論集の二冊目の『人はなぜ戦争をするのか』に集めたフロイトの論考は、「喪とメランコリー」でみきわめた人間の自己破壊的な欲動が、どのような道筋で死の欲動という概念に結実していったかを示すものである。それよりも後の時期の文章を集めた本書『幻想の未来／文化への不満』では、フロイトの宗教批判を通じて、第二次世界大戦に突入したヨーロッパのキリスト教社会にたいするフロイトの絶望的な批判の声をお聞きいただけるはずである。

フロイトが宗教、とくにキリスト教を痛烈に批判するために辿った道筋は次の三つだったと考えられる。最初の道は、強迫神経症の患者の儀礼とキリスト教のミサなどの宗教的な儀礼が共通していることに注目するものであり、『幻想の未来』はこの道筋を中心とする。第二の道は、キリスト教の性道徳が現代の西洋の社会ではたしている抑圧的な役割を考察しながら、こうした抑圧に抵抗しようとする人間の自己破壊的な傾向に注目するものである。フロイトは人間を結びつける役割をはたすエロスの欲動の対極に、破壊欲動（タナトス）があることを示しながら、宗教のはたす役割を考察するのであり、『文化への不満』は主にこの道を辿る。

第三の道は、宗教の「禁止」命令とトーテミズムのタブーの共通性に注目しながら、一神教の誕生の経緯を考察しようとするものであり、『人間モーセと一神教』はこの道筋を歩もうとする。この書物ではフロイトは、キリスト教がユダヤ教から生まれながら、どのように異なる宗教となったかを分析し、ナチスの時代の反ユダヤ主義の原因を探ろうとするのだった。

これらの三つの道のすべてにおいて、精神分析によって発見された無意識的な抑圧というメカニズムが働いているのだった。フロイトは神経症という疾患、キリスト教の性道徳、現代人の破壊欲動、原始的な民族の掟、キリスト教やユダヤ教の戒律などの背後に、つねに抑圧という人間の心的な装置が働いていることを認めたのである。

▼第一章　強迫神経症と宗教――『幻想の未来』

●文化と自然

まず『幻想の未来』においてフロイトは、啓蒙の立場から理性的な宗教批判を展開する。このカント的な宗教批判に、強迫神経症の考察に基づいた精神分析的な批判が接続されることになる。そのためにこの書物ではまず啓蒙の立場から、文化を定義することが試みられる。「文化とは、人間の生を動物的な条件から抜けださせるすべてのものであり、動物の生との違いを作りだすもののことである」（本書一二ページ。以下では本書のページを括弧に入れて示す）。これは『野生の思考』や『神話論理』のレヴィ゠ストロースと同じように、文化を自然との対比で定義しようとするものである。人間は文化によってほかの動物と異なるものとなったのであり、文化の定義は動物と人間の違いと重なることになる。

動物と人間の差異によって文化を定義する多くの定義に共通することだが、人間を動物と異なるものとするこの文化というものには、二つの側面が存在することになる

——肯定的な側面と否定的な側面である。肯定的な側面は、人間がさまざまな科学の力で自然に働きかけ、自然を制御し、その富を獲得できるようになったこと、そしてこうして「獲得できた財の分配を規制するために必要な制度」（同）、すなわち社会を構築したということである。動物にもある種の社会をもつものもあるが、人間のように自然を制御しえた動物はいないのである。

文化の否定的な側面は、こうした社会の形成によって、人間が「自然な」欲望を抑制することを求められるようになったことである。動物はみずからの欲望を自然に満たしているが、社会のうちで暮らす人間は、文化を維持するために必要な労働に従事し、自分の欲動の充足を控えるという犠牲を捧げることを求められるのである。人間が欲動に動かされる存在ではなく、理性的に欲動を制御できる存在であれば、これで問題はないだろう。しかしフロイトはそれほど楽観的ではない。人間は理性的な生き物である以前に、欲動によって動かされる存在である。「人間には生まれつき多様な欲動が素質としてそなわっていて、幼児期の早い段階における経験が、こうした素質の最終的な方向を決定する」（一八ページ）というのは、精神分析の基本的な確信だからである。

フロイトはカントの「啓蒙」の理念に強い影響をうけている。フロイトの国家の理論は、カントの自然状態の理論をそのまま採用しているほどだ。(1) しかしフロイトはカントの願うように、人間の完全な啓蒙が可能であるとは信じていない。(2) 啓蒙が実現されるには、人間はあまりに「破壊的」なのだ。

●文化によって駆逐されない欲動

というのは、社会において充足することを禁じられた三つの根源的な欲動がまだ生き延びていて、誕生するすべての乳児にそのままうけつがれているからだ。それは文化が誕生し、「いつとも知れぬ遠い太古の時代に、人間を動物的な原始状態から訣別させた」(一二ページ)ときに禁じられた原初的な欲望、すなわちインセスト、カニバリズム、殺人という三つの原初的な欲望である。

このような欲望がすべての人のうちに潜んでいることは、精神分析によって幼児の欲望が分析されることで明らかになってきたことであるが、幼児は成長の過程において超自我を形成することで、こうした欲望を抑圧することを学んできたのである。良心は誰にでもあるものではなく、後から植えつけられる必要があるのであり、何らかの理由で抑制が失われれば、誰もがすぐに原初的な欲望を充足したいと考えているはずだとフロイトは指摘する。

そして社会の中で欲動の充足を放棄して生きている人々にとって、この人生は辛いものである。こうして文明人のうちにはひそかに文化にたいする敵意が生まれる。

「要するに、人間はたえず不安におびえながら、将来を予期して暮らすのであり、そのために人間にとってはごく自然なものであるナルシシズムは深刻に傷つけられるのである。文化から加えられる害と、他人から加えられる害にたいして、個人がどのように反応するかは、すでに述べてきた。人間は文化の機構に抵抗し、文化に敵意を抱くのだ」（三三ページ）。

●宗教の発展の歴史

このため文化の側では人間の抵抗を抑えるために、いくつかの仕掛けを提供することになる。こうした仕掛けによって、人間は自然や文化からもたらされる害から身を守ろうとするのである。そしてこうした仕掛けの一つが宗教なのである。

最初に人間は自然の害から防衛するために、自然を擬人化する。アニミズムによって自然にも意志があると考えるのである。これは寄る辺なき幼児が父親に感じる感覚に近いものである。そこから原初的な信仰が生まれる。やがて人間は、たんなるアニミズムの段階から、多神教の段階へと進み、自然のうちにさまざまな人格をもつ神々の存在を読み込むようになる。

しかし科学が発達するとともに、自然を支配する神々の力は疑問視されるようになる。そこで神々のはたす役割は、自然から社会へと移行することになる。神々は自然の猛威から人間を守ってくれるのではなく、共同体において人間に道徳的に行動させ、文化的な規範が守られるようにするものだと考えられるようになるのである。

そして人間は死の恐怖から守られるために、神に頼るようになる。「この世においてではなく、死後に始まる後の生においてだとしても、すべての善人は最終的には善行の報酬をうけとり、すべての悪人はその悪行の報いをうけるのである。こうして人間の生のすべての恐怖や苦悩や辛さがとり除かれる定めになっている」（四〇ページ）のである。

この段階で、もはや多数の神々ではなく、父親として唯一神が登場するようになる。人間の社会に正義をもたらすことこそが「神的な本質の特性であり、これこそが人間と世界の全体を創造したもの」(同)と考えられるようになるのである。そして西洋の文化のうちで、父親のイメージを登場させ、唯一神の概念を提示したユダヤの民、「このような神的な特性を凝縮させることに成功した民は、その進歩に大きな誇りを抱いたのである」(同)。西洋の社会は、このユダヤの宗教を引きつぐことで成立してきたわけである。こうしてキリスト教という宗教は、「文化のもっとも貴重な財産」(四二ページ)とみなされるようになった。

フロイトは『トーテムとタブー』では、トーテミズムから動物神へ、動物神から人間の顔をした神々へ、そして多神教から唯一神へという宗教的な推移を描いていたが、この『幻想の未来』における宗教の発展は、その別ヴァージョンということになるだろう。

●宗教のもつ難点

フロイトはこのように宗教がまず文化の貴重な財産であることを認めようとする。これは人間が自然と文化のもたらす苦しみから防衛するために採用した「仕掛け」なのである。しかし問題なのはこの宗教という仕掛けには、いくつかの難点があるということである。第一の難点は、宗教の教えにはどうしても証明できないことや、科学的な視点からは信じがたいことがいくつもあることだ。ほとんど荒唐無稽と言えるほどの教えもあるのだ。

フロイトは啓蒙の理念にしたがいながら、人間の最高の判断基準は理性であり、理性に背くことを信じることはできないと指摘する。理性を基準とするかぎり、宗教の教義は信じることも、証明することもできないことが多すぎるのである。宗教の教えは「幻想」にすぎないのである。幼児の寄る辺なさが生んだ幻想であり、それは成長するプロセスのうちで否定されるべきものなのだ。これはフロイトが考える宗教の根本的な欠陥である。

第二の難点は、宗教の力で文化的な規範を守らせようとすることには、大きな危険があるということである。それは彼岸での神の裁きを信じているために道徳的な掟を守っている大衆が、神の存在が否定されると、そして「神の下す罰を恐れる必要がないことを知ったならば、懸念も抱かずに隣人を殺すようになるだろう」（八二ページ）ということである。

科学的な知は宗教的な知の土台を掘り崩しつづけており、これはもはやとどめがたい。神も、神の下す罰も存在しないことが常識になるのは、時間の問題なのだ。だから神への恐れによって文化の規範を守らせるのをやめて、文化の規範は社会的な土台を守るために必要であることを示すべきだとフロイトは主張する。

文化的な規範を神の威光と結びつけることには別の難点がある。文化的な規範は人間が作ったものであり、修正が必要となることも、ときには廃止すべきこともある。ところが規範と宗教が結びつけられていると、「拡散と感染の作用」（八五ページ）が働くことがある。宗教心が低下することで、「文化的な要請にたいする尊敬の念」（八六ページ）までが失われてしまいかねないのである。文化的な規範と宗教の神聖さを切り離すことは、「文化の圧力と和解するための大切な一歩」（同）となるはずなのだ。

●神経症との共通性

ここまでのフロイトの議論は、カント的な啓蒙の議論とほとんど違いはない。カントは「啓蒙とは何か」。それは人間が、みずから招いた未成年の状態から抜けでることだ。未成年の状態とは、他人の指示を仰がなければ自分の理性を使うことができないということである」と定義していた(3)。

啓蒙とは、自分の判断を他者に委ねる幼年期から脱出することなのだ。だから、人間は幼児期に経験した寄る辺なさのために、自分を守ってくれる父親のような存在を思い描くのであり、それが宗教の起源であるというフロイトの主張は、このカントの啓蒙の理念の精神分析的なヴァリエーションなのであり、ここまでの主張は、カントの議論の延長線上にあると言えるだろう。フロイトに固有のところは、文化の規範と人間の原始的な欲動が和解しがたいものであることを示したところだろう。

むしろフロイトの宗教批判の核心は、これから展開される強迫神経症との共通性にある。フロイトは一九〇七年の段階から、宗教的な儀礼と強迫神経症の患者の儀礼との共通性に注目していた。強迫神経症の患者には、神経症的な儀礼を行わないと、激しい不安に駆られる人々がいるのである。

この儀礼は、日常生活において「つねに同じか、あるいは規則的に変更される方法で実行されている細かなしぐさ、付随的な行為、制限、規定から成り立っている(4)」。たとえば寝る前に、ベッドの前で特定の位置に立ち、椅子に衣服を畳んでおき、掛け布団、シーツ、枕の正確な位置を決定し、ある特定の姿勢で横たわらないかぎり、就寝できない女性がいる。フロイトはこの女性を分析して、それが結婚初夜の破瓜《はか》の血の記憶と結びついていることを明らかにしたのだった。

問題なのは、他人から無意味としか思われない強迫的な儀礼が、患者にとっては（少なくとも分析をうけるまでは）、やめることができないものであることだ。「この儀式に違反すればかならず耐えがたい不安」(5)が患者を襲い、やめた分を補うための「埋め合わせ」をしなければならなくなるのである。

フロイトは強迫神経症の患者のさまざまな儀礼と、キリスト教のミサにおける細かな決まりには共通性があることに注目する。どちらにも「中止したときの道徳的不安、他のすべての行為からの完全な隔離（妨害の禁止）、そして細かなことを行う小心さ」(6)がみられるのである。そして意味がないとみえることも、「そのすべての細部にいたるまで意味にみちており、人格の重要な関心に奉仕」(7)していると考えるのである。

この強迫神経症の患者たちがこうした儀礼を反復する背景にあるのは罪悪感である。そして患者はその罪悪感を意識することができないのである。しかしある欲望が知覚されると、患者はその欲望に疚《やま》しさを感じ、そのために懲罰を期待し、「いつでも待ち構えている期待不安」(8)に襲われ、その不安を打ち消すために儀礼が反復されるのである。「欲動の絶え間ない圧迫に拮抗《きっこう》するために、つねに新たな心的な努力が要求される。儀式と強迫行為は、一部は欲望の防衛に、一部は予期される不幸にたいする防衛に向かうものとして成立する」のである(9)。

フロイトは、患者が無意識のうちに感じている欲望を性的な欲望と解釈しているが、宗教ではもっと異なる欲望から、同じような儀礼の強迫的な反復が形成される。信者は悪しき欲望のために罪を感じるのであるが、これは必ずしも性的なものとは限らない。戒律があるために、その戒律に反することを望む心の動きが感じられると、自分は「罪人である」と思うのである。

この心の動きを巧みに表現したのは(そしてこの罪悪感の伝統を作りだしたとも言えるのは)パウロである。律法が定められることで、人間の罪深さが明らかになったことを、パウロは「罪は限りなく邪悪なものであることが、掟を通して示されたのでした。わたしたちは、律法が霊的なものであると知っています。しかし、わたしは肉の人であり、罪に売り渡されています」と表現している(10)。

律法を前にして、自分に罪がないと断言することができる人はただの一人もいないのである。人間は誰も、アダムの原罪によって罪を負っているというのがパウロの信念だった。フロイトは宗教的な人間は、欲望を感じると自分が罪深い存在だと自覚し、それによって罪悪感が発生し、自分の罪にたいする神の罰を恐れる「期待不安」を起こすと指摘する。

人間の「良心」はこうした神罰にたいする「期待不安」から生まれるのだとすると、宗教的な人間の信心深さは、強迫神経症の患者の儀礼における細心さと共通した性格をもつことになる。「神経症は個人的な宗教性であり、宗教は普遍的な強迫神経症」であると結論できるとフロイトは考えるのである。(11)

『幻想の未来』では、神経症の発病のメカニズムについては、子供が自分の欲動の要求を「合理的な精神の営みによって抑制することが」(八九ページ)できないために、抑圧という行為でこれを抑えるしかないことを指摘している。その抑圧によって不安が発生し、これが神経症的な状態をもたらすのである。

個体発生的なこのプロセスと同じように、人類も成長段階において、系統発生的にこれと類似した状態に陥るとフロイトは考える。その理由は幼児と同じであり、みずからの欲動を理性ではなく、情緒の力で抑制せざるをえなかったことにある。「だから宗教とは、人類に一般にみられる強迫神経症のようなものなのだ。幼児の強迫神経症と同じように、エディプス・コンプレックス、すなわち父親との関係から生まれたのだ」（九〇ページ）。幼児が成長の過程で理性によって欲動を抑制することを学ぶのと同じように、人間も理性の力によって、宗教という神経症を治癒すべきなのである。宗教の教えを「神経症的な遺物として理解する」（九二ページ）ことで、宗教の真の意味を理解し、その「歴史的な価値を認識する」（同）ことができるようになるとフロイトは考えるのである。

▼第二章　集団妄想としての狂気――『文化への不満』

●「大洋性」の感情

この書物ではフロイトは宗教的なものについて、もっと広い定義を考えることで、人間の心の構造を考察しようとする。そのきっかけとなったのは、フロイトの『幻想の未来』の主張を全面的に支持しながらも、宗教的なものはもっと底の深いものであり、宗教の信者でなくても、多くの人のうちにあるものだと主張したロマン・ロランの手紙だった。

ロマン・ロランはこの手紙で、ある際限のなさ、茫洋《ぼうよう》さ、大洋的な感覚の存在を指摘し、この感情が「宗教的なエネルギーの源泉であり、さまざまな宗派と宗教的体系によって把握され、特定の水路に導かれて、消費されている」(一二五〜一二六ページ)ものであると主張するのである。そしてこの感情がある人は、「いかなる信仰もいかなる幻想も拒む人でも、宗教的な人間と自称することができるのだという」(一二六ページ)のである。

フロイトはもちろんこの「抜け道」から宗教性を容認することは拒否する。そして精神分析の立場から、この感情の起源を考察しようとするのである。フロイトはこの原初的な感情の起源を乳児の自我の原初的な状態から説明する。

乳児においては自分の自我に明確な境界線を引くことはできない。最初のうちは自分の身体と他者の身体(たとえば母親の乳房)の区別も明確にできないのだ。だから「乳児はまだ自分の自我を、外から押し寄せる感覚の源泉である外界と区別していない。さまざまな刺激をうけながら、次第にこの区別を学んでいくのである」(一三〇ページ)。

まず乳児は「自分を興奮させる源泉には二つの種類のものがあることに、強い印象をうけるに違いない」(同)。一つは自分の身体の器官であり、もう一つは母親の乳房である。身体の器官から生まれる興奮は、避けることができないもので、外部に捨てることができない。反対に、快感を与えてくれる母親の乳房は外部にあるもので、呼ばないと登場しない。ここで乳児は「自我のものである〈内部のもの〉と、外界に由来する〈外部のもの〉を区別できるようになる」(一三一〜一三二ページ)。そこから、自分の快感を充足しようとする快感原則と、自分の外部にあって自分では自由にできないものを認識する現実原則が区別され、対立するようになるのである。

だから乳児の自我は最初は「すべてのものを包み込んでいるが、のちに外界をみずからの外部に排除するのである。大人の自我感情は、初期のはるかに広大な感情、すべてのものを包み込む感情がしぼんだ名残にすぎない」(一三二〜一三三ページ)とフロイトは考える。そしてこの「原初的な自我感情は、多くの人々の心的な生に、まだ多かれ少なかれ残存しているとみなすことができる」(一三三ページ)という観点から、この感情を説明するのである。

●人生の苦難の源泉

さて乳児はこのようにして快感原則と現実原則を働かせることを学ぶのであり、大人もこの二つの原則のバランスのうちで、みずからの幸福を追求しようとする。しかし残念なことに人生にはさまざまな苦難が待ち構えていて、人間を簡単には幸福にさせてくれない。こうした苦難の源泉をフロイトは大きく分けて三つに分類する。

一つは自分の身体である。この身体は苦痛に悩み、不安を感じ、やがて衰えて死滅してゆく運命にある。誰もがこの身体とともに生きていくのであり、これは避けがたい宿命である。第二の源泉は外界である。これは「圧倒的で、無慈悲で、破壊的な力をもって人間を襲う」（一五〇ページ）。自然はさまざまな形で人間の身体を襲うのであり、事故、伝染病、自然災害などから安全に守られている人はいないのである。そして第三の原因は社会そのもの、他者との関係である。フロイトはこれが人間にもっとも大きな苦難を与える源泉だと考えている。

人生はこのように辛いものであるだけに、人間はこの苦難を減らし、この苦難から身を守るための方法を考えだすのである。フロイトが分類しているこの苦難の源泉は、究極的には身体にたいする苦難と、精神にたいする苦難に分類することができるだろう。身体にたいする苦難は、自分の身体の器官に影響を与えることで回避することができるかもしれない。

そのための方法としてはまず、薬物による中毒がある。苦痛を感じる神経の経路を途中で遮断してしまえばいいのだ。それにはさまざまな物質が利用できるし、快感をもたらす物質が身体に存在していることも確認されている。あるいはアルコールに頼って、うさを晴らすこともできる。別の方法として、ヨガのような修練によって、身体的に苦痛を感じないようにすることができるかもしれない。

身体の苦痛ではなく、精神的な苦痛を解消するためにもさまざまな方法が考案されてきた。隠遁者のように、世間から離脱することは、他者から与えられる苦難を解消するための重要な方法として古代から採用されてきた。ヨガのような修練もまた、人間の内的な欲動を消滅させることで苦痛を回避する方法だろう。

もっと一般的で「賢明な」方法として、欲動の目標をずらすことで、欲動を充足させる方法がある。これは「欲動の昇華」である。「心に働きかける仕事や知的な仕事から生まれる快感の量を高めることができれば、この目標を実現できる場合が多い」（一五六ページ）のである。芸術家はこうした方法で欲動を充足させることができる。

ただしこの昇華という方法を利用できる人の数は限られる。そのためには「特別な素質と才能が必要」（一五七ページ）だからだ。

逆にあまり一般的ではなく、賢明でない方法として、「幻想によって欲動の満足」（一五九ページ）をえる方法がある。この幻想の中で生きるという道は、現実原則を否定して、理想的な世界を思い描き、自分の願望にふさわしい世界にしてしまうのである。しかし現実の世界は夢の中でしかそのような理想の世界に変貌してくれることはない。夢から覚めてもこの願いを実現しようとすれば、狂気の道に進むことになる。それは他者からまったく閉じこもりながら、自分の妄想だけを信じることである。

ところがこのような昇華と狂気のあいだに、別の一本の道が通じている。それが宗教の道なのだ。宗教は昇華のように特別な素質を必要としないが、昇華と同じように目標をずらしながら実現しようとする。宗教は狂気のようにすべての他者から切り離されて、自分だけの妄想に閉じこもるのではなく、多数の人々が抱く「集団妄想」である。人類の多くの宗教は「多数の人々が力を合わせて、妄想によって現実を改造して、幸福を確保し、苦悩から保護されようと努める」（一六一ページ）のである。

●集団妄想としての宗教

『幻想の未来』では、強迫神経症の患者の罪悪感との類似から、原罪を信じる人間の罪悪感に依拠する宗教を「普遍的な強迫神経症」とみなしたのだった。この論文ではフロイトはむしろ、人間が苦難から逃れるために集団でかかる「妄想」として、宗教を批判しようとするのである。

宗教の信者は、神経症にかからない傾向があることをフロイトは確認しながらも、この「効用」の代償として、人間が「心的な幼児性のうちに強制的に固着させ」（一六八ページ）られるという犠牲を払うことを指摘する。

宗教の体系とその教義の完成度は、その文化の「水準の高さを証すもの」（一八八ページ）であるのは、フロイトも認めるところである。キリスト教が西洋の社会の発展ではたしてきた役割は巨大なものであり、それを無視することはできない。しかしキリスト教の寄与が大きかっただけに、それが西洋の社会にもたらした歪みも大きいのだ。

キリスト教的な社会であるウィーンに暮らしていたフロイトは、精神分析的な治療という長年の営みから、二〇世紀の初頭の西洋社会において、キリスト教的な性道徳がもたらしたものをみつめている。このキリスト教的な性道徳のために、人々は自己の欲動を抑え、こうした欲動をもつことそのものにひそかな罪の感覚を抱き、それを抑圧し、不安に駆られ、神経症に逃げ込んでいるのである。精神分析の課題は、人々が病に逃げ込まないでもすむようにすることだった。

人々がもっと自由にみずからの欲動を充足させる方法をみつけることができるならば、精神疾患に悩む人の数は、はるかに少なくなるだろうというのは、当時の精神医学と精神分析の世界に共通する認識だった。そしてこの抑圧に大きな力を貸していたのが、キリスト教の教えとその性道徳だったのである。

フロイトはそのことをまずは、キリスト教の問題としてよりも、普遍的な西洋文化の問題として提示する。西洋文化の性道徳は、いくつかの重要な偏見に依拠している。まず西洋の文化は、「幼児に性的な生があることを認めようとしない」（二〇七ページ）。フロイトの精神分析の理論の核心は、この幼児の性的な生の重要性を認めることにあった。

西洋の性道徳の第二の特徴は、幼児のさまざまな性的な活動のうち、性器を使った異性愛につながらないすべての活動を、道徳的に劣ったもの、倒錯したものと非難することである。「性的に成熟した個人の［性的な］対象選択を、異性だけに限定してしまった。そして性器を使わない欲望の充足のほとんどを、倒錯として禁止してしまった」（二〇八ページ）のである。これは「人間の生まれつきの性的な素質や、成長の過程で獲得した性的な特質が同じではないという事実を無視する」（同）ものであり、多くの人に「自分に固有の性的な満足を享受」（同）することを禁じることになる。

西洋の性道徳の第三の特徴は、「性器を使った異性愛というこの公認の性愛」（同）であっても、「一夫一婦制という公的な正当性」（同）が認められた関係でなければ、すべてを厳しく断罪することにある。正式に結婚した夫婦の性行使だけが「正しい」ものであり、婚外婚や正式に入籍しない夫婦の関係などは、すべて非難の対象となるのである。

フロイトが簡潔に描きだしたこの西洋文化の性道徳は、パウロからアウグスティヌスにいたるキリスト教の教父たちが構築し、西洋の社会の中で揺るぎなく維持されてきた性的な規範なのである。そして近代にいたってこの性道徳はさらに内面化され、厳しいものとなっていったのである。(12)

そしてこの性道徳のために、多くの人はみずからの欲動を充足させることができず、神経症的な症状を示すようになるのである。宗教は信者の神経症の発病を防ぐ役割をはたすことができるかもしれないが、神経症的な素因を作りだしているのは、まさしくキリスト教という宗教の抑圧的な教えなのである。

●欲動論への展開

さてここまではいわば西洋の文化の歴史的な制約と、キリスト教という宗教がはたしている抑圧的な機能についての考察だった。フロイトは以下では欲動論を展開しながら、さらに宗教のもつ意味について洞察を深めようとする。

一九二〇年の『快感原則の彼岸』以来、エロスの欲動と破壊欲動の二元論的な対立で構成される欲動論は、フロイトの精神分析の理論構築の軸となるものだった。そもそもフロイトの当初の二元論的な欲動の理論は、自己の保存を目指す自我欲動と、他者への愛である性欲動で構成されていた。それがこの時点では、自我欲動の代わりに、破壊欲動、死の欲動が登場しているのである。この経緯についてフロイトはごく簡単に語っているので、その道筋を辿り直してみよう。

最初はフロイトはリビドーというエネルギーは性欲動だけにそなわるものと考えて

いた。ところがナルシシズムの考察が、非常に興味深い事実を示したのである。自己にたいする愛であるナルシシズムは、リビドーの源泉が最初は自我のもとにあったことを示しているのである。

自我はこのリビドーを自己ではなく、他の対象に備給するのが通例であり、これを行わない場合には、その主体は精神を病むことになるのである。しかし対象が失われた場合には、このリビドーは自我のうちに撤収されることになる。「喪とメランコリー」の論文では、自我が対象の喪失を認めることができず、強い愛情を抱きつづける場合には、もしもその主体にナルシシズム的な素質があると、自我のうちに対象の「影」を作りだしてしまうことが指摘されていた。この自我のうちの対象にリビドーを備給するプロセスが、鬱病（メランコリー）の原因となるのだった。リビドーはそもそも全量が対象に備給されるのではなく、ある程度は自我のうちに残されているのである。これは誰にもナルシシズム的な傾向があることからも明らかだろう。

すると「リビドーという概念は危地に立たされた」（二三五ページ）ことになる。対象リビドーと自我のリビドーは同じものだとすると、リビドーはエロス的なエネルギーではなく、ユングが主張したように、心的なエネルギーそのものだということになってしまう。そこでフロイトは欲動のペアを自我欲動と性欲動の対立で考えたのが間違いだったと考え直すのである。この二つは同じリビドーに依拠しているのだから、それほど異なるものではないのである。

ここでフロイトが注目したのが、人間に幼児期から存在する攻撃的な欲望である。この欲望は「幼年期に、財産がまだ排泄物と明確に分離できない肛門愛の原初的な形式から離れようとする時期から」（二二六ページ）形成されてきたものであり、これは「人間のあいだのすべての親愛関係と愛情関係の土台となるものだった」（同）のである。

そうだとすると人間の真の二元的な欲動は、「生物を保存し、さらに大きな統一にもたらそうとする欲動」（二三六ページ。これは自己保存欲動と性欲動をまとめた表現である）と、それと反対の破壊的な欲動、すなわち「こうした統一を解消し、原初の無機的な状態に戻ろうとする欲動」（同）だということになる。

この「統一を解消」しようとする欲動は、破壊欲動または死の欲動（タナトス）と呼ばれる。それが破壊欲動と呼ばれるのは、これが外界に向かうと、「攻撃と破壊の欲動として姿を現す」（二三六〜二三七ページ）からである。他者を破壊しようとするこの欲動は、エロスの欲動と混じりあって（フロイトは死の欲動とエロスの欲動はつねにある程度の比率で混じりあっていると考えている）、サディズムとして表現されることになる。この欲動が自己に向けられて、自己の破壊を目指す場合には、「内部に向かった破壊欲動が性的な活動と結び」（二三七ページ）ついて、マゾヒズムとして表現されることになる。

このような破壊欲動が存在すると想定した場合には、これは文化にとって危険なものであることはたしかだろう。そして文化の発展の歴史とは、「人類という種において演じられたエロスと死の闘い、生の欲動と破壊欲動の闘いなのである。この闘いこそが人生そのものの本質的な内容なのであり、だからこそ文化の発展とは、人間という種の生存を賭けた闘いと呼べるのである」（二四三～二四四ページ）。

●超自我の役割

それでは文化はこの危険な欲動を抑えるために、どのような方法を使っているのだろうか。それは「この攻撃欲を内側に向け、内面化し、それが発生した場所、すなわち自分の自我に向ける」（二四五～二四六ページ）という方法である。しかし文化はそれをマゾヒズムという性的な形で利用するのではなく、「良心」という理性的な形で利用するのである。良心は、超自我として自我の内部に取り込まれた審級であり、「この良心は、ほんらいなら他の見知らぬ個人に発揮したかったはずの強い攻撃性を自我にたいして行使するのである。こうして、厳格な超自我と、超自我に支配された自我のあいだに緊張関係が発生する。これが罪の意識であり、これは自己懲罰の欲求として表現されるのである。このようにして文化は、個人の危険な攻撃欲を弱め、武装解除するのである」(二四六ページ)。

西洋のキリスト教の伝統では、良心はいわば「神の声」であり、心の奥深いところでささやく道徳的な声とされてきた。しかしフロイトは、道徳性とは人間に本源的にそなわるものではなく、かつての両親の審級を超自我としてとりこむことで形成されると考える。これはすでに『幻想の未来』で詳しく考察されてきたことである。「良心の疚しさ」とは、他者からの「愛の喪失にたいする不安」(二四八ページ)なのである。

この超自我の形成は、自我にとっては厳しい緊張をもたらすものだが、皮肉なことに、欲動を放棄したことによって何か好ましい結果がえられるわけではない。「欲動の満足の放棄は、もはや解放をもたらす効果を発揮することがなく、道徳的に節制したところで、愛が与えられるという保証はない」(二五五ページ)のである。こうして自我は「エロスと破壊欲動または死の欲動のあいだの永遠の闘い」(二六五ページ)のうちで、罪悪感を感じつづけるしかないのである。

この超自我はあたかも暴君のように、個人に道徳的な掟をつきつける。心の内部にある超自我には何も隠すことができないのであり、それにしたがわないと良心の疚しさが、罪悪感が、そして不安が生じるのである。しかし自我の原初的な部分であるエスの要求をまったく無視したならば、「人間は反抗するか、神経症になるか、それとも不幸になるしかない」(二八七ページ)のである。これが現代の西洋の人間の置かれた窮地だとフロイトは診断する。

フロイトは、良心とは心に聞こえる神の声であると主張するキリスト教的な理論を正面から否定する。キリスト教の教義は、人々の心の中の超自我を強めるための理論的な支えの役割をはたしてきたのであるが、フロイトはその「つっかえ棒」を外そうとするのである。宗教は「普遍的な神経症」の症状であり、またこれをもたらす原因そのものだからだ。

そして「宗教に依拠した倫理は、来世での善き生を約束することで、この問題に対処しようとする。しかし徳の高さがこの世で報われないのであれば、倫理の説くことにはいかなる力もないと思わざるをえない」（二八七〜二八八ページ）と断定する。人間が頼ることができるのは神の救済などではなく、「天上の力」の一つであるエロスが、死の欲動に対抗することだけである。しかしエロスはどこまで頼りになるものなのだろうか。

▼第三章　ユダヤ教とキリスト教──『人間モーセと一神教』

●神経症の発病のプロセス

ここまで、フロイトの文明批判と宗教批判の二つの道筋を辿ってきた。第一の道筋は強迫神経症との類似から、宗教は普遍的な神経症であると断じるものだった。第二の道筋は、文化において宗教がはたす一定の役割を認めながらも、西洋におけるキリスト教の性道徳の抑圧的な役割を批判し、良心を神の声とみなすキリスト教的な道徳を批判するものだった。

フロイトの宗教批判の第三の道筋は、ユダヤ教の歴史を考察しながらキリスト教の発生の場所を探り、キリスト教と反ユダヤ主義の関係を調べるという道である。『人間モーセと一神教』は、ロンドンに亡命したフロイトが、最後の力をふりしぼって書き残した書物だった。この書物は複雑な構成をしている。第一部と第二部は、まだウィーンに滞在していた一九三七年に『イマーゴ』誌に発表されたものである。一九三八年に書かれた第三部では、A節からC節までで、この部分を反復し、要約しているが、D節になるとまず宗教的な現象の歴史そのものを辿りなおした後に、神経症のプロセスと一神教の誕生のプロセスが比較されるのである。

この宗教の内的な論理を辿る『人間モーセと一神教』の第三部の宗教論は、三つの時期に分類することができる。まずトーテミズムとして宗教的な現象が出現してから多神教が登場するまでの最初の時期、次にユダヤ教において一神教が誕生し、これをひきついだキリスト教が登場した時期、最後に中世から現代にかけて、ユダヤ人の迫害がつづき、反ユダヤ主義が猛威をふるった時期である。この部分はフロイトの宗教史論でもあるわけだ。

ところがこの論文の第三部のA節からC節まででは、モーセの謎の考察が中心となっているために、そこでは「ユダヤ教において一神教が誕生し、これをひきついだキリスト教が登場した時期」という第二の時期の考察が展開されている。その後でD節の最初のところで「トーテミズムとして宗教的な現象が出現してから多神教が登場するまでの宗教史の全般的な記述」という第一の時期に戻り、最後に「ユダヤ人の迫害がつづき、反ユダヤ主義が猛威をふるった」最後の時期の考察が、D節を締めくくることになる。以下では歴史的かつ論理的な順序にしたがって、この三つの時期を順に調べてみよう。

まずD節の最初の部分では、トーテミズムから多神教の登場までの時期について考察が展開される。『幻想の未来』では、宗教と強迫神経症にはある共通性があることが指摘されたが、それは儀礼にたいするこだわりという現象の共通性が考察されたにとどまる。なぜそのような共通性が生まれたかは、考察の対象となっていなかったのである。

D節のこの部分では、『トーテムとタブー』の議論に依拠しながら、宗教にこうした神経症の症状が現れる理由を説明しようとする。まずフロイトは『トーテムとタブー』での主張を反復してみせる。おそらくまだ言語がそれほど発達していなかった遠い昔の「原始時代には原始人は小さな群れに分かれて暮らしていたが、この群れは一人の力の強いオスによって支配されていた」(三四九ページ)と想定する。これが〈原父〉である。このオスは群れのすべてのメスを所有しており、息子たちは群れの外部に排除されて、共同生活を送っていた。あるいは父親をあまりに刺激した息子たちは、「殴り殺されるか、去勢されるか、群れから放逐された」(三五〇ページ)のだった。

しかし息子たちのうちでも最年少の子供は大事にされ、母親の愛に守られて、父親の跡目を継ぐことができることも多かった。この状況に不満を感じた息子たちは力をあわせて〈原父〉を倒すことに成功する。そして当時の風俗にしたがって、全員で殺した父親の肉を食べたのである。これは父親の身体の一部を体内にとりいれることで、父親との同一化を進めようとする行為であり、息子たちは父親を憎むと同時に愛していたというアンビヴァレントな愛情を抱いていたことを示すものである。

この〈原父〉の殺害の後に、しばらく混乱期が続く。すべての息子たちが、かつての父親の地位について、すべてのメスを独占することを望むからである。しかしやがて息子たちはこの試みが空《むな》しいものであることを認識するとともに、かつての父親への愛情がよみがえり、父を殺したことに罪の意識を感じるようになる。

そこで息子たちのあいだに一つの「社会契約」が締結される。父親の地位を独占することをあきらめ、性的な欲動の充足を放棄し、たがいに契約を守るという義務を認めることになったのである。そのために集団内部の女性を妻とすることが禁止され（インセスト・タブー）、外部の集団から妻を求める外婚制（エクソガミー）が確立されることになる。

それとともに、かつての父親にたいする罪の意識から、トーテム動物が選ばれ、これが父親と同一視されるようになる。この集団にとってはこのトーテムは神聖なものであり、殺してはならないものである。それでいてある特別の催しにおいて、このトーテム動物を殺害して、全員でその肉を食べる「トーテム饗宴」（三五三ページ）が祝われることになる。

フロイトによると、ある動物を神聖なものと定めるこのトーテミズムは、「人類の歴史において初めて誕生した宗教的な現象」（同）とみることができるのであり、最初の神は動物だったのである。その次の段階にいたって、動物に代わって人間の顔をした神が誕生することになる。フロイトは父親を殺害した後の集団で権力を握るのは女性だと考え、ここに母権制の社会が生まれると主張している。そのためにやがて強力な女性神の時代が訪れると想定する。このあたりはフロイトの思い込みに満ちた推測ともいうべきものであり、宗教学的には異議の多いところだろう。しかし豊饒の女性神が男性神に先立つという人類学的な主張もあるのはたしかである。

その後、家父長制の時代が訪れるとともに、神々は男性となるが、この時代はまだ諸神が併存し、「たがいに他の神々に制約を加えあいながら、ときには上位にある優位の神に服従する」（三五五ページ）のだった。これはいわばギリシアのオリュンポスの神々の時代に相当することになる。

フロイトは現代の神経症の患者において、動物恐怖症、父親から食べられるという恐怖、そして父親恐怖の裏返しである強い去勢不安が存在していることを指摘する。これは〈原父〉の殺害と、トーテム動物の崇拝という人間の原始時代の記憶が、系統発生的に幼児に現れるのだということになる。

反対に幼児期における去勢の不安が神経症を生むように、人間の原初の宗教的な現象は、父親殺しの記憶と罪の意識を原因とする神経症的な症状だと考える。「宗教的な現象とは、こうした［性的で攻撃的な内容をもった］出来事の神経症の症候的な帰結にほかならない」（三四八ページ）というわけである。

●唯一神の登場

次にフロイトは、当時のオリエントで主流だった多神教または一神教の世界から(一神教は、その民族の神が一人であることを主張するだけであり、他の神の存在は否定しない)、ヘブライのユダヤ教においておそらく世界で初めて、唯一神の理論が登場した「謎」の解明にとりかかる。

そのためにA節では『人間モーセと一神教』の第一部と第二部の考察が要約される。フロイトはこの部分では、モーセがエジプト人だったこと、アメンヘテプ四世の太陽神信仰をヘブライの民に教えたこと、そしてユダヤ人がモーセを殺害したこと、ユダヤ教の根源には、この原父の殺害の記憶とトラウマ(心的外傷)があること、そしてヘブライの民は、残酷な神ヤハウェとモーセの記憶を統合する形で、一神教を創始したことを主張していたのだった。

この第三部A節では、『トーテムとタブー』の議論を延長して、ユダヤ教という宗教の根源に、原父の殺害があることを指摘していた。しかしB節以降では、フロイトがこの考察にさらに一歩を進めて、精神分析的な考察を深めている。まずフロイトが注目するのは、オリエントの好戦的な神であるヤハウェの信仰がそのままでは維持されず、殺害したはずのモーセの太陽神の教えの記憶のもとで、ヤハウェが唯一神として信仰されるようになったことである。ヘブライの民はどうしてこの世界宗教の基礎となる唯一神という信仰を確立したのだろうか。

この謎を解くためにフロイトは、「潜伏期」と「抑圧されたものの回帰」という神経症の現象に注目する。まず『幻想の未来』でも考察されている外傷神経症には、事故を経験した時点と、症状が発生するまでにある程度の期間がはさまっているのが通例である。そこには「潜伏期」があると想定せざるをえない。ユダヤの民においても、モーセの記憶が蘇《よみがえ》って、その教えをふたたび採用するようになるまでは、ある「潜伏」期間が存在しているのである。

この「潜伏」の現象と類似しているのは、神経症の患者が症状を示すようになるのは、幼児期にうけたトラウマが原因となっているという状況である。C節はこのトラウマのテーマを中心として考察する。トラウマには次の三つの特徴がある。まずトラウマは、五歳頃までの幼児期にうけたものである。またトラウマとなる経験は原則として完全に忘却されている。ただし記憶喪失は隠蔽《いんぺい》記憶によって覆われているのであり、心から完全に消え失せているわけではないのである。第三に、この経験は「性的で攻撃的な印象によるものであり、自我の早期の損傷（ナルシシズム的な傷）によるものである」（三三五ページ）。

神経症の発病の背景にあるのは、この幼児期のトラウマのために、自我が抑圧する部分と抑圧された部分に分裂していることである。通常の自我の部分は、現実の外界の要求に適合するが、抑圧された部分はこのような心的なプロセスとはまったく独立した「王国」を形成してしまう。

思春期になって、または思春期をすぎた頃から、青年は現実の世界に適合することを求められるようになる。しかし心の中の独立した「王国」はそれに抵抗する。この二つの世界の分裂と拮抗のために神経症が発病するのである。「この神経症の発病は同時に、主体による治癒の試みとみなすことができる。トラウマの影響のために分裂していた自我の部分が、残りの部分と和解して、外界にたいして抵抗できる強力で一体的な自我へと統合されようと試みる」（三四二～三四三ページ）のである。そのためには、かつて抑圧されていたものの一部を呼び起こすことが必要となるが、トラウマのためにこれは自我にとっては非常に困難な課題となる。精神分析の力を借りても実行するのが難しい仕事であり、失敗すると、自我は完全に荒廃してしまうことになる。フロイトはある神経症の男性の症例を実例として説明しながら、神経症の発病の背景にあるプロセスを要約している。「幼児期におけるトラウマ、防衛、潜伏、神経症の疾患の発生、抑圧されたものの部分的な回帰」（三四七〜三四八ページ）である。この個人の神経症の発病のメカニズムは、人類の歴史においても適用できるとフロイトは考える。

ユダヤの民は、その歴史の幼年期において、父なるモーセを殺害するという暴挙にでた。しかし偉大な指導者を殺害したことは、抑圧されて正式な記録には書き残されず、ただ伝承として記憶されていただけだった。防衛のメカニズムのために、その事件が意識にのぼらないように抑圧されたからである。

そしてユダヤの民は、近隣のオリエントの神々の一人であるヤハウェを信仰するようになった。これは好戦的で野蛮な神であったが、ある「潜伏」の期間を経て、モーセの唯一神の理念が蘇る。これはその民族がただたんに一人だけの神を信じるのではなく、その神だけが世界で唯一の神であるという信仰であり、儀礼や犠牲の意味を否定し、真理と正義の生を重視するものだった。「結局はユダヤのヤハウェ神は、三つの重要な点で、モーセの神と同じものとなった」(三二四ページ)のである。

ここには奇妙な逆説がある。ユダヤの民は父なるモーセを殺害してしまった。この原父の殺害の記憶と罪の意識は抑圧されて忘却されたが、「伝承が、背後から働きつづけ」(三二六ページ)て、モーセの宗教が蘇生したのである。「何かが忘却の後に回帰してくると、それは特別な力をもって地位を確保し、人間集団にたいして比類のないほど強い影響を及ぼすのである」(三五七ページ)。こうしてユダヤの民はみずからを神に選ばれた「選民」とみなし、この「理念を貴重な財産」(三五九ページ)として決して手放そうとしなかった。そして「この宗教に報いと栄誉と、そして最後に世界制覇の望みを託した」(同)のだった。

●キリスト教の誕生

ユダヤの民は現在でも「選ばれた民」という信念を捨てていないようであるが、「世界制覇」の望みはずっと前に捨てている。しかし「ユダヤ人の敵となった民族」であるドイツのナチスの体制は、『シオンの賢者の議定書』という反ユダヤ主義的な文書などを武器として使うことにより、ユダヤ人に世界制覇の企てがあると言い立てて、逆に世界制覇を試みるという逆説的な状況が生まれたのである。

しかし先走りをするのはやめておこう。ここではフロイトがキリスト教の誕生において、もう一つ別のトリックをしかけていることに注目したい。それはイエスの磔刑《たっけい》による死と、この死をめぐるパウロのキリスト論、そしてアダムの原罪をめぐる議論である。パウロはイエスが十字架で刑死したことに激しい印象をうけていた。神の子が死ぬという不思議さのうちに、パウロは救済と贖《あがな》いの議論を展開する。過激なユダヤ教の一分派にすぎなかったナザレのイエスの教えが、キリスト教として確立されるためには、このイエスの死の意味についての解釈が何よりも必要とされたのであり、その土台を提供したのがパウロだったのである。

パウロは、神の子のイエスが死ぬべきであったのは、最初の人間のアダムが神にたいして罪を犯したからであり、イエスは身をもってその罪を贖ったのだと考えた。この原罪の観念は旧約聖書には含まれていたものであるが、それを人間に生まれつきそなわる「原罪」という形でとりだして、神の子のイエスの死はその罪の贖いの行為であったと指摘したのは、パウロが初めてだったのである。

旧約聖書でもパウロの議論でも、このアダムの罪は神への反抗にすぎない。しかしフロイトは、イエスの死を原罪と結びつける。そして神の子が死をもってしか贖わねばならない罪はどのようなものかと問う。そして「実際には、死をもってしか贖うことのできない罪とは、原父の殺害である」（三六〇ページ）と指摘する。「神の一人息子が、罪なき者として殺されたのであり、それによってすべての人の罪を身に負ったのである。殺されるのは息子でなければならなかった。父親の殺害の罪への贖いだからである」（三六一ページ）。

もちろんここには途方もない論理の飛躍がある。フロイトはイエスが原父を殺した兄弟同盟の指導者であり、主犯だったとしか考えられないとまで主張するのである。ただしフロイトがこのような論理的な飛躍をあえてすることで可能になったことがある。キリスト教の儀礼の特殊性と、ユダヤ教とキリスト教の関係についての興味深い洞察を手にしたのである。

一つはキリスト教の聖体拝領の儀礼におけるカニバリズム的な特徴を説明できるということである。キリストの血としてのワインと身体としてのパンをいただく聖体拝領の儀礼は、「信者たちが救世主の血と肉を体内にとりいれる行為であり、昔のトーテム饗宴の内容を反復したものである」（三六三ページ）とフロイトは指摘するが、この儀礼のカニバリズム的な特徴は、以前から指摘されてきたことだった。フロイトのトーテミズムの理論は、この特徴を巧みに説明することができる。

次にフロイトは、父の宗教だったユダヤ教と息子の宗教となったキリスト教の地位的な違いについて鋭い洞察を示す。フロイトはキリスト教のうちには、父にたいする古いアンビヴァレンツが表現されていることを指摘するのである。パウロの改革は、「表向きは、父なる神との和解のために行われたとされているが、実際には父なる神を王座から追放し、亡きものとすることであった。ユダヤ教は父の宗教だったが、キリスト教は息子の宗教になった。古い父なる神はキリストの背後に退き、息子であるキリストが父の位置についた。これはかの太古の時代に、すべての息子が望んでいたことである」（三六三～三六四ページ）という指摘には、キリスト教とユダヤ教の重要な関係が示されている。

第三の洞察は、キリスト教が原罪と贖いという概念を通じて、父親である神にたいする罪の意識を自覚的に認めたのにたいして、父たる神から選ばれたという信念を捨てようとしなかったユダヤ教は、父に逆らいつづけたことを認めながらも、その罪の意識は無自覚なままにしていたことである。

フロイトは唯一神の理念を確固として手放さなかったことがユダヤ教の重要な功績であるにもかかわらず、これがモーセ殺害にたいする意識的な承認ではなく、その否定であることに注目する。そしてイエスの死に直面して、「モーセの教えを思いださせるような刺激を与えられて、自分たちのかつての行為を否定するという反応を示したのだった。そして偉大なる父の存在を承認しつづけるにとどまり、のちにパウロが太古の歴史との継続点として示したところに進むのを、みずからに禁じたのである」(三六六ページ)。

ユダヤ人は父の殺害を否定しつづける。そのためにキリスト教世界から、「汝らはわれらの神を殺したのだ」(三六九ページ)と非難されつづけることになる。こう非難するキリスト教世界は、「もちろんわれらも神を殺した。しかしわれらはそのことを告白したのだから、われらは赦されているのだ」(同)と主張するのである。

●キリスト教世界の反ユダヤ主義

この非難が、イエスの殺害を理由として、キリスト教世界がユダヤ人を迫害するための重要な根拠づけとされてきたのは周知のことである。フロイトはこの時期に猛威をふるった反ユダヤ主義の根拠を探しつづける。そこにはたんなる偏見のようなものではないもっと深い理由、精神分析によってしか明らかにならない理由があるはずなのだ。

フロイトはユダヤ人嫌いの理由とされるものを次々と列挙する。異国の民だからと言われるが、これには根拠がない。たとえばケルンにはゲルマン民族よりもユダヤ人が早い時期から定住していたのである。多数民族のうちで少数民族として暮らしているという状況が、ユダヤ人が嫌われる根拠にされることがある。しかしこれは根拠というよりも、少数者を共同体から排除することで、共同体の結束を強めようとする社会の一般的なメカニズムの現れであり、フロイトは『文化への不満』でもこうしたメカニズムの存在を指摘していた。

またユダヤ人は異民族だと呼ばれることもあるが、ユダヤ人は「アジアの異民族ではなく、多くは地中海の諸民族の後裔」（三七〇ページ）で構成されているのである。またさまざまな商業的な活動で優れた能力を発揮するだけでなく、すべての文化的な活動で貴重な貢献をしているのに、そのことが逆に目障りなものとして、排除の原因とされるのである。

これらのキリスト教世界におけるユダヤ人嫌いの根拠を検討してみると、どれも表面的なものであり、すぐに反駁《はんばく》できるものにすぎないことがわかる。それでいてユダヤ人嫌いはヨーロッパから姿を消さず、息子のマルティンが指摘しているように、ユダヤ人のいないオーストリアの片田舎で、激しい反ユダヤ主義が荒れ狂うようなこともあったのである。(13) 表面的には語られない反ユダヤ主義の根拠、無意識的なユダヤ人嫌いの理由があるに違いない。「ユダヤ人憎悪の根深い動機は、はるかに過去の時代に根ざしたものであり、民族の無意識のところに働きかける」(三七一ページ)のである。

それでは精神分析によってどのようなユダヤ人憎悪の根深い動機が明らかになるだろうか。その無意識の根拠としてフロイトは、キリスト教化された諸民族の嫉妬、割礼がもたらす去勢不安、強制されたキリスト教への不満と土俗的な信仰への愛着をあげている。

まずドイツを中心としたゲルマンの民族は、「選ばれた民族」であると信じているユダヤ人に嫉妬を感じているに違いない。まるでユダヤ人の主張を、ユダヤ人そのものよりも、ユダヤ人を迫害する民族が信じ込んでいるかのようにである。ここにも『シオンの賢者の議定書』と同じような逆説がみられる。

またユダヤ人は幼児の頃に割礼を行うが、これが不気味な印象を与える。それは幼児の頃の去勢不安を想起させるからだろうし、さらに「遠い太古の時代の忘れたい記憶に触れる」（三七二ページ）からなのだろう。最後にフロイトがあげる理由は興味深いものである。ゲルマンの民族は土俗的な宗教を捨てて、キリスト教を押しつけられたことをいまだに無意識のうちで恨んでいるというのである。そしてキリスト教を信仰しているいまとなってはキリスト教にその恨みを表明することができないために、キリスト教の源泉であるユダヤ教を目の敵にしているのだという。「これらの民族のユダヤ人憎悪は、根本的にはキリスト教嫌いなのである」（同）。フロイトはナチスはユダヤ教だけではなく、キリスト教にも敵愾心を向けることのうちに、この二つの宗教の結びつきが意識されていると考えるのである。

●ユダヤ教の優位

これでフロイトの反ユダヤ主義の根拠と無意識的な動機についての考察はひとまず終わることになる。ツヴァイク宛ての書簡でも語っていたように、(14)『人間モーセと一神教』という書物は、当時のヨーロッパにふき荒れていた反ユダヤ主義の土台を暴きだすことを隠れた目的としていた書物であり、その目的はここで達成されたということができるだろう。

ここでユダヤ人としてのフロイトのかすかな優越感が漏らされていることに注目しておこう。フロイトはユダヤ教はキリスト教に克服されたかのようにみえるが、ユダヤ教にはキリスト教にはない優れた点があることに注意を促しているのである。キリスト教は割礼の義務をなくすことで世界宗教に成長することができた。しかしこの宗教がローマ帝国で布教され、世界的な宗教へと成長する過程において、いくつかの犠牲をはらうことになった。

その一つは、キリスト教がヨーロッパの農村での普及を目指すとともに、ローマ的な異教とも、ローマ的な文化とも異質な土俗的な信仰と、おりあいをつけねばならなくなったことである。「この新しい宗教は多くの点で、古いユダヤ宗教と比べてみると文化的な退行という意味をもっていた。こうした退行は、水準の低い大衆が大勢で参加したり、参加を許されたりする場合にはよくみられることである」(三六四〜三六五ページ)。

また、三位一体というキリスト教の教義の根本的な理論には、三つの神の存在を主張するという意味で、唯一神論からの逸脱という意味を含んでいた。その当時の多くの分派は、父なる神だけを神として認め、イエスを神と認めないことで異端として告発されたのだった。多数の聖者への信仰も、聖母マリアへの信仰も、土俗的な信仰との結びつきを示すものであり、多くの聖者伝は土俗信仰の上に、これを「遮蔽する[15]」ことによってしか書かれなかったのである。その意味では「キリスト教は、ユダヤ教が到達していた精神的な高みを維持することはできなかった」（三六五ページ）と言って、間違いではないのである。

フロイトは「何よりもキリスト教はアトン宗教やそれをうけついだモーセの宗教とは違って、迷信的で、魔術的で、神秘的な要素の浸透を拒まなかった。こうした要因は、その後の二〇〇〇年の精神的な発展に、深刻な障害となるものだった」（同）と厳しく指摘する。ただしキリスト教は宗教史的な意味では「一つの進歩」であり、その後では、「ユダヤ教はいわば〈化石〉のようなものになってしまった」（同）ことも、フロイトは認めているのである。教義的な優位が、その後の歴史においては桎梏《しっこく》となり、ユダヤ教そのものを〈化石〉化する逆説的な効果を発揮したことを認めるフロイトの言葉は、宗教全般への批判とは別の次元で苦々しい[16]後味を残している。

（1）たとえば『幻想の未来』で文化に敵対的な姿勢が生まれる原因として、他者との関係のもたらす窮屈さがあげられているが、これは「人間はたえず無制約な自由に強く魅惑されているため、必要に迫られなければこのような強制された状態にはいることはない。こうした必要性のうちでも最大のものは、人間がたがいに他者に加える強制である」とほとんど同じ論拠によっているのである（カント「世界市民という視点からみた普遍史の理念」参照）。邦訳はカント『永遠平和のために／啓蒙とは何か他3編』光文社、古典新訳文庫、中山元訳、四四ページ。

（2）カントは人間が「足枷《あしかせ》」を投げ捨てて、自分の足で歩くようになれば、すなわちみずからの理性を行使することを学べば、医者や牧師などに頼る必要はなくなると信じていた。カントの「啓蒙とは何か」を参照されたい。邦訳は前掲書、一〇～二六ページ。

（3）カント「啓蒙とは何か」。邦訳は前掲書、一〇ページ。

（4）フロイト「強迫行為と宗教的礼拝」。邦訳は『フロイト著作集5』三七七～三七八ページ。

(5)同。邦訳は前掲書、三七八ページ。
(6)同。邦訳は同書、三七九ページ。
(7)同。
(8)同。
(9)同。邦訳は同書、三八二ページ。
(10)「ローマの信徒への手紙」七章一三〜一四節。邦訳は新共同訳を採用した。
(11)フロイト「強迫行為と宗教的礼拝」。邦訳は前掲書、三八三ページ。
(12)この近代の「ヴィクトリア朝的な」性道徳の強化については、ミシェル・フーコーの『知への意志』(渡辺守章訳、新潮社)を参照されたい。
(13)マルティン・フロイト『父フロイトとその時代』。ユダヤ人差別に苦しんだマルティンもまた「伝説やメルヒェンで何世紀にもわたって育まれてきた憎悪が、いつか消滅する時がくるかどうか」を疑問に感じていた(藤川芳朗訳、白水社、二六一ページ)。
(14)一九三四年九月三〇日付けのフロイトのツヴァイク宛ての書簡。フロイトはここで『人間モーセと一神教』のモチーフについて、「新たな迫害に直面して人々はまた、ユダヤ人はどのようにして生まれたのか、ユダヤ人がこの絶えることのない憎悪を浴びるのはなぜなのかと自問しています。わたしはやがて〈モーセがユダヤ人を作ったのだ〉というテーゼをまとめました」と語っている(『フロイト著作集8』四二一ページ)。

(15) 中世史家のジャック・ル゠ゴフは、キリスト教がゲルマンやフランク族の土着の文化からの影響は退けることができず、これを受け入れ、修正する形でしか、普及することができなかったことを指摘している。そしてときには「遮蔽する」ためのエネルギーが投じられ、それがキリスト教にさまざまな歪みをもたらすことになったのである。ジャック・ル゠ゴフ『もうひとつの中世のために――西洋における時間、労働、そして文化』(加納修訳、白水社、二六〇ページ)を参照されたい。

(16) なお、この『人間モーセと一神教』そのものが、姉妹を失いながら生き延びたフロイトのトラウマの表現であるとも考えられる。「『モーセと一神教』の構成と歴史は、抑圧と、抑圧されたものの再出現の繰り返しというトラウマ的な形態をとって」(キャシー・カルース『トラウマ・歴史・物語』下河辺美知子訳、みすず書房、三〇ページ)いるのはたしかだからである。

フロイト年譜

一八五六年

東欧のモラビア（現チェコ共和国東部）の町フライブルクのユダヤ人商人の一家の長男として生まれた。ただしフロイト家はその頃にはユダヤ教の儀礼は採用しておらず、わずかに年数回のユダヤの宗教的な祭を祝うにすぎなかった。しかしユダヤ人としての出自は消えず、フロイトは父が町でユダヤ人にたいする嫌がらせで帽子を叩き落とされて、屈辱を味わわされるのを目撃している。この事件は父親にたいするアンビヴァレント（両義的）な感情を高めるとともに、ユダヤ人であることの意味を考えさせることになった。

一八六〇年　四歳

フロイト一家、ウィーンに移住。経済的には苦しい生活を強いられる。フロイトはウィーンは嫌いだと語ることが多かったが、事態が絶望的になるまでは、決してウィーンを離れようとはしなかった。

一八七三年　一七歳

ウィーン大学医学部に入学。生理学者

のブリュッケのもとで学び、顕微鏡によるザリガニの神経細胞の研究で優れた業績をあげている。一八八一年に医学の学位を取得。翌年には、マルタ・ベルナイスと出会って、婚約する。

一八八五年　二九歳

パリを訪問して、シャルコーの有名なヒステリー治療の講義に出席する。それまでにフロイトは、コカインの利用に関する論文を発表して注目されていたが、このときの強烈な体験で、心理学の分野に進むようになる。

一八八六年　三〇歳

ウィーンで神経症の治療を開始する。この治療の経験がやがてブロイアーとの共著『ヒステリー研究』（一八九五年）に結実する。この年、マルタと結婚。

一八九五年　三九歳

『ヒステリー研究』刊行。どれも興味深い症例だが、アンナ・O嬢の分析は、フロイトが催眠術を利用するのをやめて、患者に語らせる「カタルシス」療法を始める決定的なきっかけとなる。

一九〇〇年　四四歳

『夢の解釈』（邦訳は『夢判断』）を刊行。すでに一八九五年頃から神経症の治療というよりも精神分析というべき治療法を確立していたが、その重要な方法が患者に夢を語らせることであった。見た夢について患者に尋ねることで、患者の無意識があらわになることが明らかになってきたのである。「夢の解釈は、精神生活の無意識を知るための王道だ」と考えていたフロイトはこの著書で、主として自分の夢を手掛かりに、無意識の表象の重層的な意味の分析方法を明かしたのである。

一九〇一年　四五歳

『日常生活の精神病理学』を刊行。フロイトにとって、無意識が存在することを示す兆候は、三つあった。神経症という病、夢、そして日常生活におけるうっかりした言い間違えや忘却などである。すでに疾患と夢について考察していたフロイトは、この書物でこの第三の兆候について詳細に検討した。

一九〇二年　四六歳

ウィーンのフロイト宅で水曜日ごとに私的な集まりを開くようになった。これがウィーン精神分析協会の始まりである。この協会には、フェレンツィ、ランク、アドラーなどが集まった。後にはアーネスト・ジョーンズが参加してロンドンに精神分析協会を設立し、やがてユングも参加してチューリッヒに精神分析協会を設立する。こうしてフロイトの精神分析の運動は、世界的な広まりをみせるようになる。そして弟子や仲間たちの背反の歴史も始まる。

一九〇五年　四九歳

『性理論三篇』刊行。精神分析の中核となるのは、幼児期の性的な体制の理論とエディプス・コンプレックスの理論であるが、これらの理論を明確に提示したのが、この重要な理論書である。

また同年に、『あるヒステリー患者の分析の断片』を発表（症例ドラ）。これは分析が失敗に終わったドラの分析記録であり、以後フロイトは重要な症例分析を次々と発表する。ウィーン精神分析協会の参加者の一人の息子ハンスの動物恐怖症を分析した記録『ある五歳男児の恐怖症分析』（一九〇九年、症例ハンス）、強い父親コンプレックスに悩まされていた強迫神経症の患者の分析である『強迫神経症の一症例に関する考察』（一九〇九年、症例・鼠男）、ドイツの裁判官のパラノイアの分析として名高い『自伝的に記述されたパラノイア（妄想性痴呆）の一症例に関する精神分析的考察』（一九一一年、症例シュレーバー）、ロシアの貴族の強迫神経症の分析である『ある幼児期神経症の病歴より』（一九一八年、症例・狼男）は、フロイトの五大症例として有名であり、精神分析の世界ではいまなお模範的な症例分析とされている。

一九一四年　五八歳

『ナルシシズム入門』発表。第一次世界大戦の勃発にともなう政治的、文化的な危機と、極限状態における人々の異様な反応は、フロイトにそれまでの理論的な体系の再検討を促すものだった。こうしてフロイトはメタ心理的な理論を構築するようになる。そのきっかけとなったのがナルシシズム論の再検討だった。この状況は「戦争と死に関する時評」(一九一五年)にありありと描かれている。

一九一五年　五九歳

『欲動とその運命』刊行。この書物はフロイトの新しいリビドー論を展開するものであり、新たな理論構想が胎動したことを告げる書物である。その後「抑圧」「無意識について」などのメタ心理学の論文が次々と発表される。

一九一七年　六一歳

メタ心理学の論文のうちでも、フロイトにとってとくに重要な意味をもっていたのが、死と喪についての論文「喪とメランコリー」である。この論文でフロイトは新しいリビドーの理論をナルシシズムの理論と結びつけて展開する。これが後に死の欲動という新しい理論に結実することになる。

一九二〇年　六四歳

『快感原則の彼岸』刊行。これはそれまでの自己保存欲動とエロス欲動という二元論的な構成を、死の欲動とエロスの欲動という二元論に組み替えるにいたった注目すべき論文である。ラカンなど、後の精神分析の理論家に大きな影響を与える書物となる。

一九二三年　六七歳

『自我とエス』刊行。新しい欲動論が登場したため、自我の審級論にも手直しが必要となる。後期のフロイトの自我の局所論を示す重要な著作。この年、口蓋部に癌を発病。以後、長くこの病に悩まされる。晩年のフロイトは体調不良の中で執筆をつづけることになる。

一九二七年　七一歳

『幻想の未来』刊行。フロイトの宗教批判を初めて明確なかたちで訴えた書物。宗教だけではなく、宗教という「病」を生んだ西洋の社会にたいするまなざしも鋭い。

一九三〇年　七四歳

『文化への不満』刊行。『幻想の未来』の論調をうけつぎながら、西洋の文化と社会にたいする批判をさらに研ぎ澄ませた書物。超自我と良心の理論、昇華の理論、不安の理論など、それまでの精神分析の理論的な成果を文明批判に応用することによって、精神分析がたんに患者の治療に役立つだけではないことを示したのである。精神分析の理論が政治理論の分野に進出した異例な書物でもある。

一九三三年　七七歳

ヒトラーがドイツで権力を掌握。オーストリアもファシズム国家になる。ユダヤ人迫害も厳しさをまし、国際連盟の無力さがやがて明らかになることになる。この年フロイトはアインシュタインと書簡を交換し、人間が戦争に赴く理由について考察した「人間はなぜ戦争をするのか」を発表している。この書簡のペシミズムは、その後のフロイトを支配する主要な傾向の一つとなる。

またこの年に、『精神分析入門（続）』を刊行。これは『精神分析入門』（一九一六〜一九一七年）の続編として、フロイトの後期の理論体系を講義としてわかりやすく語ったものである。

一九三八年　　八二歳

ドイツがオーストリアを占領。ヒトラーがウィーンに到着した三月一三日以降、ウィーンではユダヤ人迫害の嵐が吹き荒れる。三月一五日にはフロイトの自宅が家宅捜索され、二二日には娘のアンナが逮捕され、ゲシュタポに連行されたが、無事に帰宅できた。六月四日にフロイト一家はウィーンを離れ、六日にはロンドンに到着した。しかしフロイトの五人姉妹のうちの四人までが収容所やゲットーで死亡することになる。

一九三九年　　八三歳

フロイトの西洋文明とキリスト教批判の最後の言葉である『人間モーセと一神教』刊行。『トーテムとタブー』（一九一三年）の原始社会の誕生に関する考察を敷衍しながら、この書物で検討していたトーテミズムを端緒とする西洋の宗教の歴史の全体を展望する壮大な書物である。また同時に、ユダヤ教についての長年の考察をまとめ、さらにキリスト教批判と、ユダヤ人迫害の背景についても考察した遺著となる。この年の九月二三日、癌のために死去。

訳者あとがき

本書はフロイト文明論集の一冊目として、西洋の社会と道徳ならびに宗教に対する晩年のフロイトの痛烈な批判を集めた。はじめの二編の『幻想の未来』(一九二七年)と『文化への不満』(一九三〇年)は全訳であり、フロイト晩年の遺書とも言うべき『人間モーセと一神教』(一九三九年)は、西洋のキリスト教批判の道筋が明確に示された第三論文「モーセ、彼の民、一神教」第一部のA節からD節までを収録した(緒言を除く)。

フロイトの精神分析は、それまでの西洋の欺瞞的で抑圧的なヴィクトリア朝的性道徳にたいする真っ向からの批判となる要素を含んでいた。西洋の社会のうちで生きる人々が、キリスト教的な道徳の欺瞞的な要素にいかに苦しめられているか、それがいかにさまざまな精神の病となって現れるかを、フロイトは毎日の診察で実感していたのだった。

こうした精神の疾患の治療のいとなみがつづけられるうちに、フロイトのうちで西洋の社会の秩序にたいする激しい批判のまなざしが研ぎすまされるようになる。これらの文章は、反ユダヤ主義の吹き荒れるウィーンにおいて、ナチスの迫害から命からがら脱出したロンドンにおいて、精神の病の根源となる社会の抑圧的な要素とその発生源にたいする鋭い批判の論理を、フロイトがいかに構築していたかを示すものである。

カントの社会契約論に依拠した啓蒙の国家論と社会論をうけつぎながら、フロイトはみずからの治療の経験に基づいて、この批判の論理を磨きあげる。これらの文章はたんに西洋の社会を批判する論理を紡ぎだしているだけではない。一つの社会の発生の条件そのものから、その社会を悩ませる問題を考察しようとするその姿勢によって、社会のうちの目に見えない抑圧的な力に苦しめられている現代日本について考えるためにも役立つに違いない。

本書は、カントの社会と歴史についての文章を集めた『永遠平和のために／啓蒙とは何か 他3編』のときと同じように、光文社の翻訳出版編集部の駒井稔編集長と編集者の今野哲男さんの励ましで編まれたものである。編集部の中町俊伸さんには、実務でいろいろとご配慮いただいた。また編集者の中村鐵太郎さんには、フロイトの文章の細かなニュアンスまで、目を配っていただいた。これらの方々のご支援なしには、本書は誕生できなかったに違いない。心からお礼申しあげる。

中山 元

kobunsha classics
光文社古典新訳文庫

幻想《げんそう》の未来《みらい》／文化《ぶんか》への不満《ふまん》

著者　フロイト
訳者　中山《なかやま》 元《げん》

2007年9月20日　初版第1刷発行
2025年9月20日　第6刷発行

発行者　三宅貴久
印刷　大日本印刷
製本　大日本印刷

発行所　株式会社光文社
〒112-8011東京都文京区音羽1-16-6
電話　03（5395）8162（編集部）
03（5395）8116（書籍販売部）
03（5395）8125（制作部）
www.kobunsha.com

KOBUNSHA

落丁本・乱丁本は制作部へご連絡くだされば、お取り替えいたします。
ISBN978-4-334-75140-1 Printed in Japan

組版　新藤慶昌堂

いま、息をしている言葉で、もういちど古典を

長い年月をかけて世界中で読み継がれてきたのが古典です。奥の深い味わいある作品ばかりがそろっており、この「古典の森」に分け入ることは人生のもっとも大きな喜びであることに異論のある人はいないはずです。しかしながら、こんなに豊饒で魅力に満ちた古典を、なぜわたしたちはこれほどまで疎んじてきたのでしょうか。

ひとつには古臭い教養主義からの逃走だったのかもしれません。真面目に文学や思想を論じることは、ある種の権威化であるという思いから、その呪縛から逃れるために、教養そのものを否定しすぎてしまったのではないでしょうか。

いま、時代は大きな転換期を迎えています。まれに見るスピードで歴史が動いていくのを多くの人々が実感していると思います。

こんな時わたしたちを支え、導いてくれるものが古典なのです。「いま、息をしている言葉で」――光文社の古典新訳文庫は、さまよえる現代人の心の奥底まで届くような言葉で、古典を現代に蘇らせることを意図して創刊されました。気取らず、自由に、心の赴くままに、気軽に手に取って楽しめる古典作品を、新訳という光のもとに読者に届けていくこと。それがこの文庫の使命だとわたしたちは考えています。

このシリーズについてのご意見、ご感想、ご要望をハガキ、手紙、メール等で翻訳編集部までお寄せください。今後の企画の参考にさせていただきます。
メール　info@kotensinyaku.jp

リヴァイアサン（全2巻）

ホッブズ／角田《つのだ》安正《やすまさ》◉訳

「万人の万人に対する闘争状態」とはいったい何なのか。この逆説をどう解消すれば平和が実現するのか。近代国家論の原点であり、西洋政治思想における最重要古典の代表的存在。

市民政府論

ロック／角田《つのだ》安正《やすまさ》◉訳

「私たちの生命・自由・財産はいま、守られているだろうか？」。近代市民社会の成立の礎となった本書は、自由、民主主義を根源的に考えるうえで今こそ必読の書である。

自由論

ミル／斉藤《さいとう》悦則《よしのり》◉訳

個人の自由、言論の自由とは何か。本当の「自由」とは。二十一世紀の今こそ読まれるべき、もっともアクチュアルな書。徹底的にわかりやすい訳文の決定版。（解説・仲正昌樹）

人間不平等起源論

ルソー／中山《なかやま》元《げん》◉訳

人間はどのようにして自由と平等を失ったのか？　国民がほんとうの意味で自由で平等であるとはどういうことなのか？　格差社会に生きる現代人に贈るルソーの代表作。

社会契約論／ジュネーヴ草稿

ルソー／中山《なかやま》元《げん》◉訳

「ぼくたちは、選挙のあいだだけ自由になり、そのあとは奴隷のような国民なのだろうか」。世界史を動かした歴史的著作の画期的新訳。本邦初訳の「ジュネーヴ草稿」を収録。

君主論

マキャヴェッリ／森川《もりかわ》辰文《よしふみ》◉訳

傭兵ではなく自前の軍隊をもつ。人民を味方につける…。フィレンツェ共和国の官僚だったマキャヴェッリが、君主に必要な力量を示した、近代政治学の最重要古典。

光文社古典新訳文庫　好評既刊

神学・政治論（上・下）
スピノザ／吉田《よしだ》量彦《かずひこ》◉訳

宗教と国家、個人の自由について根源的に考察したスピノザの思想こそ、今読むべき価値がある。破門と焚書で封じられた哲学者スピノザの〝過激な〟政治哲学、70年ぶりの待望の新訳！

メノン——徳《アレテー》について
プラトン／渡辺《わたなべ》邦夫《くにお》◉訳

二十歳の青年メノンを老練なソクラテスが挑発する。西洋哲学の豊かな内容をかたちづくる重要な問いを生んだプラトン初期対話篇の傑作。『プロタゴラス』につづく最高の入門書。

プロタゴラス　あるソフィストとの対話
プラトン／中澤《なかざわ》務《つとむ》◉訳

若きソクラテスが、百戦錬磨の老獪なソフィスト、プロタゴラスに挑む。ここには通常イメージされる老人のソクラテスはいない。躍動感あふれる新訳で甦るギリシャ哲学の真髄。

ソクラテスの弁明
プラトン／納富《のうとみ》信留《のぶる》◉訳

ソクラテスの裁判とは何だったのか？　ソクラテスの生と死は何だったのか？　その真実を、プラトンは「哲学」として後世に伝え、一人ひとりに、自分のあり方、生き方を問う。

饗　宴
プラトン／中澤《なかざわ》務《つとむ》◉訳

悲劇詩人アガトンの祝勝会に集まったソクラテスほか六人の才人たちが、即席でエロスを賛美する演説を披瀝しあう。プラトン哲学の神髄であるイデア論の思想が論じられる対話篇。

テアイテトス
プラトン／渡辺《わたなべ》邦夫《くにお》◉訳

知識とは何かを主題に、知識と知覚について、記憶や判断、推論、真の考えなどについて対話を重ね、若き数学者テアイテトスを「知識の哲学」へと導くプラトン絶頂期の最高傑作。